티·보이차 소믈리에 자격검정 예상문제집

고재윤 · 이수백 · 이지희 · 김진평 · 이청천

머리글

우연한 기회에 발견된 차는 인류에게 커다란 즐거움을 주었고, 정치, 경제, 문화, 종교 등에 고루 영향을 끼쳤다. 우리나라도 교육수준이나 경제능력, 사회가 안정화되면서 차에 대한 관심이 높아졌으며, 국민소득 3만불 시대가 도래하면서 웰빙과 힐링의 대명사인 차(茶, tea)에 대한 인기도 많아졌다. '티 소믈리에' 또한 호텔, 외식 산업계로부터 중요한 직업으로 인식되기 시작했다.

와인이 미식가들의 식탁을 풍성하게 해주는 음료라면, 차는 정신적 건강을 받쳐주는 음료로써 가성비에 가심비를 더하여 '작지만 확실한 행복'을 준다고 할 수 있다. 이제 차는 단순히 여유 있게 마시는 음료에서 육체적 건강과 정신적 건강을 모두 만족시키는 기호음료로 인기를 얻고 있으며 품질 좋은 차를 찾는 소비자들이 늘어나면서 '티 소믈리에'에 대한 관심도 높아지고 있는 추세이다.

유럽, 미주의 고급호텔과 미쉐린 가이드 레스토랑에서는 '티 소믈리에'를 채용하여 고객들에게 기호별로 차를 추천해주면서 레스토랑 차별화전략을 취하고 있다. 우리나라에서도 차의 소비가 확산되고, 대중화됨에 따라 관광호텔, 미쉐린 가이드 레스토랑, 고급 레스토랑을 중심으로 '티 소믈리에'의 역할이 중요하게 인식되고 있으며, 커피 전문점과 함께 '티 하우스' 역시 주목받고 있다.

'티 소믈리에'는 차에 대한 전문성은 물론, 음식, 와인, 커피, 먹는샘물 등에 대한 해박한 지식으로 고객들에게 차별화된 물적·인적 서비스를 제공하여 고객만족도를 이끌어내고, 레스토랑의 매출액 증대는 물론 브랜드 이미지를 높여야 한다. 또한 고객지향적인 서비스를 통해 고객을 즐겁게 해주는 경영자의 자세를 갖춘 전문 직업인이 되어야 한다. 특히 레스토랑이나 티 하우스에서는 다양한 차 종류를 준비하여 고객이 원하는 차를 추천해줄 수 있어야 한다.

본서는 국제소믈리에협회(ASI ; The Association de la Sommellerie Internationale)의 회원국인 (사)한국국제소믈리에협회(KISA ; Korea International Sommelier Association)에서 주관하는 '티 소믈리에 자격증' 취득과 '한국 국가대표 티 소믈리에 경기대회' 준비를 위한 예상문제집으로 '티 소믈리에'가 알아야 할 내용을 중심으로 다루고 있다. 특징은 '티 소믈리에' 자격검정의 필수교재인 '티 커뮤니케이션'과 '보이차 커뮤니케이션'을 중심으로 '한국 국가대표 티 소믈리에' 그리고 '(사)한국국제소믈리에협회 소속의 출제전문위원', '티 소믈리에 교육 담당자'가 직접 출제한 문제로 수준별 등급표시를 하여 이해도를 높였다.

앞으로 '티 소믈리에' 직업이 더욱 각광을 받게 되고, 호텔, 레스토랑뿐만 아니라 백화점, 대형마트, 티 하우스, 수입 차 브랜드 기업, 차 생산기업 등에서의 활약도 기대된다. '소믈리에'를 꿈꾸는 많은 사람들이 본서를 통해 '티 소믈리에'로서 꿈을 펼치기를 바라며, 새로운 직업에 도전하기를 기대한다.

2018년 4월
티 · 보이차 소믈리에 자격검정 예상문제집 저자 일동

Contents...

01 | 차나무와 차의 종류 / 8

02 | 세계 차의 역사 / 44

03 | 세계의 차 생산지와 명차 / 80

04 | 차의 건강효능과 다구 사용 / 140

05 | 티 소믈리에와 티 테이스팅 방법 / 186

06 | 보이차의 역사와 정의 / 214

07 | 보이차 나무 / 230

08 | 보이차 제조법과 건강효능 / 244

09 | 보이차 품평법 / 264

10 | 보이차의 올바른 구매와 보관 / 284

11 | 보이차 유명산지와 품평 / 300

12 | 스페셜 사진문제 / 312

13 | 기출문제 / 324

차나무와 차의 종류

01/ 차나무의 기원과 찻잎
02/ 차의 뜻과 각국의 명칭
03/ 차의 종류

01

01 차나무의 기원과 찻잎 / 02 차의 뜻과 각국의 명칭

 OX형

★ 01
중국소엽종은 키가 2~3m 정도로 주로 청차(靑茶)용으로 사용된다.

중국소엽종은 주로 녹차(綠茶)용으로 사용된다.

▪ X

★ 02
1960년 운남성 맹해 지역의 남나산(南糯山) 원시림 산중에서 발견된 수령 1,700년 이상된 야생 차나무를 중국인들은 '차왕수(茶王樹)'라고 부른다.

차왕수(茶王樹)는 운남성 맹해 지역의 대흑산(大黑山) 원시림 산중에서 발견된 높이 32.12m, 직경 1.03m인 야생 차나무이다.

▪ X

★ 03
차나무는 1753년 스웨덴의 식물학자 린네(C. V. Linne)가 학명을 카멜리아 시넨시스(*Camellia Sinensis*)라고 명명하였다.

▪ ○

★ 04
중국대엽종은 중국의 호북성(湖北省), 사천성(四川省), 운남성(雲南省) 일대에서 재배되고, 차나무의 수명은 보통 500년 이상이며 주로 발효차용으로 사용된다.

▪ ○

★ 05
우리나라는 청명(淸明)과 입하(立夏) 사이, 곡우(穀雨)가 찻잎을 따기에 가장 적당한 시기이다.

▪ ○

★★ 06

중국은 차나무를 차의 형태에 따라 교목형(arbor form), 소교목형(semi-treerescent form), 관목형(shrub form)으로 구분하기도 한다.

■○

★★ 07

차나무 재배에 적합한 일반적인 기후에서 일교차가 심하고 습도는 70~90%, 안개와 구름에 둘러싸인 고산지역의 차가 향과 맛이 뛰어나다.

■○

★★ 08

1907년 스웨덴의 식물학자 와트(Watt)는 차나무를 중국대엽종(macrophlla), 중국소엽종(bohea), 인도종(assamica), 스리랑카종(Sri Lanka)으로 구분하였다.

1907년 스웨덴의 식물학자 와트(Watt)는 차나무를 중국대엽종(macrophlla), 중국소엽종(bohea), 인도종(assamica), 샨종(shan)으로 구분하였다.

■ X

★★★ 09

홍차 재배환경은 일조량이 너무 많으면 찻잎에 영향을 주어 쓰고 떫은맛이 강하게 나타나며, 녹차는 보다 많은 일조량을 필요로 한다.

녹차 재배환경은 일조량이 너무 많으면 찻잎에 영향을 주어 쓰고 떫은맛이 강하게 나타나며, 홍차는 보다 많은 일조량을 필요로 한다.

■ X

★★★ 10

'도(茶)'자는 차(茶)의 전신이며 시경(詩經)에 최초로 차, 야채, 모초류, 옥기 등의 의미를 지녔다고 전한다. 한나라 시대에 와서 차라는 의미로 사용하였으며 삼국시대에 'cha'라고 발음하였다.

■○

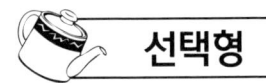 **선택형**

01
다음 중 차나무에 관한 설명 중 틀린 것은?
① 차나무는 동백나무속의 카멜리아 시넨시스(*Camellia-Sinensis*)이다.
② 카멜리아 시넨시스는 중국의 카멜리아 시넨시스(*Camellia-Sinensis* var *Sinensis*), 인도의 카멜리아 아사미카(*Camellia-Sinensis* var *Assamica*), 캄보디아의 카멜리아 캄보디에스(*Camellia-Sinensis* var *Cambodienis*)의 3개 변종이 있다.
③ 1907년 스웨덴의 식물학자 와트(Watt)는 차나무를 중국대엽종(macrophlla), 중국소엽종(bohea), 인도종(assamica), 샨종(shan)으로 구분하였다.
④ 중국은 차나무의 형태에 따라 교목형(arbor form), 소교목형(semi-treerescent form), 관목형(shrub form)으로 구분하기도 한다.

③ 1907년 차나무를 중국대엽종, 중국소엽종, 인도종, 샨종으로 구분한 사람은 영국의 식물학자 와트(Watt)이다.

■ ③

02
다음 차나무 종류에 대한 설명 중 틀린 것은?
① 차나무는 온대지방의 소엽종과 열대지방의 대엽종으로 구분된다.
② 중국대엽종은 키가 5~32m정도이고, 주로 발효차용으로 사용된다.
③ 중국소엽종은 중국 동남부, 타이완, 한국, 일본 등에서 재배된다.
④ 인도종은 홍차용으로 사용되고 수명이 50년 이상이다.

④ 인도종(assamica)은 수명이 100년 이상이다.

■ ④

03
관목형의 특징으로 맞지 않는 것은?
① 나무가 작고 왜소하다.
② 잔뿌리가 비교적 많다.
③ 나무의 주간이 뚜렷하다.
④ 키는 보통 1.5~3m이내이다.

■ ③

★ 04

차의 품질에 영향을 미치는 자연적인 요인이 아닌 것은?

① 일조량
② 제다방법
③ 토양
④ 해발

② 제다방법은 인공적인 방법이다.

■ ②

★ 05

다음 차나무의 형태에 대한 설명 중 맞는 것은?

① 교목형은 중간이 뚜렷하며, 야생차나무를 의미한다.
② 중국 운남대엽종과 대만소엽종은 교목형에 속한다.
③ 소교목형은 복건성의 청차를 만드는 데 주로 사용한다.
④ 관목형은 키가 크고 한국과 일본에서 주로 재배된다.

② 교목형은 주로 중국 운남대엽종과 인도아삼종이다.
③ 소교목형은 복건성의 백차를 만드는 데 사용된다.
④ 관목형은 나무가 작고 왜소한 것이 특징이다.

■ ①

★ 06

다음 중 차나무 재배에 적합한 환경조건이 아닌 것은?

① 자연적인 통풍이 잘 되고 경사진 곳
② 해발이 높고 배수가 잘 되는 토양
③ 험한 산악의 경사진 곳
④ 연교차가 심하고 강우량이 많은 기후

차나무 재배에 적합한 기후는 온난다습한 적도기후나 강우량이 많은 지역이 좋다.

■ ④

★ 07

차나무의 재배환경 조건인 떼루아에 대한 설명 중 틀린 것은?
① 열대와 아열대 지역인 남위 30°와 북위 40° 지역에 가장 많이 분포하고 있다.
② 토양은 화산재 토양보다 점토나 석회질이 좋다.
③ 연강수량은 1,500mm 이상이 좋으나 너무 많으면 차의 품질에 영향을 줄 수 있다.
④ 생육온도는 연평균 14~16℃이고 겨울철 최저 기온은 2℃ 이상이 적당하다.

② 토양은 점토나 석회질보다 화산재 토양이 좋다.

■ ②

★★ 08

다음은 차나무의 생육조건에 대한 설명이다. 바르게 설명한 것은?
① 중국 운남성은 20~25℃의 일정한 온도를 유지하며 일 년 내내 찻잎을 수확할 수 있다
② 타이완과 스리랑카는 해발 3,000m 이상의 고지대에 위치해 있다.
③ 차나무는 하루 최소 5시간 이상의 일조량을 필요로 한다.
④ 점토질 토양은 차의 맛을 가볍고 부드럽게 하고, 사질토는 차의 맛을 강하게 한다.

① 중국 운남성은 13~25℃의 일정한 온도를 유지하며 일 년 내내 찻잎을 수확할 수 있다.
② 타이완과 스리랑카는 해발 2,000m 이상의 고지대에 위치해 있다.
④ 사질토는 차의 맛을 가볍고 부드럽게 하고, 점토질 토양은 차의 맛을 강하게 한다.

■ ③

★★ 09

다음 찻잎 채집 시기에 따른 차의 설명 중 틀린 것은?
① 첫물차는 춘차(春茶), 두물차는 하차(夏茶), 세물차는 추차(秋茶)라고 한다.
② 첫물차는 4월 중순~5월 초순에 찻잎을 채집하며, 차 맛이 부드럽고 감칠맛과 향이 뛰어나다.
③ 두물차는 5월 중순~5월 하순에 찻잎을 채집하며, 차 맛이 강하고 감칠맛이 덜하다.
④ 세물차는 8월 초순~8월 중순에 찻잎을 채집하며, 떫은맛이 강하고 아린 맛이 약간 있다.

③ 두물차는 6월 중순~6월 하순에 찻잎을 채집하며, 차 맛이 강하고 감칠맛이 덜하다.

■ ③

10

우리나라의 절기에 따라 찻잎을 채집하며 만든 차의 종류에 대한 설명이다. 다음 중 틀린 것은?
① 작설차(雀舌茶)는 곡우(4월 20일~21일) 5일 전에 찻잎을 채집하여 만든 차이다.
② 우전차(雨前茶)는 곡우 전 아주 어린 찻잎 순만을 채집하여 만든 차이다.
③ 세작(細作)은 곡우에서 입하 사이 부드럽고 고운 찻잎 순과 펴진 잎을 채집하여 만든 차이다.
④ 중작(中作)은 한여름에 찻잎을 채집하여 만든 차이다.

④ 중작(中作)은 입하 이후, 5월 5일~15일 혹은 20일 사이에 찻잎을 채집한다.

■ ④

11

다음 중 우리나라의 채엽시기에 따라 만든 차의 종류와 설명이 잘못 짝지어진 것은?
① 작설차(雀舌茶) - 곡우에 찻잎을 채집
② 우전차(雨前茶) - 곡우 전 아주 어린 찻잎 순만을 채집
③ 세작(細作) - 곡우에서 입하 사이 부드러운 찻잎 순과 펴진 잎을 채집
④ 중작(中作) - 입하 이후 찻잎이 좀 더 자라 펴진 입을 채집

① 작설차(雀舌茶)는 곡우 5일 전에 찻잎을 채집한다.

■ ①

12

다음의 차산지 중 일 년 내내 찻잎을 수확하는 곳은?
① 타이완의 고지대
② 한국
③ 스리랑카
④ 일본

③ 중국의 운남성(雲南省), 인도 남부지역, 스리랑카, 인도네시아는 일 년 내내 찻잎을 수확한다.

■ ③

★★ 13

다음 중 죽로차(竹露茶)에 대한 설명 중 틀린 것은?

① 찻잎이 대나무 이슬을 먹고 자란 차란 뜻이다.
② 야생 죽로 찻잎만을 엄선 채집한다.
③ 수제홍차로 우리나라는 담양이 유명하다
④ 손으로 덖어 만든 녹차이다.

③ 죽로차(竹露茶)는 수제녹차로 우리나라 담양이 유명하다.

■ ③

★★ 14

다음 중 홍차의 등급을 구분하는 기준이 아닌 것은?

① 맛
② 잎의 위치
③ 잎의 크기
④ 잎의 배합비율

① 홍차의 등급은 품질과 맛에 따라 나누는 것이 아니라 잎의 위치, 잎의 크기(형태, 자르는 정도), 잎의 배합비율에 따라 구분한다.

■ ①

★★ 15

다음 중 홍차의 등급과 잎의 자르는 정도(크기)의 연결이 올바르지 않은 것은?

① 홀 리프(Whole Leaf) - 통찻잎
② 브로큰(Broken) - 2~3cm로 잘려진 잎
③ 티피(Tippy) - 1~2mm의 조각차
④ 패닝스 & 더스트(Fannings & Dust) - 편차 & 가루차

③ 티피(Tippy)는 끝 부분의 어린 새싹을 말한다.

■ ③

★★★ 16

차나무 잎의 위치에 따른 등급명과 설명 중 올바르게 짝지어지지 않은 것은?

① 플라워리 오렌지 페코(Flowery Orange Pekoe : FOP) - 차나무 맨 위쪽 갓 돋아난 새싹을 채집
② 오렌지 페코(Orange Pekoe : OP) - 털이 없는 위에서 두 번째 잎을 채집
③ 페코(Pekoe : P) - OP 아래 세 번째 잎을 채집
④ 소총(Souchong) - 가장 굵고 넓으며 단단한 잎

② 오렌지 페코(Orange Pekoe : OP)는 길고 얇으며 털이 보송하게 솟은 두 번째 잎을 채집한다.

■ ②

17

찻잎 배합 비율에 따른 등급은 새순을 함유한 정도를 기준으로 구분하는 방식이다. 다음 중 관계없는 것은?

① Tippy
② Golden
③ Orange Pekoe
④ Flowery

① Tippy는 끝부분의 어린 새싹을 많이 함유한 차를 말한다.
② Golden은 어린 새싹 끝부분이 많이 함유되어 황금색을 띠는 것을 말한다.
③ Orange Pekoe(OP)는 길고 얇으며 털이 보송하게 솟은 두 번째 잎을 채집한 것이다.
④ Flowey는 차나무 맨 위쪽 갓 돋아난 새싹을 채집한 것이다.

▪ ③

18

다음 홍차의 등급용어 중 잘못 연결된 것은?

① F(finest) - 고급
② S(selection) - 선별된 것
③ P(pekoe) - OP 아래 세 번째 잎
④ D(dust) - 가루

② S는 'special'로 특별한 것을 의미한다.

▪ ②

19

'茶'를 설명한 내용 중 올바르지 않은 것은?

① 학명은 카멜리아 시넨시스(*Camellia Sinensis*)이다.
② 차나무의 어린잎을 따서 가공한 것이다.
③ 열매, 과실, 뿌리, 꽃을 사용하여 만든 차는 대용차이다.
④ 차나무에서 채집한 찻잎으로만 만들어야 한다.

④ 차의 사전적 정의는 '차나무'의 준말이며, 차나무의 어린잎을 채집하여 만든 음료의 재료, 그것을 우리거나 달인 물, 식물의 잎, 뿌리, 열매 따위를 우리거나 달인 음료를 일반적으로 의미한다. 즉, 차나무에서 채집한 찻잎으로 만든 것을 의미하고 열매, 과실, 줄기, 뿌리, 꽃을 사용하여 만든 차는 대용차로 재료명과 차를 합성하여 사용하는데 국화차, 레몬차, 보리차 등을 말한다.

▪ ④

★★★ 20

육우가 차(茶)라는 단어로 언어적 통일을 하기 전 다경일지원(茶經一之源)에서 차를 칭하는 말이 아닌 것은?

① 茶
② 茗
③ 檟
④ 蔎

④ 육우는 다(茶)자가 형성되는 과정은 도(茶), 타(詫), 가(檟), 설(蔎), 명(茗), 천(荈)으로 지역의 소수민족 사이에서 발음되는 것이라고 하였다.

■ ④

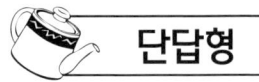 단답형

★ 01

1960년 운남성 맹해 지역의 대흑산(大黑山) 원시림 산중에서 높이 32.12m, 직경 1.03m인 수령 1,700년 이상된 야생 차나무를 발견하였다. 중국인들은 이 차나무를 무엇이라고 부르는가?

■ 차왕수(茶王樹)

★ 02

차나무의 형태에 따라 중국이 차나무를 구분하고 있는 3가지는 무엇인가?

■ 교목형(arbor form), 소교목형 또는 반교목형(semi-treerescent form), 관목형(shrub form)

★ 03

찻잎을 따는 시기는 (　　　　) 또는 이기(二旗) 때가 적기이며 삼기(三旗)나 사기(四旗)는 그 다음이다. (　) 안에 들어갈 말은 무엇인가?

■ 일창일기(一槍一旗)

★★
04

일본에서 차를 일번차(一番茶), 이번차(二番茶), 삼번차(三番茶)로 분류하는 기준은 무엇인가?

■ 채엽 시기

★★
05

우리나라에서 곡우(穀雨 : 4월 20일~21일) 5일 전에 찻잎을 채집하여 만든 차를 말하며, 찻잎이 참새의 혓바닥을 닮았다고 하여 이름 붙여진 차는 무엇인가?

■ 작설차(雀舌茶)

★★
06

홍차의 등급과 품질은 (　　　　　)에 따라서 홀 리프(Whole Leaf : 통찻잎), 브로큰(Broken : 2~3cm로 가늘게 잘려진 잎), 패닝스 & 더스트(Fannings & Dust : 가루) 3가지로 구분된다.

■ 잎의 자르는 정도

★★★
07

차를 지칭하는 '가(檟)'는 차의 어떤 맛을 의미하는가?

'가(檟)'는 고(苦)와 도(茶)의 합성발음으로 찻잎이 쓰다는 의미에서 쓴차를 가리키는 말이다.

■ 쓴맛

★★★
08

중국의 차는 다양한 이름으로 불리고 있는데, 일반적으로 동양권에서는 (　　　　　)라고 하고, 영어권에서는 (　　　　　) 라고 한다.

■ 차(cha), 티(tea)

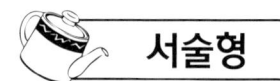
서술형

★ 01
1753년 스웨덴의 식물학자 린네가 차나무의 학명을 카멜리아 시넨시스(*Camellia-Sinensis*)라고 명명하였다. 카멜리아 시넨시스의 변종에 대하여 서술하시오.

카멜리아 시넨시스는 3개의 변종이 있는데, 중국의 카멜리아 시넨시스(*Camellia-Sinensis* var Sinensis), 인도의 카멜리아 아사미카(*Camellia-Sinensis* var Assamica), 캄보디아의 카멜리아 캄보디에스(*Camellia-Sinensis* var Cambodienis)로 구분한다.

★★★ 02
차나무는 온대지방의 소엽종과 열대지방의 대엽종으로 구분하는데, 1907년 영국의 식물학자 와트(Watt)가 구분한 중국대엽종(macrophlla), 중국소엽종(bohea), 인도종(assamica), 샨종(shan)의 주요 재배지, 찻잎특징, 차의 종류에 대하여 설명하시오.

중국대엽종은 중국의 호북성(湖北省), 사천성(四川省), 운남성(雲南省) 일대에서 재배되고, 찻잎은 13~30cm, 키는 5~32m 정도이며, 잎은 약간 둥글고 크다. 발효차용으로 사용되고 차나무 수명은 500년 이상이다. 중국소엽종은 중국 동남부, 타이완, 한국, 일본 등에서 재배되고 찻잎은 10cm 이하, 키는 2~3m 정도로 주로 녹차용으로 사용하며 수명은 50년 정도이다. 인도종은 인도의 아삼, 매니푸, 카차르, 루차이 지방에서 주로 재배되고, 찻잎은 22~30cm, 키는 10~20m이다. 찻잎은 넓고 짙은 녹색으로 주로 홍차용으로 사용되고 수명은 100년 이상이다. 샨종은 라오스, 미얀마의 샨 지방 등에서 재배되고, 찻잎은 15cm 내외, 키는 4~10m, 찻잎의 끝은 뾰족하며 옅은 녹색을 띠고 수명은 100년 이상이다.

★★★ 03
차나무의 재배환경 즉, 떼루아(terroir)의 일반적인 조건인 지대, 기후, 토양, 해발, 일조량 등을 설명하시오.

차나무의 재배환경조건은 첫째, 지대는 열대와 아열대 지역인 남위 30°와 북위 40° 지역에 가장 많이 분포하고 있다. 둘째, 기후는 온난다습한 적도기후나 연강수량 1,500mm 이상, 습도 70~90%인 지역이 좋으며, 생육온도는 연평균 14~16℃, 겨울철 최저기온은 2℃ 이상이 적당하다. 셋째, 토양은 점토나 석회질이 아닌 화산재 토양이 좋고, 수소이온 농도는 약산성인 pH 045~065, 유효 토층이 80~120cm로 층이 깊고 두터워야 하며, 물의 배수와 통기성도 원활하고, 지하수는 1m 이하에서 흘러야 하며, 중금속 같은 유해물질에 오염 되지 않아야 한다. 넷째, 해발이 높은 청정지대, 일교차가 크고 배수가 잘되는 경사진 지형이 좋다. 다섯째, 일조량은 하루 최소 5시간 이상 햇볕을 받아야 하는데, 홍차는 보다 많은 일조량이 요구되고 녹차는 일조량이 너무 많으면 오히려 쓰고 떫은맛이 강해진다.

04 ★★★

홍차의 등급과 품질을 나타내는 용어 중 스페셜 파이니스트 티피 골든 플라워리 오렌지 페코 (Special Finest Tippy Golden Flowery Orange Pekoe : SFTGFOP)를 설명하시오

스페셜 파이니스트 티피 골든 플라워리 오렌지 페코(Special Finest Tippy Golden Flowery Orange Pekoe : SFTGFOP)는 끝 부분이 황금색인 어린 새싹이 가장 많이 함유된 최상급의 차이다. 'Special'은 특별한 것, 'Finest'는 고급을 의미하고, 'Flowery Orange Pekoe'는 이른 시기 차나무 맨 위쪽에 갓 돋아난 황금색을 띠는 새싹을 채집한 것이다. 즉 최상급의 FOP를 의미한다.

03 차의 종류

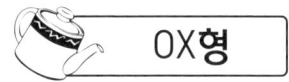
OX형

01 ★

차는 발효정도에 따라 불발효, 약발효, 반발효, 약후발효, 완전발효, 후발효로 구분한다.

■ ○

02 ★

보통 차의 종류는 크게 제조과정에 따라 그린 티(green tea), 우롱 티(oolong tea), 레드 티(red tea)로 분류한다.

차의 종류는 크게 제조과정에 따라 그린 티(green tea), 우롱 티(oolong tea), 블랙 티(black tea)로 분류한다.

■ X

03 ★

쇄청녹차(晒靑綠茶)는 신선한 찻잎을 살청과 유념을 거쳐 최종적으로 햇볕에 쬐어 말려서 만든 차이다.

■ ○

★ 04
녹차는 살청(殺青)을 통해 발효를 막아 녹색과 찻잎 성분을 그대로 유지시킨 불발효차이다.

■ ○

★ 05
유념(揉捻)은 찻잎을 시들게 하여 수분을 제거하는 제다과정이다.

유념(揉捻)은 녹차의 외형을 잡는 단계로, 비비기를 반복하여 부피를 줄이고 차가 잘 우러나오게 하는 과정이다.

■ X

★ 06
조유(粗揉)는 증기로 찐 잎을 햇볕에 말려서 찻잎 표면을 말리는 녹차제다의 공정이다.

조유(粗揉)는 증기로 찐 잎을 열풍 속에 털면서 교반시켜 찻잎 표면의 수분을 말리는 작업으로 녹색을 유지하면서 수분함량은 50% 전후로 감소시킨다.

■ X

★ 07
녹차는 제다과정의 건조방법에 따라 초청(炒青), 쇄청(晒青), 홍청(烘青)녹차로 구분한다.

초청(炒青)은 솥에서 말리는 것이고, 쇄청(晒青)은 햇볕에 말리는 것이며, 홍청(烘青)은 불에 쬐어 말리는 것이다.

■ ○

★ 08
백차의 제다공정 중 사간(篩揀)은 약한 불에 쐬어 차의 모양과 형태를 유지하도록 한다.

백차의 제다공정 중 사간(篩揀)은 크기가 고르지 못한 찻잎이나 이상한 색깔의 찻잎, 불순물을 골라내는 과정으로 이를 통해 품질이 더 좋아지게 된다.

■ X

★★ 09
대백차나무는 정화대백차(政和大白茶), 복정대엽차(福鼎大葉茶) 그리고 수선(水仙) 종류가 백호은침, 백모단, 수미 등의 원료로 사용되고 있다.

■ ○

★★
10

청차는 약발효차로 위조(萎凋)과정에서 원하는 향과 맛이 나면 더 이상 발효되지 않도록 살청(殺靑)하여 품질을 고정시킨다.

청차는 반발효차로 위조(萎凋)과정에서 원하는 향과 맛이 나면 더 이상 발효되지 않도록 살청(殺靑)하여 품질을 고정시킨다.

■ X

★★
11

청차의 위조방법 중에서 서늘한 실내에서 자연스럽게 위조시키는 방법을 양청(浪菁)이라고 한다.

■ ○

★★
12

청차 제다 시 주청(做靑)은 매우 중요한 단계로 요청(搖靑)과 홍청(紅靑) 등의 방법을 사용하면 잎 가장자리의 세포조직이 파괴되면서 효소의 촉매작용으로 독특한 향과 맛이 생성된다.

주청(做靑)은 바구니처럼 생긴 요청기에 찻잎을 담아 흔드는 요청(搖靑)과 찻잎을 손으로 비비는 교반(攪拌) 등의 방법을 사용하면 잎 가장자리의 세포조직이 파괴되면서 효소의 촉매작용으로 청차의 독특한 향과 맛이 생성된다.

■ X

★★
13

북송의 휘종(徽宗)황제가 저술한 『대관다론(大觀茶論)』을 보면 황차(黃茶)는 녹차를 만드는 과정 중에 제대로 살청이나 유념과정을 하지 않아 황색차로 변화되었다는 내용이 기술되어 있다.

명나라 허차서(許次紓)의 『다소(茶疏)』에 황차는 녹차를 만드는 과정 중에 제대로 살청이나 유념과정을 하지 않아 황색차로 변화되었다는 내용이 기술되어 있다.

■ X

★★ 14
황차(黃茶)는 녹차 가공과정에 민황(悶黃)과정을 거쳐 제조된 것이다.

■ ○

★★ 15
홍차(紅茶)는 완전발효차로서, 1781~1795년 사이에 만들어진 소종홍차(小種紅茶)를 최초의 홍차로 인정하고 있다.

■ ○

★★ 16
공부홍차(工夫紅茶)는 소종홍차(小種紅茶)를 기반으로 더욱 발전된 홍차로 전통홍차라고도 한다.

■ ○

★★ 17
기문홍차(祁門紅茶)는 대엽종으로 만들어 길고 두툼하며, 튼튼한 싹이 금황색 솜털로 덮여있고, 과일향과 꽃향이 진하며 오랫동안 여운을 남긴다.

운남전홍(雲南滇紅)은 대엽종으로 만들어 길고 두툼하며, 튼튼한 싹이 금황색 솜털로 덮여있고, 과일향과 꽃향이 진하며 오랫동안 여운을 남긴다.

■ X

★★ 18
홍쇄차(紅碎茶)는 홍차를 원료로 하여 벽돌 또는 경단모양으로 만든 압제차를 말한다.

홍쇄차(紅碎茶)는 파쇄된 홍차를 통칭한 것으로 인도, 스리랑카, 케냐 등지에서 생산되며 엽차, 쇄차, 편차, 말차로 구분된다.

■ X

★★ 19
흑차(黑茶)는 찻잎이 많이 자란 센 잎을 사용하는데, 녹차 제다과정으로 햇볕에 건조시키는 쇄청녹차를 원료로 한다.

■ ○

★★★
20

살청(殺靑)은 신선한 찻잎에 열을 가하여 찻잎의 폴리페놀 옥시다아제(polyphenol oxidase)의 활성을 둔화시키고 산화를 늦추며 수분을 감소시키는데, 탄량(攤凉)이라고도 한다.

탄량(攤凉)은 살청하기 좋은 조건으로 만들기 위해 찻잎을 시들게 하는 위조(萎凋)를 말한다.

▪ X

★★★
21

숙차(熟茶)는 1973년 곤명차창(昆明茶廠)에서 연구개발한 것으로 인공미생물발효과정을 통한 보이차의 획기적인 가공방법이다.

▪ ○

★★★
22

허브차(herb tea)는 일반적으로 상표에 차(茶, tea)라고 표기해도 무방하다.

허브(herb)는 차가 아니므로 상표에 차라고 표기해서는 안되며, 허브차로 표기한다.

▪ X

★★★
23

유기농차는 차나무를 재배하거나 찻잎을 채집할 때 고도의 기술이 필요한데, 까다롭고 엄격한 통제가 요구되며, 비료나 살충제, 제초제 등의 어떤 화학성분도 사용하지 않아야 한다.

▪ ○

★★★
24

유기농차는 국제기관이나 정부기관으로부터 유기농 전 과정을 심사받아 인증서를 받아야 하며, 3년마다 검사를 통과해야 한다.

유기농차는 국제기관이나 정부기관으로부터 유기농의 전 과정을 심사받아 인증서를 받아야 하며, 매년 검사를 통과해야 한다.

▪ X

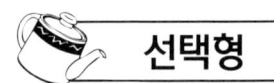 **선택형**

★ 01
다음 중 발효정도에 따른 분류가 다른 하나는?
① 용정차(龍井茶)　　② 몽정차(蒙頂茶)
③ 벽라춘(碧螺春)　　④ 모봉차(毛峰茶)

② 용정차, 벽라춘, 모봉차는 불발효차인 녹차이고, 몽정차는 약후발효차인 황차이다.

■ ②

★ 02
다음 중 차의 종류와 발효정도가 바르게 짝지어진 것은?
① 백차 – 5~15%　　② 청차 – 15~30%
③ 홍차 – 50~70%　　④ 녹차 – 9% 이상

① 녹차는 9% 이하, 청차는 15~70%, 홍차는 70~95%의 발효정도를 띤다.

■ ①

★ 03
차의 발효정도에 따른 분류가 바르게 짝지어지지 않은 것은?
① 백차 – 약발효차　　② 녹차 – 불발효차
③ 홍차 – 반발효차　　④ 보이차 – 후발효차

③ 홍차는 완전발효차이다.

■ ③

★ 04
중국의 6대 다류(六大茶類)와 대표적인 명차의 연결이 올바르지 못한 것은?
① 녹차 – 황산모봉(黃山毛峰)　　② 황차 – 몽정황아(夢頂黃芽)
③ 청차 – 정산소종(正山小種)　　④ 백차 – 백호은침(白毫銀針)

③ 정산소종은 '홍차의 어머니'라고도 불리며 복건성에서 생산되는 홍차이다

■ ③

★ 05

다음 중 제다방법에 따른 차의 분류가 아닌 것은?

① 부초차(釜炒茶)
② 증제차(蒸製茶)
③ 일쇄차(日晒茶)
④ 하차(夏茶)

④ 하차(夏茶)는 찻잎을 채집하는 시기에 따라 분류한 차로 여름철에 채집한 찻잎으로 만든다.

■ ④

★ 06

다음 차의 종류에 대한 설명 중 틀린 것은?

① 증제차(蒸製茶)는 구수한 맛과 향을 지닌다.
② 우전차(雨前茶)는 곡우 전 아주 어린 찻잎 순만을 채집하여 만든다.
③ 불발효차(不醱酵茶)는 한국의 전통녹차, 일본의 말차가 있다.
④ 덩이차는 고형차를 말한다.

① 증제차(蒸製茶)는 맛이 담백하고 깔끔하며, 부초차(釜炒茶)는 구수한 맛과 향을 지닌다.

■ ①

★ 07

녹차(綠茶)의 제다과정 순서가 올바른 것은?

① 건조 → 살청 → 유념 → 2차 살청
② 살청 → 유념 → 2차 살청 → 건조
③ 증열 → 살청 → 유념 → 건조
④ 위조 → 살청 → 유념 → 건조

② 녹차의 제다과정은 살청 → 유념 → 2차 살청 → 건조의 순서로 이루어진다.

■ ②

★08

녹차(綠茶)의 제다에 대한 설명 중 틀린 것은?
① 찻잎이 산화되는 것을 막기 위해 살청(殺靑)을 한다.
② 한국과 중국에서는 덖음차가 유명하고, 일본에서는 증제차를 주로 생산한다.
③ 유념(揉捻)을 통해 세포조직을 파괴하여 차성분이 잘 우러나오게 한다.
④ 마지막 건조과정은 수분함량이 4% 이하가 되어 색이 점점 변하도록 한다.

④ 건조과정은 수분을 증발시키고 외형을 정리하여주며, 1~2시간 후 흐린 녹색의 잎으로 변한 후 더 이상 변화는 일어나지 않는다.

■ ④

★09

다음 증제녹차(蒸製綠茶)에 대한 설명 중 틀린 것은?
① 수증기로 잎을 쪄서 효소를 제거한다.
② 조유(粗揉) 온도가 높으면 찻잎이 뭉크러지는 원인이 된다.
③ 색이 선명하고 맛이 담백하다.
④ 정유(精揉)는 바늘모양의 형태를 만드는 공정이다.

② 조유(粗揉) 온도가 낮으면 건조속도가 낮아 찻잎이 뭉크러지는 원인이 된다.

■ ②

★10

녹차(綠茶)의 제다공정 중 마지막 건조방법에 따라 구분되는 용어가 아닌 것은?
① 중청(中靑) ② 쇄청(晒靑)
③ 홍청(烘靑) ④ 초청(炒靑)

쇄청(晒靑)은 햇볕에 말리는 것이고, 홍청(烘靑)은 불에 쬐어 말리는 것이며, 초청(炒靑)은 솥에서 말리는 것이다.

■ ①

★11

다음 녹차(綠茶) 중 제다방법이 다른 하나는?
① 용정차(龍井茶) ② 하동녹차(河東綠茶)
③ 옥로차(玉露茶) ④ 벽라춘(碧螺春)

용정차, 벽라춘, 하동녹차는 덖음 녹차이고, 옥로차는 증제녹차(蒸製綠茶)이다.

■ ③

★ 12

다음 백차(白茶)에 대한 설명 중 틀린 것은?

① 찻잎 표면의 솜털이 은색을 띠어 실버 팁(silver tip)이라고 한다.
② 중국 복건성(福健省) 정화(政和)마을이 주산지이다.
③ 해열작용에 탁월한 효과가 있다.
④ 백모단(白牧丹), 군산은침(君山銀針), 수미(壽眉)가 있다.

④ 백차는 대표적으로 백모단, 백호은침, 수미 등이 있고, 군산은침(君山銀針)은 황차이다.

■④

★★ 13

백차(白茶)의 제다과정에 대한 설명 중 틀린 것은?

① 백차는 선엽(鮮葉)한 후 자연위조나 홍배 방식으로 건조한다.
② 대백차나무의 수선(水仙) 종류가 백호은침, 백모단, 수미의 원료로 사용된다.
③ 위조(萎凋)는 45~60℃에서 열풍 건조시킨다.
④ 사간(篩揀)은 크기가 고르지 못한 찻잎이나 불순물을 제거하는 과정이다.

위조(萎凋)는 대나무로 만든 넓은 선반용 발에 펼쳐 놓고 자연위조방식으로 한다.

■③

★★ 14

살청(殺青) 및 건조방법에 따른 구분으로, 신선한 찻잎을 살청과 유념(揉捻)을 거친 후 최종적으로 햇볕에 쬐어 건조시킨 녹차로 탕색 및 찻잎이 황갈색을 띠고 맛과 향이 떨어지는 편이라 타차나 병차와 같은 긴압차의 원료로 사용되는 차는?

① 초청녹차(炒青綠茶)
② 쇄청녹차(晒青綠茶)
③ 증청녹차(蒸青綠茶)
④ 홍청녹차(紅青綠茶)

① 초청녹차(炒青綠茶)는 신선한 찻잎을 살청과 유념을 거친 후 최종적으로 덖음 공정을 거쳐 건조시킨 차이다.
③ 증청녹차(蒸青綠茶)는 신선한 찻잎을 증기로 쪄서 나른하게 한 뒤 다시 비벼서 건조시킨 차이다.
④ 홍청녹차(紅青綠茶)는 신선한 찻잎을 살청과 유념을 거친 후 최종적으로 홍배(烘焙) 공정을 거쳐 건조시킨 차이다.

■②

15 ★★

다음 중 차(茶)를 분류하는 기준이 다른 하나는?

① 발효차
② 잎차
③ 덩이차
④ 가루차

차는 형태에 따라 잎차, 덩이차, 가루차로 분류되고 제다방법에 따라 부초차(釜炒茶), 증제차(蒸製茶), 발효차(醱酵茶), 덩이차, 일쇄차(日殺茶) 등으로 분류된다.

■ ①

16 ★★

부초차(釜炒茶)의 제다법에 대한 설명 중 틀린 것은?

① 쇄청녹차(晒青綠茶)의 경우 태양열에 말린다.
② 살청(殺青)은 찻잎세포의 효소를 불활성화시켜 발효를 억제한다.
③ 유념(揉捻)할 때 약하게 비비면 차를 우릴 때 차성분이 잘 녹아 나오지 않는다.
④ 마지막 건조과정은 고온에서 재빨리 처리한다.

건조는 솥의 온도(100~130℃)를 낮추어 뒤집어 말리는데, 잎을 손으로 문질러 가루가 되면 다 된 것이다.

■ ④

17 ★★

다음 중 하얀 솜털이 많으며 어리고 부드러운 싹과 잎만을 채집하여 살청(殺青)과 유념(揉捻) 없이 홍건(烘乾)방식으로 제다한 백차는?

① 백모단(白牧丹)
② 옥로차(玉露茶)
③ 군산은침(君山銀針)
④ 벽라춘(碧螺春)

옥로차와 벽라춘은 녹차(綠茶)이고, 군산은침은 황차(黃茶)이다.

■ ①

18 ★★

다음 발효기준과 차의 이름이 잘못 짝지어진 것은?

① 후발효 - 운남 보이차(雲南 普洱茶)
② 반발효 - 몽정황아(夢頂黃芽)
③ 약후발효 - 군산은침(君山銀針)
④ 완전발효 - 기문홍차(祁門紅茶)

몽정황아(夢頂黃芽)는 약후발효차이다.

■ ②

19

백차(白茶)의 종류에 대한 내용 중 올바르지 않은 것은?

① 백호은침은 복건성의 복정(福鼎)과 정화(政和)에서 생산된다.
② 백모단은 백호은침을 만드는 어린 싹보다 좀 더 자라서 잎이 약간 펴진 상태에서 만든 차이다.
③ 수미는 1창 1기와 2기 정도의 잎과 줄기가 연결된 것을 사용한다.
④ 수미는 솜털향이 진하고 맛이 순수하며 단맛이 난다.

③ 수미는 1창 2기와 3기 정도의 잎과 줄기가 연결된 것을 사용한다.

■ ③

20

다음 중 우려낸 찻물이 청록색을 띠며, 위조(萎凋)과정에서 원하는 향과 맛이 나면 더 이상 발효되지 않도록 살청(殺靑)하여 품질을 고정시키는 방식으로 제다하는 차가 아닌 것은?

① 문산포종(文山包種)
② 수금귀(水金龜)
③ 백계관(白鷄冠)
④ 산양모첨(信阳毛尖)

산양모첨(信阳毛尖)은 녹차이고, 문산포종(文山包種), 수금귀(水金龜), 백계관(白鷄冠)은 청차이다.

■ ④

21

청차(靑茶)의 제다과정 순서가 올바른 것은?

① 위조 → 살청 → 주청 → 유념 → 건조
② 주청 → 위조 → 살청 → 유념 → 건조
③ 위조 → 주청 → 살청 → 유념 → 건조
④ 위조 → 살청 → 유념 → 건조

청차(靑茶)의 제다과정은 위조 → 주청 → 살청(혹은 초청) → 유념 → 건조의 순서로 이루어진다.

■ ③

★★ 22

다음 중 위조(萎凋)와 살청(殺靑)을 거쳐 유념(揉捻)과 건조로 제조되는 차는?

① 기문홍차(祁門紅茶)
② 대홍포(大紅袍)
③ 군산은침(君山銀針)
④ 정산소종(正山小種)

청차(靑茶)인 대홍포는 위조 → 주청 → 살청(혹은 초청) → 유념 → 건조의 순서로 제다된다. 군산은침은 황차(黃茶), 기문홍차와 정산소종은 홍차(紅茶)이다.

■ ②

★★ 23

다음 중 차산지와 청차의 이름이 잘못 짝지어진 것은?

① 대만(臺灣) – 문산포종(文山包種)
② 광동(廣東) – 봉황단총(鳳凰單叢)
③ 민남(閩南) – 안계철관음(安溪鐵觀音)
④ 민북(閩北) – 황금계(黃金桂)

④ 황금계(黃金桂)는 민남(閩南)의 청차이다.

■ ④

★★★ 24

청차(靑茶)의 제다과정에 대한 내용 중 틀린 것은?

① 위조의 방법 중 양청(凉靑)을 해야 좋은 품질의 차를 만들 수 있다.
② 주청을 통해 독특한 향기와 '녹엽홍양변(綠葉紅鑲邊)'이 이루어진다.
③ 반구형과 환형의 청차는 포유(包揉)-단유(團揉)-해괴(解塊) 단계가 첨가된다.
④ 유념은 잎이 질기고 두껍기 때문에 열유(熱揉)를 한다.

① 청차의 위조방법은 통풍이 잘되는 서늘한 실내에서 자연스럽게 위조시키는 '양청(凉靑)', 햇볕에 쬐어 위조시키는 '쇄청(曬靑)', 열기를 가하여 위조하는 '홍청(烘靑)', 그리고 사람의 통제로 이루어지는 '인공조건위조(人控條件萎凋)'가 있다. 이 중 쇄청을 해야 좋은 품질의 차를 만들 수 있다.

■ ①

25 ★★

다음 중 복건성 무이암차(武夷岩茶)를 재배지역에 따라 구분한 것이 아닌 것은?

① 정암차(正岩茶)
② 반암차(半岩茶)
③ 본차(本茶)
④ 주차(洲茶)

복건성 무이암차는 재배지역에 따라 정암차(正岩茶), 반암차(半岩茶), 주차(洲茶)로 구분한다.

■ ③

26 ★★★

다음 황차(黃茶)에 대한 설명 중 틀린 것은?

① 잎의 여린 정도와 잎의 크기에 따라 황아차(黃芽茶), 황소차(黃小茶), 황대차(黃大茶)로 구분한다.
② 민황(悶黃)은 황변을 위한 적당한 습열조건을 유지하는 단계이다.
③ 건조는 몇 차례에 걸쳐 이루어지며 높은 온도에서 빠르게 진행한다.
④ 연황색의 탕색, 순한 맛과 향으로 많이 마셔도 위에 큰 부담을 주지 않는다.

건조는 다른 차 종류보다 비교적 낮은 온도에서 진행한다.

■ ③

27 ★★

황차(黃茶)의 제다과정 순서가 올바른 것은?

① 살청 → 주청 → 유념 → 건조
② 살청 → 유념 → 민황 → 건조
③ 위조 → 민황 → 살청 → 건조
④ 위조 → 살청 → 유념 → 건조

황차(黃茶)의 제다과정은 살청 → 유념 → 민황 → 건조의 순서로 이루어진다.

■ ②

★★ 28

다음 황차(黃茶) 중 원료인 찻잎의 어린 정도가 다른 것은?

① 몽정황아(蒙頂黃芽)
② 군산은침(君山銀針)
③ 곽산황아(霍山黃芽)
④ 녹원모첨(鹿苑毛尖)

몽정황아(蒙頂黃芽), 군산은침(君山銀針), 곽산황아(霍山黃芽)는 황아차(黃芽茶)이고, 녹원모첨(鹿苑毛尖)은 황소차(黃小茶)이다.

■ ④

★★★ 29

황차의 중요한 특징인 민황(悶黃)에 대한 설명 중 틀린 것은?

① 민황은 황색·황탕 형성에 필요한 공정이다.
② 습열작용은 찻잎의 엽록소를 파괴하고 폴리페놀 물질을 산화시킨다.
③ 살청을 마친 찻잎을 통풍이 되지 않게 쌓아두는 것이다.
④ 짧게는 1~2일, 길게는 5~7일 정도 쌓아둔다.

민황(悶黃)은 짧게는 30~40분, 길게는 5~7일 정도 쌓아두는데, 종류마다 차이가 있다.

■ ④

★★★ 30

홍차(紅茶)의 역사적 사실에 관한 설명 중 틀린 것은?

① 1781~1795년 사이에 만들어진 소종홍차(小種紅茶)를 최초의 홍차로 인정하고 있다.
② 1780년에 안휘성(安徽省)의 기문홍차(祁門紅茶)가 만들어졌다.
③ 1610년 네덜란드가 중국과 일본에서 구입해 헤이그(Hague)로 보낸 것이 유럽 최초의 차라고 한다.
④ 1657년 영국에 차가 도입되면서 홍차 문화시대를 열게 되었다.

1875년 안휘성의 기문홍차(祁門紅茶)가 만들어졌다고 한다.

■ ②

★★ 31
홍차(紅茶)의 전통적인 제다과정 순서가 올바른 것은?
① 위조 → 살청 → 분쇄 → 선별 → 발효 → 건조
② 살청 → 위조 → 유념 → 분쇄 → 발효 → 건조
③ 위조 → 유념 → 분쇄 → 선별 → 발효 → 건조
④ 위조 → 유념 → 발효 → 분쇄 → 선별 → 건조

홍차(紅茶)의 제다과정은 위조 → 유념 → 분쇄 → 선별 → 발효 → 건조의 순서로 이루어진다.

▪ ③

★★★ 32
홍차(紅茶)의 제다과정에 대한 설명 중 틀린 것은?
① 고급홍차제품은 그늘에서 말린다.
② 등급을 매길 때 큰 잎이 좋은 차가 된다.
③ 홍차의 맛은 대부분 발효과정에서 결정된다.
④ 건조는 산화 중인 찻잎을 건조시켜 산화를 완전히 멈추게 한다.

선별은 찻잎을 크기별로 고르는 작업인데, 여기에서 찻잎의 등급이 이루어진다. 여러 가지 다양한 크기의 체를 통해 떨어지는 찻잎을 분류하는 과정으로 뒤에 남이 큰 잎이 반드시 좋은 차가 되는 것은 아니다.

▪ ②

★★★ 33
다음 홍차(紅茶)의 종류 중 제다특성이 다른 것은?
① 기홍(祁紅)
② 누와라엘리야(Nuwara Eliya)
③ 정산소종(正山小種)
④ 미전차(米磚茶)

기홍(祁紅), 누와라엘리야(Nuwara Eliya), 정산소종(正山小種)은 잎홍차이고 미전차(米磚茶)는 긴압홍차이다.

▪ ③

★★★ 34

공부홍차(工夫紅茶)에 대한 설명 중 틀린 것은?

① 소종홍차(小種紅茶)를 기반으로 더욱 발전된 홍차로 전통홍차라고도 한다.
② 생산지에 따라 기홍(祁紅), 전홍(滇紅), 천홍(川紅), 녕홍(寧紅), 의홍(宜紅), 민홍(閩紅) 등으로 구분한다.
③ 가장 유명한 기문(祁門)의 기홍(祁紅)은 홍색의 윤기가 아름답고 꿀향이 난다.
④ 운남성(雲南省)의 전홍(滇紅)은 대엽종으로 만들고 과일향과 꽃향이 진하다.

③ 가장 유명한 홍차인 기문(祁門)의 기홍(祁紅)은 검은색의 윤기가 아름답게 나며 꿀향이 있어 국제시장에서 인기가 많다.

■ ③

★★★ 35

다음 중 원산지가 다른 홍차는 무엇인가?

① 누와라엘리야(Nuwara Eliya)
② 닐기리(Nilgiri)
③ 우바(Uva)
④ 캔디(Kandy)

② 닐기리(Nilgiri)는 인도 홍차이고, 누와라엘리야(Nuwara Eliya), 우바(Uva), 캔디(Kandy)는 스리랑카 홍차이다.

■ ②

★★★ 36

제다특성에 따라 분류된 홍차(紅茶)가 아닌 것은?

① 홍쇄차(紅碎茶)
② 공부홍차(工夫紅茶)
③ 홍엽차(紅葉茶)
④ 소종홍차(小種紅茶)

홍차(紅茶)는 제다특성에 따라 소종홍차(小种红茶), 공부홍차(工夫紅茶), 홍쇄차(紅碎茶), 홍전차(紅磚茶)로 분류된다.

■ ③

★★★ 37

유기농차의 재배조건이 아닌 것은?

① 국제기구나 정부에서 인정하는 유기농 인증을 받은 씨앗을 사용해야 한다.
② 화학제품이나 이식 유전자제품을 사용하지 말아야 한다.
③ 전통적인 재배법과 유기농 재배법으로 찻잎을 채집할 경우 서로 블랜딩하기도 한다.
④ 화학비료 등을 완전히 제거한 유기농법으로 재배하며 최소 3년간 관찰해야 한다.

③ 전통적인 재배법과 유기농 재배법으로 찻잎을 채집할 경우 원료의 사용을 분리해야 한다.

■ ③

★★★ 38

다음 중 유기농차의 목적이 아닌 것은?

① 환경을 보호한다.
② 많은 생산량을 확보한다.
③ 좋은 토양을 유지한다.
④ 지피식물(地被植物)을 재배하여 차나무와 유기적 관계를 갖는다.

유기농법에 의한 차나무 재배는 변(便), 퇴비, 자연유기농 물질, 영양분을 포함하고 있는 식물과 나무, 지피식물(地被植物) 등을 사용한다.

■ ②

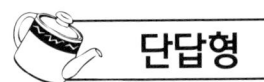 단답형

★ 01
차를 불발효, 약발효, 반발효, 약후발효, 완전발효, 후발효로 나누는 기준은 무엇인가?

■ 발효정도

★ 02
차는 발효정도에 따라 구분하기도 하는데, 적당한 온도와 습도에서 찻잎의 폴리페놀(polyphenol)에 작용하여 누런색의 데아플라빈(theaflavins)과 자색의 데아루비긴(thearubigins) 등으로 변하게 하는 찻잎의 성분은 무엇인가?

■ 찻잎 세포의 산화효소(oxidase)

★★ 03
중국에서는 제다과정에 따른 산화정도 즉, 색상에 따라 차를 6종류로 구분하고 있다. 6대 다류를 나열하시오.

원래는 흑차에 보이차를 포함하여 6대 다류로 분류하였으나 2016년 9월부터 보이차를 따로 분류하여 7대 다류가 되었다.

■ 녹차, 백차, 청차, 황차, 홍차, 흑차

★ 04
백차의 제다과정 중 찻잎을 시들게 하여 수분을 제거하는 과정을 무엇이라 하는가?

■ 위조(萎凋)

★ 05
녹차의 제다과정 중 비비기를 반복하여 수분을 균일하게 제거하고 부피를 줄여주며, 세포조직을 파괴하여 차 성분이 잘 우러나올 수 있도록 하는 과정을 무엇이라 하는가?

■ 유념(揉捻)

★ 06
찻잎 내부의 수분을 배출시켜 건조시키는 과정으로 증제차(蒸製茶) 특유의 바늘모양을 만드는 공정을 무엇이라 하는가?

■ 정유(精柔)

★ 07
일본에서 찻잎을 증기로 쪄서 제다하는 녹차의 이름은 무엇인가?

■ 증제녹차(蒸製綠茶)

★ 08
녹차 제다 시 살청과 유념을 거친 후 초청(炒靑)인 덖기와 불을 쬐어 말리는 홍청(烘靑)과정을 결합해 만들어낸 것으로, 초청녹차(炒靑綠茶)의 특징인 높은 향기와 순하고 진한 맛을 그대로 가지고 있을 뿐만 아니라, 차싹과 잎이 덖음으로 인해 손상되지 않고 하얀 솜털(白毫)이 완전하게 드러나 보이는 홍청녹차(烘靑綠茶)의 특색도 그대로 보존하고 있어 황산모봉(黃山毛峰)과 같은 중국 명차 생산에 많이 활용되고 있는 제다법을 무엇이라고 하는가?

■ 반초반홍(半炒半烘)

★ 09
약 발효차에 속하는 백차(白茶)는 마른 찻잎 표면이 백색의 부드러운 솜털로 빽빽이 덮여 있고 은빛을 띠기 때문에 일명 무엇이라고 부르는가?

■ 실버 팁(silver tip, 白毫銀針 : 백호은침)

★ 10
백차를 제다할 때 대나무로 만든 넓은 선반용 발에 펼쳐 놓고 자연적으로 건조하는 공정을 무엇이라 하는가?

■ 위조(萎凋)

★★
11
청나라 1796년 복건성(福建省)에서 만들어진 차로서, 전체가 솜털로 둘러싸여 있는 싹으로 된 은백색 바늘모양 침형으로, 향기는 맑고 신선하며 탕색은 연황색과 푸른색이 감도는 살구빛의 고급차 이름은 무엇인가?

■ 백호은침(白毫銀針)

★★
12
청차 제다 시 매우 중요한 단계로, 바구니처럼 생긴 요청기에 찻잎을 담아 흔드는 요청(搖靑)과 찻잎을 손으로 비비는 교반(攪拌) 등의 방법으로 잎 가장자리의 세포조직이 파괴되면서 효소의 촉매작용으로 독특한 향과 맛이 생성되는 공정을 무엇이라 하는가?

■ 주청(做靑)

★★
13
청차 제다 시 차에 남아 있는 수분을 제거하는 몇 시간의 건조과정에서 찻잎색상이 검게 변하면서 토스트향과 타는 듯한 향이 생성되는 반응을 무엇이라 하는가?

■ 메르반응

★★★
14
복건성(福建省) 무이암차(武夷岩茶)의 4대 명차는 무엇인가?

■ 대홍포(大紅袍), 철라한(鐵羅漢), 수금귀(水金龜), 백계관(白鷄冠)

★★
15
대만에서 주로 생산되는 녹차와 우롱차의 중간쯤인 가볍게 발효된 차로, 재스민차나 가향차에도 사용되는 차의 종류는 무엇인가?

■ 포종(包種)

★★★
16

황차(黃茶)는 찻잎, 찻물, 우린 찻잎도 황색을 띠고 있어 무엇이라고도 하는가?

■ 삼황차(三黃茶)

★★★
17

황차(黃茶) 제다 시 고온의 살청으로 효소의 활성을 억제하고 여러 가지 페놀의 산화과정을 이용하며 '습열작용'을 통해 황색의 물질을 생성하게 되는 제다과정을 무엇이라고 하는가?

■ 민황(悶黃)

★★★
18

세계 3대 홍차(紅茶)는 무엇인가?

■ 인도의 다즐링(Darjeeling), 스리랑카의 우바(Uva), 중국의 기문(祁門)

★★★
19

파쇄된 홍차를 통칭하는 것으로 인도, 스리랑카, 케냐 등지에서 생산되며 엽차, 쇄차, 편차, 말차로 구분하는 차를 무엇이라 하는가?

■ 홍쇄차(紅碎茶)

★★★
20

1930년대 맥커쳐(W. Mckercher)가 고안한 기계를 사용하는 근대적 제다방법으로, 전 세계 홍차의 50% 이상이 이 방법을 사용한다. 제조시간은 짧고, 색과 향은 강하며, 가격도 저렴하다. 일정수준 이상의 품질을 유지하면서 대량생산이 가능한 이 제조방법을 무엇이라고도 하는가?

■ CTC(Crush, Tear, Curl) 제조방법

★★★
21

중국이나 포르모사(Formosa : 옛 대만) 우롱차, 홍차 등에 장미 포종, 장미 공푸차, 장미 꽃잎을 블랜딩하는 등 순수한 녹차, 우롱차, 홍차에 향을 가미한 차를 무엇이라고 하는가?

■ 가향차(加香茶)

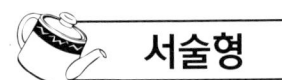 서술형

01 ⭐⭐

차가 발효되는 원리를 설명하고, 그 결과 파생된 중국 6대 차의 종류(六大茶類)와 발효정도를 설명하시오.

차의 발효는 적당한 온도와 습도에서 찻잎의 폴리페놀(polyphenol)에 찻잎 세포의 산화효소(oxidase)가 작용하면 녹색의 엽록소(Chlorophyll)가 황색의 데아플라빈(theaflavins)과 홍색의 데아루비긴(thearubigins) 등으로 변한다. 이 과정에서 독특한 향기와 맛을 만들어내는 작용에 따라 불발효(9% 이하, 녹차), 약발효(5~15%, 백차), 반발효(15~70%, 청차), 약후발효(15~25%, 황차), 완전발효(70~95%, 홍차), 후발효(80~98%, 흑차)로 나눈다. 발효가 많이 될수록 마른 차는 검붉은 색으로 변하고 탕색은 진한 홍색을 띠며 발효가 적게 된 것은 녹황색이나 황금색을 띤다.

02 ⭐

중국의 6대 차의 종류를 설명하시오.

중국은 발효정도에 따라 녹차(綠茶), 백차(白茶), 청차(靑茶), 황차(黃茶), 홍차(紅茶), 흑차(黑茶)의 6대 다류로 구분된다. 첫째, 녹차는 채엽 후 바로 솥에 덖거나 증기로 찌는 살청을 통해 발효가 되지 않도록 막아 녹색과 찻잎성분을 유지시킨 불발효(9% 이하) 차이다. 둘째, 백차는 백색의 솜털이 덮여있는 싹과 어린잎을 채집하여 살청과 유념 없이 그대로 건조하여 만든 약발효(5~15%) 차이다. 셋째, 청차는 위조과정에서 원하는 향과 맛이 나면 더 발효되지 않도록 살청하여 품질을 고정시킨 홍차와 녹차의 중간정도인 반발효(15~70%) 차이다. 넷째, 황차는 살청과 유념 후 찻잎을 퇴적하는 민황과정의 습열작용을 통해 황색황탕으로 변화된 녹차와 청차의 중간단계인 약후발효(15~25%) 차이다. 다섯째, 홍차는 발효과정을 거쳐 홍색홍탕의 떫은맛이 강한 완전발효(70~95%) 차이다. 여섯째, 흑차는 쇄청녹차를 퇴적하여 발효시켜 찻잎이 흑색이나 흑갈색이 되는 후발효(80~98%) 차이다.

03 ⭐⭐

형태에 따라 3가지로 분류되는 차의 종류에 대하여 설명하시오(제다과정과 찻잎형태를 중심으로).

차는 형태에 따라 크게 잎차, 덩이차, 가루차로 분류된다. 첫째, 잎차는 차나무 잎을 그대로 덖거나 찌거나 발효시켜 찻잎의 모양이 변형되지 않고 그대로 보존되고 둘째, 덩이차는 찻잎을 시루에 넣고 수증기로 익혀 절구에 넣어 떡처럼 찧어서 틀에 박아낸 고형차이며 셋째, 가루차는 말차라고도 하여 시루에서 쪄낸 찻잎을 그대로 말린 다음 맷돌로 미세하게 갈아 만든 차이다.

04 ⭐⭐

찻잎의 채집 시기에 따른 차의 분류에 대하여 설명하시오.

찻잎을 채집하는 시기에 따른 차의 분류는 국가마다 차이가 있지만, 보통 첫물 차, 두물 차, 세물 차로 구분하기도 하고 춘차(春茶), 하차(夏茶), 추차(秋茶), 동차(冬茶)로 구분하기도 한다. 우리나라와 중국은 절기에 따라 우전(雨前, 곡우 전), 세작(細雀, 곡우와 입하 사이), 중작(中雀, 5월 초~중순), 대작(大雀, 5월 말)으로 구분하기도 한다.

★★
05
청차의 제다과정 중 주청(做靑)에 대하여 설명하시오(방법, 효과 등).

주청(做靑)은 매우 중요한 공정단계로, 바구니처럼 생긴 요청기에 찻잎을 담아 흔드는 요청(搖靑)과 찻잎을 손으로 비비는 교반(攪拌) 등의 방법으로 잎 가장자리의 세포조직이 파괴되면서 효소의 촉매작용으로 독특한 향과 맛이 생성된다. 산화가 가장 중요한 청차는 다양한 향들이 발산되기 시작하는데, 약하게 산화된 차는 진한 꽃향과 야채향이 생성되고, 많이 산화된 차는 향신료향, 과일향, 목재향 등을 풍긴다. 이 과정을 '발한과정'이라고도 하는데, 찻잎이 땀을 흘리는 듯하여 지어진 이름으로 온도는 22~25℃, 습도는 85%가 넘는 환경에서 찻잎을 계속 뒤적여 준다.

★★★
06
녹차의 제다과정 중 유념(揉捻)의 방법, 효과, 종류에 대하여 설명하시오.

유념은 녹차의 외형을 잡는 단계로 찻잎의 수분을 고르게 한다. 어린잎은 가볍게 비벼 부드럽게 하고, 굵은 잎은 힘 있게 비벼 잎 사귀에 상처를 내어 부드럽게 만든다. 두 손으로 찻잎을 한쪽 방향으로 돌리면서 비비기를 반복하여 수분을 균일하게 제거하고, 체적(體積 : 부피)을 줄여주는 효과를 낸다. 또한 세포조직을 파괴하여 차 성분이 잘 우려 나오게 하고 여러 번 우려낼 수도 있다. 녹차의 유념에는 냉유(冷揉 : 살청한 찻잎을 펼쳐서 식힌 후에 작업)와 열유(熱揉 : 살청한 찻잎에 아직 열기가 남았을 때 작업)가 있으며, 어린잎의 유념에는 냉유가 좋다.

★★★
07
녹차는 살청(殺靑) 및 건조방법에 따라 크게 4종류로 구분되는데, 이를 설명하시오.

녹차는 살청 및 건조방법에 따라 초청녹차(炒靑綠茶), 홍청녹차(紅靑綠茶), 쇄청녹차(晒靑綠茶), 증청녹차(蒸靑綠茶)로 구분된다. 첫째, 초청녹차는 신선한 찻잎을 살청과 유념을 거친 후 최종적으로 덖음공정을 하여 건조시킨 차로 외형에 따라 장초청(長炒靑), 원초청(圓炒靑), 세눈초청(細嫩炒靑) 등으로 나뉜다. 둘째, 홍청녹차는 신선한 찻잎을 살청과 유념을 거친 후 최종적으로 홍건기계나 밀폐된 방에 넣어 약한 불에서 서서히 건조하는 홍배(烘焙)공정을 거쳐 건조시킨 차로 보통홍청(普通烘靑), 세눈홍청(細嫩烘靑), 반초반홍(半炒半烘) 등으로 나뉜다. 셋째, 쇄청녹차는 신선한 찻잎을 살청과 유념을 거친 후 최종적으로 햇볕에 쬐어 건조시킨 차이다. 넷째, 증청녹차는 신선한 찻잎을 증기로 쪄서 나른하게 한 뒤 다시 비벼서 건조시킨 차이다.

★★★
08
홍차의 CTC 제조방법의 정의, 공정, 효과에 대해 설명하시오.

CTC(Crush, Tear, Curl의 약자) 제조방법은 1930년대 맥커쳐(W. Mckercher)가 고안한 기계를 사용하는 근대적 제다방법으로, 전 세계 홍차의 50% 이상이 이 방법을 사용한다. 위조(Withering) → 분쇄(Crushing) → 압쇄(Tearing) → 컬링(Curling)의 공정이 모두 하나의 기계로 이루어져 작업효율성을 향상시킨 대량생산방법으로 제조시간은 짧고, 색과 향은 강하며, 가격도 저렴하면서 일정수준 이상의 품질을 유지할 수 있다.

세계 차의 역사

01/ 중국의 차 역사
02/ 한국의 차 역사
03/ 일본의 차 역사
04/ 영국의 차 역사
05/ 미국의 차 역사

02

01 중국의 차 역사

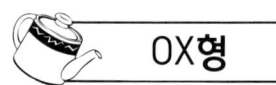 OX형

★
01
인간은 약 6,000년 전부터 차(茶)를 마셔왔으며, 차는 약용으로부터 식용, 기호음료로 변화하고 정치, 경제, 문화, 종교 등 다방면으로 영향을 주었다.

▪ O

★
02
오늘날 우리가 마시는 차(茶)는 처음에는 '고(苦)'라고 불렸으나, 당(唐)나라 이후 사천(四川)에서부터 양쯔강(揚子江) 유역과 강남으로 차 마시는 습관이 전파되자 '차(茶)'라는 문자가 사용되었다.

오늘날 우리가 마시는 차(茶)는 한(漢)나라 이후 사천(四川)에서부터 양쯔강 유역과 강남으로 차 마시는 습관이 전파되자, 당나라시대(唐代)에 이르러 '차(茶)'라는 문자가 사용되었다.

▪ X

★
03
중국에서 차를 '차(茶)'라고 규정한 것은 전한(前漢 : BC 206~AD 8)시대라고 한다.

중국에서 차가 처음으로 '차(茶)'자로 기록된 것은 전한(前漢)시대의 문인 왕포(王褒)의 노비매매문서 『동약(僮約』, BC 59)』이다.

▪ O

★★
04
중국의 삼국시대(220~420)인 오나라와 진나라 시절에는 사천과 양자강의 중하류에 차산지가 인접하였기에 차 마시는 것이 매우 성행하였고, 황제 또한 병사들에게 술 대신 차 마시기를 권장하여 차문화가 상당히 보급되었다.

▪ O

★★
05
중국의 당(唐)나라 시대에 차나무를 경작하고 수확할 때 엄격한 규정을 적용하였는데, 황실에 바치는 공차에는 용이나 봉황을 새겼기 때문에 용단차(龍團茶)라고 하였다.

당(唐)나라시대(618~906) 황실에 바치는 공차에는 용이나 봉황을 새겼기 때문에 용봉차(龍鳳茶)라고 하였다.

▪ X

★★
06
중국의 송(宋)나라시대(960~1279)에는 어린 찻잎을 엄선 채집하여 맷돌에 곱게 간 말차(抹茶)를 다완(茶碗)에 넣고 끓인 물을 부은 후 차선으로 저어 눈처럼 하얗고 부드러운 거품을 만들어 마시는 방식인 점다법(點茶法)이 유행하였다.

▪ ○

★★★
07
중국의 명(明)나라시대(1368~1644)에는 찻잎 자체만을 우려내는 포다법(泡茶法)이 유행하면서 음차방법과 격식을 중요시하고 진정한 차맛을 음미하기 위해 다구(茶具)도 금·은에서 도자기로 바뀌었다.

태조 주원장(朱元璋)이 단차((團茶)의 공납을 금지하면서 산차(散茶)가 애용되었고, 찻잎을 맷돌로 갈아 비벼 만드는 대신 찻잎 자체만을 우려내는 포다법(泡茶法)이 유행하면서 차 고유의 색, 향, 맛을 즐기게 되었다. 복잡하고 번거로운 음차방법과 다구에서 벗어나 진정한 차 맛을 음미하는 것을 멋으로 여겼으며 다구도 금·은에서 도자기로 바뀌게 되었다.

▪ ○

★★★
08
1829년 청(淸)나라 옹정 10년에는 명나라시대에 천한 차로 치부 받았던 보이차(普洱茶)가 황실의 공차(貢茶)로 지정받으며 중국을 대표하는 차로 거듭나게 되었고, 보이차는 화차(花茶) 대신 차마고도의 새로운 주인이 되었다.

1729년 청(淸)나라 옹정 10년에는 명나라시대에 천한 차로 치부 받았던 보이차(普洱茶)가 황실의 공차(貢茶)로 지정받으며 중국을 대표하는 차로 거듭나게 되었고, 보이차는 화차(花茶) 대신 차마고도의 새로운 주인이 되었다.

▪ X

09 ★★★

중국은 등소평(鄧小平)의 온건주의 지도노선 하에 전통명차가 복원되기 시작하였고, 1990년 등소평 사임 이후에도 차 산업은 정부의 지속적인 주도하에 본격적으로 민영화되어 경쟁에 의한 품질개발이 활성화되었다.

▪○

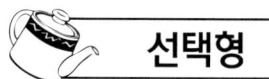 선택형

01 ★

중국에서 차와 관련된 용어에 대한 역사적 사실과 관계가 없는 것은?
① 기원전 3세기에 이미 차를 약용으로 사용한 기록이 있다.
② 차를 표현한 한자어 '도(荼)'는 '고(苦)'와 다른 의미이다.
③ '차(茶)'라고 말해야 한다고 규정한 것은 전한(前漢) 왕조시대라고 한다.
④ 차를 표현한 옛 글자에는 가(檟), 설(蔎), 명(茗), 천(荈), 도(荼)가 있는데 각 지방 소수민족들이 각기 다르게 말했기 때문이다.

② 차를 표현한 한자어 '도(荼: 씀바귀라는 의미)'는 '고(苦: 씀바귀처럼 쓴 맛)'와 같은 의미이다.

▪②

02 ★★

중국의 차(茶)와 관련된 역사 중에서 올바른 것은?
① 사마천(司馬遷)의 『사기(史記)』에 효성이 지극한 유비가 어머니에게 차를 사드리기 위해 겪었던 어려움에 대해 기술되어 있다.
② 『삼국지』에는 기원전 1066년 서주(徐州)의 파촉(巴蜀)지방에서 차를 재배했다는 기록이 있다.
③ 『사기(史記)』에는 춘추전국시대(春秋戰國時代 : BC 772~AD 221)에 한족과 소수민족에 의해 본격적으로 차가 재배되었다고 한다.
④ 진한시대(秦漢時代 : BC 221~AD 220)에는 차가 약용으로만 쓰였다고 한다.

① 『삼국지』에는 효성이 지극한 유비가 어머니에게 차를 사드리기 위해 겪었던 어려움에 대해 나와 있다.
② 사마천(司馬遷)의 『사기(史記)』에는 기원전 1066년 서주(徐州)의 파촉(巴蜀)지방에서 차를 재배했다는 기록이 있다.
④ 진한시대(秦漢時代 : BC 221~AD 220)에는 차가 약에서 기호식품으로 인정받았다고 한다.

▪③

★★
03

중국 당(唐)나라시대(618~906) 차문화에 대한 내용 중 틀린 것은?

① 남북교류가 활발하여 중국 전체 도시에서 일반서민의 일상음료가 되었다.
② 불교숭상정책과 더불어 차문화는 불교의 상징으로 황금기를 맞았다.
③ 다례(茶禮)문화가 발달하고 차(茶) 용어도 정착되기 시작하였다.
④ 생산과 판매에 조정(朝廷)의 개입이 없어 차상인은 부를 축적하였다.

④ 9세기에 이르러 차는 중국인들의 생활필수품이 되었고, 생산과 판매에 조정(朝廷)이 개입하기 시작하였으며, 차상인은 계속 부를 축적하였다.

■ ④

★★
04

AD 780년 당나라 문인 육우(陸羽)가 집필한 『다경(茶經)』의 내용이 아닌 것은?

① 차의 역사적 배경, 유명 차 재배지, 차 재배법, 차 제다법, 차제구(茶諸具) 등이 기록되어 있다.
② 차를 번차(番茶), 산차(散茶 : 煎茶), 말차(抹茶 : 未粉茶), 단차(團茶 : 固形茶) 4종류로 구분하였다.
③ 당나라시대에 말차(抹茶)는 독자적 제품으로 인정받았다.
④ 차를 단순히 음료가 아니라 수양의 수단으로 삼는 다도(茶道)를 성립시켰다.

③ 단차(團茶: 固形茶)가 당(唐)나라시대의 독자적 제품이었다.

■ ③

★★
05

다음 중 송(宋)나라시대(960~1279)의 차문화가 아닌 것은?

① 말차(抹茶)를 차선으로 저어 부드러운 거품을 만들어 마시는 '점다법(點茶法)'이 유행하였다.
② 복잡하고 번거로운 음차법과 다구에서 벗어나 진정한 차 맛을 음미하는 것을 멋으로 여겼다.
③ 차는 일상생활의 필수품으로 간주되고 다회(茶會)와 다연(茶宴)이 성행하였다
④ 차의 품격을 겨루는 '투다(鬪茶)'가 성행하면서 차의 품질이 크게 향상되었다.

명(明)나라시대(1368~1644)에 찻잎 자체만을 우려내는 방식인 포다법(泡茶法)이 유행하면서 복잡하고 번거로운 음차법과 다구에서 벗어나 진정한 차 맛을 음미하는 것을 멋으로 여겼다.

■ ②

★★ 06

중국 명(明)나라시대(1368~1644)의 차문화에 대한 내용 중 틀린 것은?
① 태조 주원장(朱元璋)이 단차((團茶)의 공납을 금지하면서 산차(散茶)가 애용되었다.
② 찻잎 자체만을 우려내는 포다법(泡茶法)이 유행하였다.
③ 티베트 유목민 사이에도 음차습관이 확산되어 차와 말을 교환하는 무역이 시작되었다.
④ 복잡하고 번거로운 음차법과 다구에서 벗어나 진정한 차 맛을 음미하는 것을 멋으로 여겼다.

③ 차마고도(茶马古道)는 한나라 이전인 기원전 시기에 중국 서남부 윈난성·쓰촨성에서 생산된 차와 티베트의 말을 교역하기 위해 형성되었고, 당·송 시대를 거치면서 번성하였으며 이후 네팔, 인도, 유럽까지 연결됐다.

■ ③

★★★ 07

중국 청(淸)나라시대(1636~1912) 차문화에 대한 내용 중 틀린 것은?
① 청나라 초기에는 차문화가 번성하였으나 근대화가 시작되면서 차문화는 쇠퇴기를 맞았다.
② 중국차가 유럽에 널리 알려지면서 영국 런던 커피전문점에 처음으로 중국차가 등장하였다.
③ 1729년 청나라 옹정 10년, 보이차(普洱茶)가 황실의 공차(貢茶)로 지정받으며 중국을 대표하는 차로 거듭나게 되었다.
④ 영국에 차나무 종자, 묘목을 수출하고 재배기술이나 재배법을 전파하였다.

④ 중국은 차산업을 다른 나라에 빼앗기지 않으려고 종자, 묘목 수출을 엄격하게 통제하였고, 재배기술이나 재배법을 철저히 비밀로 지키고 있었기 때문에 차는 중국에서만 생산할 수 있다는 인식이 널리 퍼져있었다.

■ ④

★★★ 08

19세기 차에 관한 역사적 사실 중 틀린 것은?
① 중국은 영국과의 아편전쟁 이후 홍차수출량이 증가하게 되었다.
② 중국은 차산업을 다른 나라에게 빼앗기지 않으려고 종자, 묘목수출을 엄격히 통제하였다.
③ 영국의 식물학자 로버트 포춘(Robert Fortune)이 중국의 동목촌(桐木村)에서 차나무씨를 몰래 갖고 나와, 인도 다즐링(Darjeeling)에서 차나무 재배를 성공시켰다.
④ 영국의 식민지였던 인도, 스리랑카 등이 중국 홍차를 대신하게 되었다.

① 중국은 영국과의 아편전쟁 이후 홍차수출량은 180만톤에서 40만톤으로 급격히 떨어졌고, 결과적으로 영국의 식민지였던 인도, 스리랑카 등이 중국 홍차를 대신하게 되었다.

■ ①

★★★
09
다음 중국차의 역사적 사실에 대한 내용 중 틀린 것은?

① 당나라 중기 수도인 장안(長安)에 다관(茶館)이 생기고 육우(陸羽)는 『다경(茶經)』을 저술하였다.
② 송나라 때는 일반 백성들도 차를 마시기 시작하여 다회(茶會)와 다연(茶宴)이 성행하였다.
③ 당나라 당시 유명 차산지는 용정(龍井), 절강성(浙江省)의 항주(杭州), 복건(福建), 운남(雲南), 사천(四川) 등이었다.
④ 청나라는 차마무역의 번성기 때 재스민, 국화꽃 등의 꽃잎을 넣은 화차(花茶)가 유행하였다.

③ 명나라 당시 유명 차산지는 용정(龍井), 절강성(浙江省)의 항주(杭州), 복건(福建), 운남(雲南), 사천(四川) 등이었다.

▪ ③

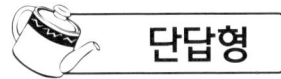 단답형

★
01
'차를 오래 마시면 힘을 솟게 하고 마음을 즐겁게 한다.'와 '신농(神農)이 백가지 초목을 맛보다 하루는 72가지 종류의 독을 먹었는데, 도(荼)를 얻어 해독하였다'는 기록이 전해지는 문헌은 무엇인가?

▪ 신농본초경(神農本草經)

★
02
중국의 진한시대(BC 221~AD 220)에는 차가 약에서 기호식품으로 인정받았는데, 당시 주로 마셨던 차의 형태는 무엇인가?

▪ 차의 생잎을 쪄서 빻은 후 동그란 모양으로 만든 떡차(餠茶 : 고형차)

★
03
차에 대한 기록은 BC 1세기 중엽 왕포(王褒)가 쓴 노예매매계약서인 (　　　　)에 무양(武陽)에서 차를 구입했다는 기록이 나온다. (　) 안에 들어갈 정답은 무엇인가?

▪ 동약(童約)

★★ 04

AD 780년 당나라 문인 육우(陸羽)가 집필한 '차의 경전'으로 일컬어지는 저서에는 차의 기원, 유명 차 재배지, 차 재배법, 차 제다법, 차제구(茶諸具) 등이 상세히 기록되어 있고, 이로 인해 다도(茶道)가 성행하게 되었다. 이 저서의 이름은 무엇인가?

■ 『다경(茶經)』

★★★ 05

송(宋)나라(960~1279) 때 차의 품격을 겨루는 '투다(鬪茶)'가 성행하여 차의 품질이 크게 향상되었고, 특히 어린 찻잎만을 엄선·채집하여 곱게 맷돌에 갈아 다완(茶碗)에 넣고 끓인 물을 부은 후, 차선으로 저어 눈처럼 하얗고 부드러운 거품을 만들어 마시는 방식이 유행하였다. 이 방식을 무엇이라 하는가?

■ 점다법(點茶法)

★★★ 06

명(明)나라(1368~1644)로 접어들면서 태조 주원장(朱元璋)이 단차의 공납을 금지하면서 산차(散茶)가 애용되었다. 찻잎을 맷돌로 갈아 비벼 만드는 대신 찻잎 자체만을 우려내는 방식을 무엇이라고 하는가?

■ 포다법(泡茶法)

★★★ 07

1729년 청(淸)나라 옹정 10년, 황실의 공차(貢茶)로 지정받으며 중국을 대표하는 차로 거듭나게 되었고, 차마고도(茶马古道)의 새로운 주인이 된 차는?

■ 보이차(普洱茶)

★★★ 08

1848년 중국의 차 무역상처럼 변장하여 홍차(紅茶)의 비밀을 밝혀내고, 중국의 차나무 씨를 수만 개 들고 나와 영국의 식민지였던 인도 북부 다즐링(Darjeeling) 지역에 심어 차나무 재배를 성공시킨 영국의 식물학자는 누구인가?

■ 로버트 포춘(Robert Fortune, 1812~1880)

 서술형

★★★ 01

중국 당(唐)나라 시대의 문인 육우(陸羽, 733~804)는 세계 최초의 차 전문서 『다경(茶經)』을 집필해 다성(茶聖) 혹은 다신(茶神)이라 칭송된다. 다경에 대하여 설명하시오.

『다경』은 상중하 3권(卷) 10장(章)으로 구성되어 있다. 상권은 차의 근원, 차를 만드는 방법과 도구에 대해 기록되어 있고, 중권은 차의 그릇, 하권은 차를 달이는 법과 마시는 법, 차산지와 문헌 등이 기록되어 있다(요약하면 차의 역사적 배경, 유명 차재배지, 차 재배법, 차 제다법, 차제구(茶諸具) 등이 기록되어 있다). 차를 번차(番茶), 산차(散茶:煎茶), 말차(抹茶:末粉茶), 단차(團茶:固形茶), 4종류로 구분하였으며, 이 기준은 당·송나라 시대에 차의 기본적인 분류가 되었다. 특히 단차(團茶)는 그 시대의 독자적인 제품이었다. 육우는 차를 가리키는 옛 글자 가(檟), 설(蔎), 명(茗), 천(荈), 도(荼) 등을 빼고 오직 자신만이 만든 차(茶) 글자를 사용하여 철학적 의미를 두었다고 한다.

02 한국의 차 역사

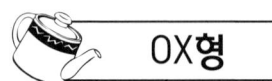 OX형

★ 01

『삼국사기(三國史記)』에는 신라 선덕여왕(善德女王) 때 당(唐)나라 사신으로 갔던 김대렴(金大廉)이 소엽종(小葉種) 차 종자를 가져와 지리산에 심으면서 한반도에서 차나무가 재배되기 시작했다고 기록되어 있다.

신라 42대 흥덕왕(興德王) 3년(828) 당(唐)나라 사신으로 갔던 김대렴(金大廉)이 소엽종(小葉種) 차 종자를 가져와 지리산에 심으면서 한반도에서 차나무가 재배되었다고 『삼국사기(三國史記)』에 기록되어 있다.

■ X

★ 02

오늘날 밀양의 '다원(茶院)', 고령의 '다산(茶山)'이라는 지명은 신라시대 차가 많이 생산되었던 지역으로 그 당시 붙여진 지명이라고 전해지는데, 신라에는 잎차뿐 아니라 말차도 함께 있었으며 후에 중국 송나라의 영향을 받아 말차가 더 성행했을 것으로 추정하고 있다.

■ ○

★ 03

고려 초기에는 왕과 귀족, 승려들이 불교문화를 중심으로 차문화가 활성화되었으나, 중기 이후 차문화 전성기에는 선비, 서민에 이르기까지 일상의 생활문화로 정착하였다.

■ ○

★★ 04

고려시대 뇌원차(腦原茶)는 왕실에서 음차한 어용단차(御用團茶)로써 이른 봄에 어린잎을 채집하고 찧어 덩어리로 만든 한국 토산차(土産茶)이다.

■ ○

★★
05

고려시대 다원(茶院)은 일반 백성들이 돈이나 물건으로 차를 구입해 마신 곳으로, 고려의 차문화가 서민들의 일상생활에 자리 잡았음을 보여주고 있다.

고려시대 다점(茶店)은 일반 백성들이 돈이나 물건으로 차를 사마신 곳으로 고려의 차문화가 서민들의 일상생활에 자리 잡았음을 보여주고 있다. 다원(茶院)은 임금과 귀족, 승려들이 길을 가다 차를 마시기 위해 들리는 곳이다.

■ X

★★
06

19세기 조선 말엽에는 차문화가 실학과 함께 중흥하였고, 혜장(惠藏)·초의(草衣)·범해(梵海) 등의 다승(茶僧)과 정약용(丁若鏞)·신위(申偉)·김정희(金正喜)·홍현주(洪顯周)·이상적(李尙迪) 등 차를 즐기는 문인들을 중심으로 중흥하게 되었다.

■ ○

★★
07

우리나라의 다성 초의선사(茶聖草衣禪師)가 저술한 『동다송(東茶頌)』은 우리 차의 미덕을 찬양한 고시체(古詩體) 송시(頌詩)로 다도중흥에 공헌하였다.

■ ○

★★
08

『동다송(東茶頌)』은 명나라 장원(張源)이 쓴 『다록(茶錄)』과 『만보전서(萬寶全書)』를 옮겨 쓴 한국 최초의 차 전문서이다.

『다신전(茶神傳)』은 1837년 초의선사(草衣禪師)가 장원(張源)이 쓴 『다록(茶錄)』과 『만보전서(萬寶全書)』를 옮겨 쓴 한국 최초의 차 전문서이다.

■ X

09

다산 정약용(茶山丁若鏞)은 강진(康津)에서 유배생활을 하던 중 혜장선사(惠藏禪師)로부터 차를 배워 즐겼으며, 걸명소(乞茗疎) 등의 시를 남겼고 쇠퇴한 차문화를 일으키고자 『다무(茶務)』를 저술하고 중국의 차세와 전매제도를 고찰하여 『다신계(茶信契)』를 저술하였다.

다산 정약용(茶山丁若鏞)은 걸명소(乞茗疎) 등의 시를 남겼고, 쇠퇴한 차문화를 일으키고자 『다무(茶務)』를 저술하였으며, 중국의 차세와 전매제도를 고찰하여 『각다고(榷茶考)』를 저술하였다.

■ X

10

일제강점기에 일본인들에 의해 차의 생산과 보급, 한국차의 연구 등이 진행되어 근대 한국차문화가 중흥하였고, 광주에 무등다원, 정읍에 소천다원, 보성에 보성다원 등도 일본인이 조성하였다.

일제강점기에 일본인들에 의해 차의 생산과 보급, 한국 차의 연구 등이 진행된 목적은 일본의 식민지 지배를 위한 한 방편이었다.

■ X

11

한국 현대 차문화는 1970년대부터 활기를 띠면서 발전하였고, 허백련(許百鍊)과 최범술(崔凡述)은 우리나라 다도 발전에 크게 기여하였으며, 1979년부터 차인들은 차 관련 사업을 서서히 진행하였고, 초의 의순(草衣意恂)을 추모하는 초의문화제를 개최하면서 차문화가 급속도로 보급되었다.

■ ○

 선택형

★
01

우리나라 차의 전래설(傳來設)에 대한 내용으로 틀린 것은?
① 단군시대 백산차(白山茶)가 중국으로부터 전해졌다.
② 우리나라는 차나무 생육에 적합한 생태환경으로 자생되어왔다.
③ 신라 흥덕왕(興德王) 3년(828) 김대렴(金大廉)이 당(唐)나라에서 차 종자를 가져와 지리산에 심었다.
④ 가야국 김수로왕의 왕비가 된 인도의 허황옥(許黃玉 : 33~89) 공주가 시집올 때 혼수품으로 금, 은, 폐물, 비단과 함께 차 씨앗을 가져왔다

① 토종차인 백산차(白山茶)가 단군시대부터 존재했다는 가능성이 제기되고 있으나, 현존하는 기록은 없다.

■ ①

★★
02

우리나라 삼국시대(三國時代) 차에 관한 역사적 사실 중 틀린 것은?
① 고구려 초기에 병합된 백두산 인근의 '구다국(句茶國)'이라는 국명에 '다(茶)'를 사용한 것으로 당시 차가 귀중한 품목이었음을 알 수 있다.
② 백제는 4세기경 불교를 받아들였고, 기후조건이 차나무 재배에 적합하여 일찍이 차문화가 성행했다는 기록이 있다.
③ 신라의 화랑은 수행을 위해 차를 마시는 풍속이 있었고, 차도구와 기와에서도 차(茶) 글씨를 찾을 수 있다.
④ 밀양의 '다원(茶院)', 고령의 '다산(茶山)'이라는 지명은 신라시대에 차가 많이 생산되었던 지역으로 그 당시 붙여진 지명이라고 한다.

② 백제는 4세기경 불교를 받아들여 성행하였고 중국남조와 교역을 하였다. 기후조건이 차나무 재배에 적합하여 일찍이 차문화가 성행했으리라고 추측은 하지만 신라에 패망한 후에 사료가 보존되지 않아 차문화에 대한 기록이 없다.

■ ②

03 ★★

우리나라 고려시대(高麗時代) 차문화에 대한 설명 중 틀린 것은?

① 다방(茶房)이라는 관청에서 궁중행사의 진다의식(進茶儀式)을 행하였다.
② 사헌부에는 차 한 잔으로 의식을 치른 후 중요한 사안을 결정하는 다시(茶時)제도가 있었다.
③ 왕과 귀족, 승려들이 길을 가다 이용하는 다점(茶店)이 성행하였다.
④ 포로나 천민들이 차를 재배하고 공물로 바치는 다소(茶所)가 있었다.

③ 왕과 귀족, 승려들이 길을 가다 들리는 곳은 다원(茶院)이었고, 일반평민들이 돈이나 물건으로 차를 사마신 곳이 다점(茶店)이었다.

■ ③

04 ★★

다음 중 고려시대(高麗時代) 차와 관련된 장소나 직제가 올바르게 연결된 것은?

① 다방(茶房) – 승려들이 차를 즐겨 사원에서 차를 진공(進供)하던 곳
② 다점(茶店) – 일반 백성들이 돈이나 물건으로 차를 사마신 곳
③ 다원(茶院) – 궁중행사에 진다의식(進茶儀式)을 준비한 관청
④ 다촌(茶村) – 포로나 천민들이 차를 재배하고 공물로 바치던 곳

① 다방(茶房)은 궁중행사에 열리는 각종행사에 차를 준비하던 관청이다.
③ 다원(茶院)은 임금과 귀족, 승려들이 길을 가다 차를 마시기 위해 들리던 곳이다.
④ 다촌(茶村)은 승려들이 차를 즐겨 사원에서 차를 진공(進供)하던 곳이다. 포로나 천민들이 차를 재배하고 공물로 바치던 곳은 다소(茶所)라고 한다.

■ ②

05 ★★

다음 중 고려시대(高麗時代)에 유행했던 차(茶)가 아닌 것은?

① 뇌원차(腦原茶)
② 토산차(土産茶)
③ 백산차(白山茶)
④ 대차(大茶)

③ 고려시대 토산차(土産茶)에는 뇌원차(腦原茶)와 대차(大茶)가 있었는데, 뇌원차는 어린잎을 채집하고 찧어 덩어리로 만든 차로 왕실에서 음차한 어용단차(御用團茶)였으며, 대차는 자란 잎을 채집하여 제다한 차로 뇌원차보다 품질이 떨어지는 차였다. 백산차(白山茶)는 백두산에서 자라는 진달래과로 제사에 사용하거나 음용하였다고 하는데, 단군시대부터 존재했을 가능성이 있다고 한다.

■ ③

★★ 06

조선시대(朝鮮時代) 차문화에 대한 설명 중 틀린 것은?

① 조선 초기에는 서거정(徐居正)·김시습(金時習)·김종직(金宗直) 등에 의해 고려의 음차 유풍이 계승되었다.
② 조선 초기 선비 차인들은 귀족적인 차풍을 즐겼으며, 궁중제례와 사신을 맞이할 때도 차례가 행해졌다.
③ 주자학을 정치이념으로 내세우며 유교가 국교가 되면서 불교와 함께 점차 쇠퇴하였다
④ 19세기 조선 말엽에는 차문화가 실학과 함께 중흥하였고, 다승(茶僧)과 문인들을 중심으로 발전하게 되었다.

② 궁중제례와 사신을 맞이할 때는 차례가 행해졌으나, 조선 초기 선비 차인들은 소박한 차풍을 즐겼다.

■ ②

★★ 07

다성 초의 의순(茶聖草衣意恂, 1786~1866)에 대한 설명 중 틀린 것은?

① 승려이자 조선 후기 차 문화의 부흥을 이끈 대표적인 차인이다.
② 『다신전』을 저술하여 다도이론을 정리하고 다도문화를 크게 부흥시켰다.
③ 다산 정약용과 추사 김정희에게 다도를 전수하였다.
④ 『동다송』은 차에 관한 풍부한 지식을 시의 형식으로 저술한 책이다.

초의선사는 다산 정약용으로부터 다도를 전수받고 추사 김정희에게 다도를 전수하였다.

■ ③

★★★ 08

다산 정약용(茶山丁若鏞, 1762~1836)의 차와 관련된 업적이 아닌 것은?

① 실용다도를 중요하게 생각하였고 쇠퇴한 차문화를 일으키고자 『다무(茶務)』를 저술하였다.
② 중국의 차세와 전매제도를 고찰하여 『각다고(榷茶考)』를 저술하였다.
③ 주변에 제다법을 가르쳐 해남 황차, 뇌원차, 만불차 등에 영향을 끼쳤다.
④ 걸명소(乞茗疎) 등의 시와 70여 편이 넘는 차 시문을 남겼다.

뇌원차는 어린잎을 채집하고 찧어 덩어리로 만든 차로 고려 왕실에서 음다한 어용단차(御用團茶)이다. 다산 정약용(茶山丁若鏞)은 주변에 제다법을 가르쳐 해남 황차, 만불차, 일쇄차, 보림사 죽로차 등에 영향을 끼쳤다.

■ ③

★★★ 09

19세기 조선의 다인(茶人)과 다서(茶書)가 잘못 짝지어진 것은?

① 다성 초의선사(茶聖草衣禪師) – 『동다송(東茶頌)』
② 다산 정약용(茶山丁若鏞) – 『각다고(榷茶考)』
③ 다산 정약용(茶山丁若鏞) – 『다무(茶務)』
④ 다성 초의선사(茶聖草衣禪師) – 『다무(茶務)』

④ 다성 초의선사(茶聖草衣禪師)는 1837년 한국 최초의 차 전문서인 『다신전(茶神傳)』을 저술하였다.

■ ④

★★★ 10

해방 이후 현대 한국 차문화에 대한 내용 중 올바르지 않은 것은?

① 1960년대 이후 새롭게 일기 시작한 차에 대한 관심은 1970년대부터 활기를 띠면서 발전하였다.
② 의재 허백련(毅齋許百鍊)과 효당 최범술(曉堂崔凡述)은 우리나라 다도 발전에 크게 기여하였다.
③ 1970년, 한국다도문화를 위한 한국차인연합회가 창립되었다.
④ 초의 의순(草衣意恂)을 추모하는 초의문화제를 개최하면서 차문화가 급속도로 보급되었다.

③ 한국다도문화를 위한 한국차인연합회는 1979년 창립되었던 한국차인회를 1984년 개편한 것이다.

■ ③

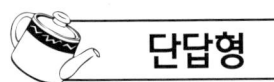 단답형

★★ 01

낙동강 하류에 자리 잡았던 가야(伽倻)에 의해 우리나라 차산지는 지리산을 포함하여 진주, 고성, 김해, 함안 등이 유명해졌다는 차문화의 전래설(傳來設)은 무엇인가?

'가야국 김수로왕비 전래설'은 『삼국유사(三國遺事)』 가락국기(駕洛國記)에 가야국 김수로왕의 왕비가 되기 위해 인도의 허황옥(許黃玉 : 33~89) 공주가 시집올 때 혼수품으로 금, 은, 폐물, 비단과 함께 차 씨앗을 가져와 명월산(明月山 : 부산 강서구 지사동)에 심었다고 기록되어있다.

■ 가야국 김수로왕비(金首露王妃) 차 전래설

★★
02

고려시대 왕실에서 음차한 어용단차(御用團茶)로써 중국 거란에 예물로 보내지기도 하였던 어린잎을 채집하고 찧어 덩어리로 만든 한국의 토산차(土産茶)는 무엇인가?

■ 뇌원차(腦原茶)

★★
03

조선시대 3대 차인(茶人)은 누구인가?

■ 다성 초의 의순(茶聖草衣意恂, 일명 초의선사), 다산 정약용(茶山丁若鏞), 추사 김정희(秋史金正喜)

★★★
04

해거도인(海居道人) 홍현주(洪顯周)의 부탁을 받고, 초의 의순(草衣意恂)이 52세 때 저술한 것으로 차의 재배, 제다법, 차 우리는 법, 중국의 명차, 우리 차의 우수성 등을 설명하고 다도이론을 정리하여 우리나라 다도를 크게 부흥시키는데 기반이 된 시로 이루어진 저서는 무엇인가?

■ 『동다송(東茶頌)』

★★★
05

초의 의순(草衣 意恂)에게 차를 배우고 차를 매개로 교유하면서, 차생활을 통한 지고한 예술세계를 창조하여 걸출한 작품을 많이 남겼으며, 40여수의 차시(茶詩)를 지어 당시의 풍류를 전하고 있는 조선 후기의 문인이자 대표적인 차인(茶人)은 누구인가?

■ 추사(秋史) 김정희(金正喜)

서술형

★ 01

우리나라 차의 전래설(傳來設)에 대한 세 가지를 설명하시오.

우리나라 차문화가 언제부터 시작되었는지는 확실하지 않지만 삼국시대에 전해지는 유물이나 기록인 『삼국사기(三國史記)』, 『삼국유사(三國遺事)』 등을 통해 차문화가 있었음을 알 수 있다. 차의 유래는 자생설, 대렴공 전래설, 가야국 김수로왕비 전래설의 세 가지가 있다. 첫째, '자생설'은 우리나라는 차나무가 자랄 수 있는 생태환경에 있다는 것인데, 기록에 의한 것은 아니다. 둘째, '대렴공 전래설'은 『삼국사기』에 신라 흥덕왕(興德王) 3년(828)에 당(唐)나라 사신으로 갔던 김대렴(金大廉)이 소엽종(小葉種) 차 종자를 가져와 지리산에 심으면서 차나무가 한반도에서 재배되었다고 기록되어 있다. 셋째, '가야국 김수로왕비 전래설'은 『삼국유사』 가락국기(駕洛國記)에 가야국 김수로왕의 왕비가 되기 위해 인도의 허황옥(許黃玉 : 33~89) 공주가 시집올 때 혼수품으로 금, 은, 폐물, 비단과 함께 차 씨앗을 가져와 명월산(明月山 : 부산 강서구 지사동)에 심었다고 기록되어있다.

★★ 02

고려시대 유행했던 차(茶)의 종류에 대하여 설명하시오.

고려시대에는 뇌원차(腦原茶 : 이른 봄에 어린잎을 채집하고 찧어 덩어리로 만든 차)가 유행하였으며, 왕실에서 음차한 어용단차(御用團茶)로써 중국 거란에 예물로 보내지기도 하였다. 대차(大茶 : 자란 찻잎을 채집하여 만든 차) 또한 동시대에 음차하였으며, 뇌원차보다 품질이 떨어졌으나, 두 가지 모두 토산차(土産茶)라고 하였다. 한때 점다법(點茶法)이 유행하여 말차(抹茶)가 성행하기도 하였다.

★★★ 03

조선시대 3대 차인(茶人) 중 한 사람인 다성 초의 장의순(茶聖草衣張意恂)에 대하여 설명하시오(저서, 업적 등).

조선시대 3대 차인(茶人)은 다성 초의 의순(茶聖草衣意恂), 다산 정약용(茶山丁若鏞), 추사 김정희(秋史金正喜)이다. 그 중 초의 의순은 우리나라 차문화의 중흥조(中興祖)이자 다성(茶聖)이다. 1809년 다산 정약용과 만남으로 시문, 서예, 다도에 관한 영향을 받았다. 45세 때 스승 정약용을 만나러 한강변에 왔다 간 후에 1830년 한국 최초의 차 전문서인 『다신전(茶神傳)』을 저술하였는데, 이것은 명나라 장원(張源)이 쓴 『다록(茶錄)』과 『만보전서(萬寶全書)』를 옮겨 쓴 것이다. 또한 해거도인(海居道人) 홍현주(洪顯周)의 부탁을 받고, 초의 의순이 52세 때(1837년) 저술한 『동다송(東茶頌)』은 차의 재배, 제다법, 차 우리는 법, 중국의 명차, 우리 차의 우수성 등을 상세히 설명하여, 그의 다도관과 다도이론을 정리함으로써 실로 차의 명맥이 끊어져가던 조선 후기 우리나라 다도를 크게 부흥시켰다. 다도라는 용어가 구체적으로 나타난 것도 이 무렵이라고 한다.

03 일본의 차 역사

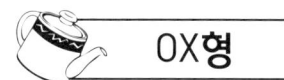 OX형

★
01

일본차의 역사는 729년 태평원년의 성무천황(聖武天皇)시대로 보는 것이 통례인데, 『공사근원(公事根源)』이나 『다경상설(茶經詳設)』에 나와 있는 기록을 보면 성무천황이 백 명의 스님들을 황궁에 불러 반야경을 청하고 차를 대접했다는 기록이 있다. 이로 인해 그 당시 일본에서는 차를 재배한 것으로 추측한다.

일본차의 역사는 729년 태평원년의 성무천황(聖武天皇)시대로 보는 것이 통례인데, 『공사근원(公事根源)』이나 『다경상설(茶經詳設)』에 나와 있는 기록을 보면 성무천황이 백 명의 스님들을 황궁에 불러 반야경을 청하고 차를 대접했다고 한다. 그 당시 일본에서는 차를 재배하지 않았기 때문에 중국에서 건너온 것으로 여겨진다.

▪ X

★
02

나라시대(奈良時代, 710~794)에 당나라 사절단 견당사(遣唐使)로 간 승려들이 당나라 불교문화와 함께 차문화를 가져온 것으로 전해지며 부처님께 공양을 올리는 예법으로 자리 잡아 황족, 귀족, 승려들만이 떡차의 음차법을 즐겼다.

▪ ○

★★
03

가마쿠라시대(鎌倉時代, 1185~1333)에 송나라에 유학을 간 에이사이(明庵榮西, 1141~1215) 승려가 귀국하면서 남송에서 가져온 차 씨를 축전국(筑前國, 北九州) 배전사에 심었고, 5개의 차 씨를 경도(京都) 북산 매미산 고산사(高山寺)에 있는 명혜상인(明惠上人, 1173~1232)에게 보내 모미(栂尾) 지역에 심게 하였는데, 후에 우지(宇治) 지역에 이식하여 오늘날 우지차(宇治茶)의 근거지가 되었다.

▪ ○

04 ★★

헤이안시대(平安時代, 794~1185)에 교토의 모미(栂尾)가 일본차의 근원지가 되었고, 가장 좋은 품질의 차를 생산하여 이곳에서 나온 차를 본차(本茶), 그 외 지역에서 나온 차를 비차(非茶)로 구별하였다.

가마쿠라시대(鎌倉時代, 1185~1333)에 교토의 모미(栂尾)가 일본차의 근원지가 되었고, 가장 좋은 품질의 차를 생산하여 이곳에서 나온 차를 본차(本茶), 그 외 지역에서 나온 차를 비차(非茶)로 구별하였다.

▪ X

05 ★★

14세기의 일본 차문화는 귀족들이 중국의 미술품이나 공예품 등을 감상하면서 차를 마셨는데, 당양(唐樣)의 차라고 하는 서원차(書院茶)가 유행하여 사치가 심하였다.

▪ ○

06 ★★★

센노 리큐(千利休, 1522~1591)는 불교사상을 바탕으로 화경청적(和敬淸寂)의 다도정신을 설파하였고, 다케노 조오(武野紹鷗)의 다도를 크게 집대성하였으며, 차노유(茶の湯)와 와비차(侘び茶)의 경지를 구현하였다.

▪ ○

07 ★★★

일본 에도시대(江戸時代, 1603~1867) 고오리 엔슈(小堀遠州, 1579~1647)는 리큐 중심의 와비차(侘び茶)를 중시하였다.

고오리 엔슈(小堀遠州)는 '기레사비(きれさび)'를 주창하였는데, 귀족적인 화려함을 중시하였다.

▪ X

선택형

★ 01

일본 가마쿠라시대(鎌倉時代, 1185~1333)의 차와 관련된 내용 중 틀린 것은?

① 송(宋)나라에 유학 간 에이사이(明庵榮西) 승려가 귀국하면서 차 씨를 가져왔다.
② 교토의 모미(栂尾)가 후에 일본 우지차(宇治茶)의 근원지가 되었다
③ 말차의 전다법(煎茶法)을 송나라로부터 배워 유행하였다.
④ 무사들은 본차(本茶)와 비차(非茶)를 구별하며 투차(鬪茶)놀이를 즐겼다.

③ 송나라로부터 말차의 점다법(點茶法)을 배워 유행하였다. 전다법(煎茶法)은 다관(茶罐)에 잎차와 뜨거운 물을 넣고 우려서 마시는 다법이다.

■ ③

★ 02

일본 무로마치시대(室町時代, 1338~1573)의 차문화에 대한 내용 중 틀린 것은?

① 다풍이 성행하여 귀족, 승려, 무사뿐 아니라 일반백성들도 즐기는 차문화로 바뀌었다.
② 무로마치 중기까지 상류층 무사계급 사이에 투차(鬪茶)놀이가 성행하였다.
③ 14세기 차문화는 귀족들의 서원차(書院茶)가 유행하여 사치와 낭비가 심하였다.
④ 15세기 다케노 조오(武野紹鷗, 1422~1502)의 등장으로 일본차풍의 와비차(侘び茶)가 탄생하게 되었다.

④ 15세기 무라타 슈코(村田珠光, 1422~1502)의 등장으로 일본차풍의 와비차(侘び茶)가 탄생하게 되었다.

■ ④

★ 03

15세기의 일본 차문화에 대한 설명 중 올바른 것은?

① 에이사이선사(榮西禪師)가 『끽다양생기(喫茶養生記)』를 저술하였다.
② 직업적인 차인이 등장하고 다도의 다선일미(茶禪一味) 사상이 성립되었다.
③ 귀족적인 서원차(書院茶)가 유행하였다.
④ 무사들 간의 투차(鬪茶)놀이, 다기합(茶寄合)이 사치스러웠다.

① 에이사이선사(榮西禪師)는 1211년 『끽다양생기(喫茶養生記)』를 저술하였다.
③ 무로마치시대(室町時代, 1338~1573)의 14세기까지 귀족적인 서원차(書院茶)가 유행하였다.
④ 무로마치시대(室町時代, 1338~1573)의 14세기까지 무사들 간의 투차(鬪茶)놀이, 다기합(茶寄合)이 사치스러웠다.

■ ②

★★ 04

다음 중 일본 다도의 원조 무라타 슈코(村田珠光, 1422~1502)와 관계없는 내용은?

① '불법도 차노유(茶の湯) 속에 있다'는 깨달음을 얻었다.
② 소박한 일본차풍의 와비차(侘茶)가 완성되었다.
③ 화경청적(和敬淸寂)이 되어야 천하가 태평해진다는 다도의 기본원칙을 세웠다.
④ 와비차(侘茶)를 위한 초암다실(草庵茶室)을 운영하였다.

② 무라타 슈코(村田珠光)에 의해 소박한 일본차풍의 와비차(侘茶)가 탄생되었고, 다케노 조오(武野紹鷗, 1502~1555)에 의해 더 간소하게 완성되었다.

■②

★★ 05

무로마치시대(室町時代, 1338~1573) 후기, 차를 내는 주인과 손님에게 있어 그 순간은 일생의 단 한 번뿐인 다회(茶會)라고 생각하고 정성을 다하라는 '일기일회(一期一會)'를 주장하면서 초암차(草庵茶)를 더욱 간소하게 바꾸어 와비차(侘茶)를 완성해간 일본 차인(茶人)은 누구인가?

① 다케노 조오(武野紹鷗, 1502~1555)
② 무라타 슈코(村田珠光, 1422~1502)
③ 센노 리큐(千利休, 1522~1591)
④ 에이사이선사(榮西禪師, 1141~1215)

■①

★★ 06

다음 중 센노 리큐(千利休, 1522~1591)의 다도에 대한 7가지 교훈인 리큐칠칙(利休七則)이 아닌 것은?

① 차는 마시기 쉬워야 하며 정성이 담겨야 한다.
② 다실의 꽃은 한 송이만 꼽는다.
③ 여름에는 시원하게, 겨울에는 따뜻하게 자연의 이치를 따른다.
④ 항상 손님을 배려한다.

리큐칠칙(利休七則)은 일본다도의 고전인 리큐의 『남방록(南方錄)』에 나와 있는 7가지 차인의 자세를 말한다.
① 차는 마시기 좋게 해야 한다.
② 숯은 물이 잘 끓도록 한다.
③ 꽃은 들에 있는 것처럼 한다.
④ 여름은 시원하고 겨울은 따뜻하게 한다.
⑤ 시간은 조금 일찍 서두른다.
⑥ 비가 내리지 않더라도 우산을 준비한다.
⑦ 자리를 같이한 손님을 배려한다.

■②

★★★
07

센노 리큐(千利休, 1522~1591)에 대한 설명 중 틀린 것은?

① 모모야마시대(桃山時代, 1574~1600)에 다도를 보급하였다.
② 불교사상을 바탕으로 한 화경청적(和敬淸寂)을 전파하였다.
③ 차노유(茶の湯)와 와비차(侘茶)를 탄생시켰다.
④ 조선 찻사발의 아름다움과 이도다완(井戸茶碗)을 칭송하였다.

③ 일본 다도의 원조 무라타 슈코(村田珠光, 1422~1502)가 차노유(茶の湯)와 와비차(侘茶)를 탄생시켰다.

■ ③

★★★
08

일본 에도시대(江戸時代, 1603~1867)의 차문화에 대한 내용 중 틀린 것은?

① 다양한 차 연회가 성행하였고, 다양한 계파가 형성되어 권위를 다투는 시기였다.
② 현재의 제다방법인 증제차가 등장하였고, 전차법(煎茶法)이 일본 전역에 전파되었다.
③ 고오리 엔슈(小堀遠州, 1579~1647)는 와비차(侘び茶)를 중시하였다.
④ 다이묘는 무로마치시대(室町時代)의 서원차(書院茶)와 리큐 중심의 와비차(侘び茶)를 수용하였다.

③ 고오리 엔슈(小堀遠州, 1579~1647)는 귀족적인 화려함을 중시하는 '기레사비(きれさび)'를 주창하였다.

■ ③

★★★
09

메이지정부(明治時代, 1868~1912)의 차문화에 대한 내용 중 틀린 것은?

① 세계시장에 대응하기위해 야생차를 이용한 홍차제조에 노력하였다.
② 다도계에 여성 진출이 급증하였다.
③ 오카쿠라 덴신(岡倉天心, 1863~1913)은 『다서(茶書 : The Book of Tea』를 통해 일본다도를 서양에 알리고자 하였다.
④ 오카쿠라 덴신은 다도란 일상의 번뇌 속에서 소박함을 숭상하는 것이라고 하였다.

④ 오카쿠라 덴신(岡倉天心)은 『다서(茶書)』에서 다도란 하찮은 일상 가운데 숨어있는 아름다움에 대한 숭앙, 그것에 대한 일종의 의례'라고 하여 일본 다도와 차에 담겨 있는 철학과 정신세계를 잘 보여주고 있다.

■ ④

 단답형

01

가마쿠라시대(鎌倉時代, 1185~1333) 일본 최초의 다서(茶書)를 저술하여 일본 차문화의 기초를 닦고 차의 효능과 치료법을 제시하면서 음다(飮茶)건강법을 널리 보급하는 데 공로를 세운 승려의 이름과 다서는 무엇인가?

■ 에이사이선사(榮西禪師, 1141~1215)의 『끽다양생기(喫茶養生記)』

02

'불법도 차노유(茶の湯) 속에 있다'는 깨달음을 얻어 일본차풍의 와비차(侘茶)를 탄생시키고 화경청적(和敬淸寂)을 강조한 일본다도의 원조는 누구인가?

■ 무라타 슈코(村田珠光, 1422~1502)

03

무로마치시대(室町時代, 1338~1573) 후기, 다도는 일생에 한번밖에 만날 수 없다는 생각으로 성의를 다하는 것이라는 '일기일회(一期一會)'를 주장하면서 초암차(草庵茶)를 더욱 간소하게 바꾸어 와비차(侘茶)를 완성해간 일본의 차인(茶人)은 누구인가?

■ 다케노 조오(武野紹鷗, 1502~1555)

04

무로마치시대(室町時代, 1338~1573), 모모야마시대(桃山時代, 1574~1600)에 차문화를 계승시킨 일본의 3대 차인은 누구인가?

■ 무라타 슈코(村田珠光, 1422~1502), 다케노 조오(武野紹鷗, 1502~1555), 센노 리큐(千利休, 1522~1591)

05

센노 리큐(千利休, 1522~1591)는 조선 찻사발의 아름다움을 발견하고 이후 조선의 분청사기인 이것을 다기의 최고상품으로 인식하였다. 이것은 무엇인가?

■ 이도다완(井戶茶碗)

06

일본 에도시대(江戶時代, 1603~1867)에는 다이묘차(大名茶)가 쇼군(將軍)이나 다이묘(大名), 또는 상급 무사들이 신하를 방문할 때의 의식이나 교제 수단으로까지 정착되었다. '기레사비(きれさび)'를 주창하며, 고상하고 귀족적인 화려함을 중시했던 차인이자 건축가는 누구인가?

▪ 고오리 엔슈(小堀遠州, 1579~1647)

서술형

01

와비차(侘茶)를 완성한 일본 다도의 대성자(大成者) 센노 리큐(千利休, 1522~1591)에 대하여 설명하시오.

모모야마시대(桃山時代, 1574~1600)의 차 산업은 정치인들의 보호를 받으며 크게 부흥하였다. 다도에서 유흥적인 요소를 배제하고 불교사상을 바탕으로 한 화경청적(和敬淸寂)을 전파하며 다도를 보급한 사람이 센노 리큐(千利休)이다. 그는 다케노조오(武野紹鷗, 1502~1555)의 다도를 크게 집대성하고, 차노유(茶の湯)와 소박하고 차분한 멋을 이상으로 하는 와비차(侘茶)의 경지를 구현하였다. 또한, 조선 찻사발의 아름다움을 발견하였고, 이후 조선의 분청사기(粉靑沙器)는 다기(茶器)의 극상품으로 인식되었다. 그는 토요토미 히데요시(豊臣秀吉, 1536~1598)가 일본천하를 통일하고 호령하였을 때 안정되지 않은 국민의 마음, 거칠어진 무장의 정신을 서로 융화하기 위해 다회를 베풀어 화경청적(和敬淸寂)의 다도정신을 설파하였다. 또한, 다선일미(茶禪一味)로 형식보다 차를 배우고 행하는 이의 마음을 더 중요하게 생각해야 한다고 하였으며 리큐칠칙(利休七則)을 이행하도록 하였다. 리큐칠칙은 다음과 같다. 첫째, 차는 마시기 쉬워야 하며 정성이 담겨야 한다. 둘째, 숯은 물이 빨리 끓을 수 있도록 하여 낭비를 최소화한다. 셋째, 다실에 있는 꽃은 소중히 여긴다. 넷째, 여름에는 시원하게 겨울에는 따뜻하게 자연의 이치를 따른다. 다섯째, 시간적인 여유를 가지는 것이 좋다. 여섯째, 눈, 비 오는 날만이 아니라 예기치 않은 상황에 항상 대비한다. 일곱째, 항상 손님을 배려한다.

02

오카쿠라 덴신(岡倉天心, 1863~1913)의 『다서(茶書 : The Book of Tea』에 대하여 설명하시오.

1906년 오카쿠라 덴신(岡倉天心)은 『다서(茶書)』를 영어로 저술하여 일본 다도를 외국에 알리고자 하였다. 그는 '다도(茶道)'란 일상 가운데 숨어있는 아름다움에 대한 숭앙, 그것에 대한 일종의 의례라 하고, 순수함과 조화, 상호자비의 신비로움과 사회적 질서의 낭만을 고취시킨다고 하였다. 일본 다도는 일본의 철학적, 정신적, 그리고 예술적인 측면을 모두 포함하고 있으며, 사람과 자연의 조화, 타인에 대한 존경, 마음과 정신의 순수함, 그리고 평온의 4가지 원칙이 공존하고 있다고 하였다.

04 영국의 차 역사

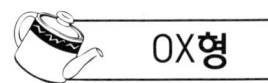 OX형

★
01
영국은 세계에서 차를 가장 많이 소비하는 국가 중 하나로서 중국, 인도, 스리랑카, 케냐 등에서 수입한 홍차를 가공하거나 블랜딩하여 세계로 수출하고 있으며, 현재 홍차시장을 석권하고 리드하고 있다.

■ ○

★
02
유럽에서 최초로 차를 수입한 사람은 네덜란드인으로, 1710년 동인도회사가 일본의 차와 중국 복건성 무이산(武夷山)의 차를 유럽에 들여왔다.

네덜란드의 동인도회사는 1610년 유럽에서 최초로 일본의 차를 수입하고, 중국 복건성 무이산(武夷山)의 차를 유럽에 들여왔다.

■ X

★★
03
아편전쟁(阿片戰爭, 1839~1842 : 제1차 중·영전쟁)으로 난징조약(南京條約, 1842)이 체결된 이후, 영국은 중국차를 수입할 수 없게 되었지만, 식민지 인도와 스리랑카에서 차 재배에 성공하여 1860년대에는 제 2의 홍차생산국이 되었고 19세기 말에는 세계 1위의 홍차생산국이 되었다.

■ ○

★★
04

티 타임 가운데 가장 멋스럽고 풍요롭게 여유와 사교를 즐기는 애프터눈 티(afternoon tea)는 우아한 영국의 귀족문화에서 비롯된 것으로, 소파에 앉아 티(tea)와 티푸드(tea food)를 즐기는 로우 티(low tea)였다.

■○

★★
05

영국은 1836년 인도 아쌈(Assam)지역에서 차 생산에 성공하고, 1860년에는 스리랑카에서도 차나무 재배에도 성공하면서 세계적인 홍차생산국이 되었다. 이 두 나라에서 생산된 홍차는 세계적인 영국의 홍차 브랜드인 립톤(Lipton), 트와이닝스(Twinings), 웨지우드(Wedgwood) 등에 공급되고 있다.

■○

★★★
06

오늘날 영국의 관습이 된 '오후의 차(afternoon tea : 보통 오후 4시부터 6시 사이에 마시는 차와 간식)'는 1840년 영국 베드포드(Badford) 가문의 7대 공녀인 애나(Anna) 공작부인에 의해 시작되었는데, 친구들을 초대하는 접대문화로 바뀌게 되면서 점차 궁중 및 중산계층으로 확대되어 일반 서민층에게까지 전파되었다.

■○

★★★
07

19세기 후반 빅토리아 여왕(Queen Victoria)시대에 차문화는 전성기를 맞았고, 상류층 여성은 하루 동안 서너 집을 돌아다니며 티타임을 즐기는 것이 일상화되었다.

19세기 후반 빅토리아 여왕(Queen Victoria, 1819~1901) 시대에 차문화는 전성기를 맞았고, 상류층 여성은 하루 동안 서너 집을 돌아다니며 티타임을 즐기는 것이 일상화되었다.

■○

선택형

★ 01

영국 차의 역사적 사실에 관한 내용 중 틀린 것은?

① 1662년 포르투갈 공주인 케서린(Catherine)이 영국왕 찰스 2세의 왕비가 되면서 영국 왕실과 귀족들 사이에 차문화가 자리 잡는 계기가 마련되었다.
② 1685년 중국이 문호를 개방하자 영국은 1700년 광동지역에 무역기지를 확보하였고, 1721년 동인도회사가 중국의 차를 전매독점하게 되었다.
③ 영국과 중국의 아편전쟁(阿片戰爭, 1839~1942)으로 난징조약(南京條約, 1842)이 체결되었고, 영국은 중국차를 수입할 수 없게 되어 가격이 오르면서 밀수가 성행하였다.
④ 19세기 중반 식민지 인도에서 차 재배에 성공한 후, 영국인들이 제조한 홍차를 '대영제국홍차(The British Empire Tea)'라고 불렀다.

③ 아편전쟁(阿片戰爭, 1839~1942 : 제 1차 중·영전쟁)으로 난징조약(南京條約, 1842)이 체결된 이후, 영국은 중국차를 수입할 수 없게 되었지만, 식민지 인도와 스리랑카에서 차 재배에 성공하여 1860년대에는 제 2의 홍차생산국이 되었고 19세기 말에는 세계 1위의 홍차생산국이 되었다.

■ ③

★★★ 02

다음 중 영국 차의 역사를 순서대로 바르게 나열한 것은?

> 가) 빅토리아 여왕시대(Victorian Age)에 차문화는 절정기였고, 상류층 여성의 티타임은 일상화되었다.
> 나) 영국인들이 제조한 홍차를 '대영제국홍차(The British Empire Tea)'라고 불렀다.
> 다) 찰스 알렉산더 부르스(Charles Alexander Bruce)가 지금의 미얀마 영토인 싱포스 지역에서 가져간 차나무 씨를 심어 인도 아삼(Assam)지역의 차 생산에 성공하게 되었다.
> 라) 중국차의 전매기간이 종료되고, 아편전쟁(阿片戰爭)으로 중국차를 수입할 수 없게 되었다.

① 라 – 나 – 가 – 다
② 다 – 라 – 나 – 가
③ 다 – 라 – 나 – 가
④ 라 – 다 – 나 – 가

가) 19세기 후반 빅토리아 여왕시대(Victorian Age, 1819~1901)에 차문화는 전성기를 맞았고, 상류층 여성은 하루 동안 서너 집을 돌아다니며 티타임을 즐기는 것이 일상화되었다.
나) 1836년 인도 아쌈지역에서 차 생산에 성공한 후, 영국인들이 제조한 홍차를 '대영제국홍차(The British Empire Tea)'라고 불렀다.
다) 1836년 찰스 알렉산더 부르스(Charles Alexander Bruce)가 지금의 미얀마 영토인 싱포스 지역에서 가져간 차나무 씨를 심어 인도 아삼(Assam)지역의 차 생산에 성공하게 되었다.
라) 1834년 중국차의 전매기간이 종료되고, 아편전쟁(阿片戰爭, 1839~42)으로 중국차를 수입할 수 없게 되었다.

■ ④

03

아편전쟁(阿片戰爭, 1839~1942)과 관련된 내용 중 틀린 것은?

① 영국은 중국 차 수입에 지불할 은(銀)의 유출을 막기 위해 뱅갈 지역에서 재배한 아편을 중국에 밀수출하였다.
② 아편의 영향으로 중국 내 은값이 폭등하고 심각한 사회문제를 일으켜 중국 정부는 아편 사용과 수입에 강력한 처벌을 하였다.
③ 중국정부는 광동성 광주(廣州) 근처 항구에서 2,000상자의 밀수입 아편을 침수시켰는데, 1년 후 영국은 전쟁선포를 하고 중국은 더 많은 양의 차를 수출하게 되었다.
④ 아편전쟁(阿片戰爭)으로 영국은 중국차를 수입할 수 없게 되었지만, 식민지 인도와 스리랑카에서 홍차생산에 성공하였다.

③ 중국정부는 광동성 광주(廣州) 근처 항구에서 2,000상자의 밀수입 아편을 침수시켰는데, 1년 후 영국은 전쟁선포를 하였고, 중국은 차에 대한 수출금지명령을 내리는 것으로 맞섰다.

■③

04

다음의 영국 차문화에서 시간대별 티타임 명칭과 그 설명이 바르게 연결되지 않은 것은?

① 얼리 모닝 티(early morning tea) - 아침에 일어나자마자 침대에서 마시는 차
② 미드데이 티(midday tea) - 점심식사와 함께 마시는 차
③ 오후의 차(afternoon tea) - 오후 4시~6시 사이에 마시는 차와 간식
④ 나이트 티(night tea) - 잠들기 전에 하루를 정리하며 마시는 차

② 미드데이 티(midday tea)는 점심 후에 기분전환으로 가볍게 마시는 차이다.

■②

05

아편전쟁과 역사적으로 관련이 없는 지역은 어디인가?
① 난징　　　　　　　　　　② 뱅갈
③ 광주　　　　　　　　　　④ 북경

■④

★★★ 06

영국 차문화의 시간대별 티타임 명칭과 주로 제공되는 차가 바르게 연결된 것은?

① 블랙퍼스트 티(breakfast tea) - 과일홍차
② 일레븐스 티(elevenes tea) - 실론티
③ 오후의 차(afternoon tea) - 밀크티
④ 미드나이트 티(midnight tea) - 아삼홍차

① 블랙퍼스트 티(breakfast tea)는 주로 아삼(Assam) 홍차, 밀크티를 마신다.
③ 오후의 차(afternoon tea)는 주로 다즐링(Darjeeling)과 티 푸드를 곁들인다.
④ 미드나이트 티(midnight tea)는 주로 밀크티를 마신다.

■ ②

★★★ 07

영국의 차문화를 대표하는 '오후의 차(afternoon tea)'에 대한 설명 중 틀린 것은?

① 주로 식탁에서 샌드위치, 쿠키, 초콜릿과 함께 하루의 피로를 풀기위해 마셨다.
② 나중에 로우 티(low tea)로 불려지게 되었다.
③ 빅토리아 여왕시대(Victorian Age, 1819~1901)에는 사교의 장이자 예술문화에 대한 정보교류의 장이었다.
④ 1840년대 애나(Anna) 공작부인에 의해 가벼운 점심과 저녁 정찬 사이의 허기충족을 위해 시작되었다.

'오후의 차(afternoon tea)'는 소파에 앉아서 담소를 나누며 샌드위치, 쿠키, 초콜릿과 함께 여유를 즐기며 우아하게 마신 영국 귀족문화에서 비롯된 것이고, '하이 티(hight tea)'는 미트 티(meat tea)라고도 하여 노동자 계급이 저녁 식사 시 식탁에서 육류와 함께 마셨다.

■ ①

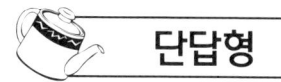
단답형

01

1706년 토마스 트와이닝스가 런던의 스트랜드(Strand) 가에 톰 커피하우스를 열고, 1717년에는 사업을 확장·개칭하여 홍차제품을 유통하기 시작하여 크게 성장하였다. 이 세계적인 홍차 브랜드는 무엇인가?

■ 트와이닝스(Twinings)

02

영국이 중국 차 수입에 지불할 은(銀)을 충족하기 위해 뱅갈 지역에서 재배한 아편을 중국에 밀수출하자, 아편의 영향으로 중국 내 은값이 폭등하고 심각한 사회문제를 일으키게 되었다. 이에 중국 정부는 아편 사용과 수입에 강력한 형벌을 내렸음에도 불구하고 불법거래가 이어지자, 광동성(廣東省) 광주(廣州) 근처 항구에서 2,000상자의 밀수입 아편을 침수시켰는데, 이로 인해 중국과 영국 간에 전쟁이 발발하였다. 전쟁의 이름과 그 결과 체결된 조약의 이름은 무엇인가?

■ 아편전쟁(阿片戰爭, 1839~42), 난징조약(南京條約, 1842)

03

1836년 찰스 알렉산더 부르스(Charles Alexander Bruce)가 지금의 미얀마 영토인 싱포스 지역에서 가져간 차나무 씨를 심어 인도 아삼(Assam)지역의 차 생산에 성공하게 된 이후, 영국인들이 제조한 인도의 아쌈홍차를 무엇이라고 불렀는가?

■ 대영제국홍차(The British Empire Tea)

04

1840년 영국 베드포드(Badford) 가문의 7대 공녀인 애나(Anna) 공작부인이 가벼운 점심과 저녁 정찬까지 긴 시간의 허기를 채우기 위해 하녀에게 차와 가벼운 다과를 준비시킨 데서 유래하여, 오늘날 영국의 관습이 된 차문화는 무엇인가?

■ 오후의 차(afternoon tea : 보통 오후 4시부터 6시 사이에 마시는 차와 간식)

05

영국의 산업혁명 이후 공장이나 직장에서 일하고 돌아온 노동자 계급이 저녁 식사 시 부엌이나 식당의 식탁에서 육류와 함께 마신 차를 무엇이라 하는가?

■ 하이 티(hight tea, 미트 티(meat tea)라고도 함)

 서술형

01

영국인들은 하루 중 어느 때에 차를 마시느냐에 따라 각각 명칭과 의미를 부여할 정도로 홍차를 사랑해 왔다. 영국 차문화의 시간대별 티타임의 명칭과 주로 음용하는 차에 대해 설명하시오.

어얼리 모닝 티(early morning tea)는 아침에 일어나자마자 침대에서 마시는 차이고, 아침식사와 즐기는 블랙퍼스트 티(breakfast tea)는 베이컨, 달걀, 빵과 함께 아삼(Assam) 홍차로 밀크티를 만들어 먹는다. 오전 11시경 가볍게 즐기는 오전의 차인 일레븐스 티(elevenes tea)는 떫은맛이 적은 실론(Ceylon) 티를 선호하고, 점심식사와 함께하는 런치 티(lunch tea), 점심 후의 미드데이 티(midday tea)는 기분전환 겸 가볍게 마시는 향이 좋은 과일홍차나 재스민(jasmine) 차, 우바(Uva)를 즐긴다. 영국인들이 가장 즐긴다는 오후의 차(afternoon tea)는 귀족문화를 기반으로 발전한 만큼 오후 4시~6시 사이에 푸짐한 티 푸드(tea food)를 곁들여 맛과 향이 뛰어난 다즐링(Darjeeling)을 즐긴다. 상류층은 로우 티(low tea)라고 하여 소파에서 차와 간식을 즐긴 반면, 노동자 계급들은 퇴근 후 식탁에서 저녁식사로 육류와 함께 차를 마셨는데 이를 미트 티(meat tea)라고도 한다. 저녁 식사를 마치고 여유롭게 마시는 애프터 디너 티(after dinner tea)는 초콜릿 등 단 과자와 함께 즐기고, 차에 브랜드나 위스키를 첨가해서 마시기도 한다. 마지막으로 잠들기 전에는 하루를 정리하는 베드 티(bed tea)로 밀크티(milk tea)를 마신다. 전통적으로 하루에 7~8회의 티타임을 즐겼지만, 최근에는 하루 3~4회의 티타임으로 그 횟수가 간소해졌다.

02

영국의 대표적인 차생활인 '애프터눈 티(afternoon tea)'와 산업혁명 이후 발전된 '하이 티(hight tea)'에 대하여 설명하시오.

'에프터눈 티(afternoon tea)'는 1840년 영국 베드포드(Badford) 가문의 7대 공녀인 안나 마리아(Anna Maria, 1788~1861) 공작부인이 가벼운 점심과 저녁 정찬까지 긴 시간의 허기를 채우기 위해 하녀에게 차와 가벼운 다과를 준비시킨 데서 유래하여 오늘날 영국의 관습이 되었다. 이후 친구들을 초대하여 응접실에서 담소를 나누며 샌드위치, 쿠키, 초콜릿과 함께 여유를 즐기는 접대문화로 바뀌게 되면서 점차 궁중 및 중산계층으로 확대되어 일반 서민층에게까지 전파되었다. 빅토리아 여왕시대(Victorian Age, 1819~1901)에는 사교와 예술문화에 대한 정보교류의 장이었을 뿐아니라 차도구와 함께 도자기, 꽃장식, 테이블 웨어가 큰 발전을 이루며 하나의 문화를 형성하였다. 애프터눈 티는 나중에 '로우 티(low tea)'로 불리게 되었고 티타임 중에서도 가장 멋스럽고 우아한 영국귀족문화에서 비롯된 것인 반면, 하이 티(hight tea)는 '미트 티(meat tea)'라고도 하여 산업혁명 이후 공장이나 직장에서 일하고 돌아온 노동자 계급이 저녁 식사 시 부엌이나 식당의 식탁에서 육류와 함께 강한 차를 마셨다.

05 미국의 차 역사

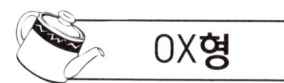
OX형

★ 01

1700년대 미국의 커피하우스에서 홍차는 영국 귀족처럼 우아하게 마셨고, 중산층들에게 차 문화란 교양을 쌓으면서 훌륭한 예의범절을 갖추는 것을 의미하였다.

■ ○

★★ 02

1700년대 초반 청교도 신자들은 아이스 티를 개발하여 마셨는데, '즐겁게 그러나 취하지 않는 음료'로 인기를 끌었다.

700년대 초반 청교도 신자들은 홍차에 소금과 버터를 넣어 마셨는데, '즐겁게 그러나 취하지 않는 음료'로 인기를 끌었다.

■ X

★★ 03

'보스턴 차사건(Boston Tea Party, 1773)'은 영국 정부가 미국 상인의 차 무역을 금지하고 독점하자 영국에 대한 반발로 발생하여 1773년 12월 16일 영국의 차를 실은 배가 보스턴 항구에 도착하자 미국인들이 인디언 무장을 하고 차를 바닷물에 던진 사건으로, 결국 이 사건이 도화선이 되어 미국은 영국으로부터 독립하게 된다.

■ ○

★★★ 04

'보스턴 차사건(Boston Tea Party)' 이후 미국은 영국으로부터 독립하여 예전보다 더 활발하게 차문화가 보급되었다.

'보스턴 차사건(Boston Tea Party)' 이후 미국에서는 차 대신 커피를 마시는 전통이 생겨났다.

■ X

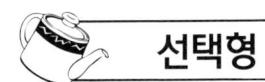 **선택형**

01 ★★

1700년대 미국의 차문화에 관한 내용 중 틀린 것은?

① 미국으로 이민 간 영국인들은 차문화를 미국으로 가져와 자연스럽게 즐겼다.
② 당시 뉴욕에는 런던에 있던 티가든과 커피하우스가 있었고, 전통과 교양을 갖춘 차문화가 있었다.
③ 청교도 신자들은 향이 좋은 중국녹차를 즐겨 마셨고, 시골에서는 홍차에 소금과 버터를 넣어 마셨다.
④ 중산층들에게 차를 마시기 위한 도자기와 은제품은 부의 상징이 되기도 하였다.

③ 1700년도 초반까지 청교도 신자들은 홍차에 소금과 버터를 넣어 마신 반면, 뉴잉글랜드에서는 향이 좋은 중국녹차가 유행하였고, 시골에서는 차를 주전자에 넣고 난로 위에 두어 하루 종일 우려내어 마시는 소박한 방식으로 즐겼다.

■ ③

02 ★★

미국의 '보스턴 차사건(Boston Tea Party, 1773)'과 관련된 역사적 사실 중 틀린 것은?

① 영국 정부가 미국 상인의 차 무역을 금지하고 차 무역을 독점하자 영국에 대한 반발로 발생하였다.
② 이 사건이 도화선이 되어 미국의 독립전쟁이 발생하게 되고 미국은 영국으로부터 독립하였다.
③ 영국의회가 제정한 '차조례(tea act)'가 시행된 이후 식민지에 대한 과다한 세금징수는 문제 되지 않았다.
④ 보스턴 주민들은 보스턴 항구에서 324개의 중국산 홍차상자를 부수거나 바다에 던졌다.

③ '보스턴 차사건(Boston Tea Party)'은 영국 정부가 미국 상인의 차 무역을 금지하고 차 무역을 독점하자 영국에 대한 반발로 발생하였는데, 영국의회가 제정한 '차조례(tea act)'가 시행된 이후 식민지에 대한 과다한 세금징수가 문제가 되었다. 이는 1773년 12월 16일 영국의 인도산 홍차를 보스턴 항구의 바닷물에 던진 사건으로, 결국 이 사건이 도화선이 되어 미국은 영국으로부터 독립하게 된다.

■ ③

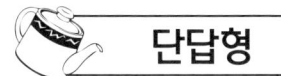 단답형

★ 01

영국 정부가 미국 상인의 차 무역을 금지하고 차 무역을 독점하자 영국에 대한 반발로 발생하여 1773년 12월 16일 영국의 인도산 홍차를 보스턴 항구의 바닷물에 던진 사건으로, 결국 이 사건이 도화선이 되어 미국이 영국으로부터 독립하게 된 사건은 무엇인가?

▪ 보스턴 차 사건(Boston Tea Party, 1773)

★★ 02

미국인들은 유럽인들과 달리 (   )를 주로 즐긴다. 전체 차 소비의 80%가 (   )로 만들어지고, 티백과 인스턴트 티를 주로 이용하여 세계적으로 파급되어 미국은 홍차 현대화의 주역이 되었다. (   )안에 들어갈 정답은?

▪ 아이스 티(ice tea)

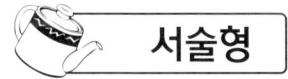 서술형

★★★ 01

'보스턴 차 사건(Boston Tea Party, 1773)'의 결과 발생된 역사적 사실을 설명하시오.

영국 정부에서는 보스턴으로 함대를 보냈고, 이는 미국의 독립전쟁(1775~1783)이 일어나게 된 원인이 되었다. 결과적으로, 미국은 영국으로부터 독립하였고 지구상 처음으로 대통령 중심제라는 정치제도를 만들어 오늘날까지 세계의 강대국으로 자리하게 되었다. 또한, 오늘날 미국의 주류가 된 커피문화는 미국인들이 영국에서 수입하던 차를 거부하고, 차 대신 커피를 마시게 되면서 전통이 되었다.

세계의 차 생산지와 명차

01/ 중국
02/ 타이완
03/ 한국
04/ 일본
05/ 인도
06/ 스리랑카
07/ 인도네시아
08/ 네팔
09/ 아프리카
10/ 오세아니아

03

01 중국 / 02 타이완

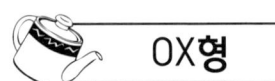 OX형

★
01
차의 원산지이면서 세계에서 가장 다양한 종류의 차를 보유하고 있는 나라는 인도이다.
차의 원산지이면서 세계에서 가장 다양한 종류의 차를 보유하고 있는 나라는 중국이다.

■ X

★
02
중국의 명차(名茶)는 주요 산지별로 정해져 있으며 역사적인 명차, 전통적인 명차, 새로 개발된 명차로 구분할 수 있다.

■ ○

★
03
절강성(浙江省)은 중국에서 2번째로 차를 많이 생산하는 지역으로, 차 생산량의 17%를 차지하며 주로 홍차(紅茶)를 생산한다.
절강성(浙江省)은 주로 녹차(綠茶)를 생산한다.

■ X

★
04
복건성(福建省)의 대표적인 명차 대홍포(大紅袍)는 6대 다류 중 홍차(紅茶)에 속한다.
복건성의 대홍포(大紅袍)는 6대 다류 중 청차(青茶)에 속한다.

■ X

★ 05

전통방식 제다법 그대로 전수되어 만들어지는 명차로는 서호용정(西湖龍井), 백호은침(白毫銀針), 군산은침(群山銀針), 안계철관음(安溪鐵觀音), 대홍포(大紅袍), 기문홍차(祁門紅茶), 운남보이차(雲南普洱茶) 등이 있다.

■○

★ 06

운남성(雲南省)은 소수민족이 가장 많이 살고 있는 지역으로 보이차(普洱茶)만 생산한다.

운남성(雲南省)은 보이차뿐만 아니라 홍차(紅茶)도 생산하며, 최근 백차(白茶)도 생산하고 있다.

■ X

★ 07

태평후괴(太平猴魁)의 '후괴(猴魁)'는 교목이었던 이 지역 차나무들의 찻잎을 예전에는 원숭이들을 시켜 채엽하여 붙여진 이름이라고 전한다.

■○

★ 08

안휘성(安徽省)의 녹차 육안과편(六安瓜片)은 육안(六安), 금채(金寨), 곽산(藿山) 3개 현의 차가 가장 품질이 뛰어나고 유명하다.

■○

★ 09

육안과편(六安瓜片)을 생산하는 안휘성(安徽省)의 육안은 100년 미만의 소수차가 군락을 이루고 있다.

육안과편(六安瓜片)을 생산하는 안휘성(安徽省)의 육안은 300년 이상의 고수차가 군락을 이루고 있어 명품차를 생산하고 있다.

■ X

★
10
절강성(浙江省)에서 생산되는 안길백차(安吉白茶)는 6대 다류 중 백차(白茶)에 속한다.

절강성(浙江省)에서 생산되는 안길백차는 6대 다류 중 녹차(綠茶)에 속한다.

■ X

★★
11
안길백차(安吉白茶)는 다른 녹차(綠茶)와 달리 폴리페놀 함량이 절반 정도 낮고, 아미노산 함량이 2배정도 높아 차를 마실 때 쓴맛보다는 부드러운 감칠맛이 뛰어나다.

절강성(浙江省)에서 생산되는 안길백차(安吉白茶)는 6대 다류 중 녹차에 속하는데, 차나무 잎은 곡우 전 색이 점점 연해져 옥처럼 고운 백색을 띤다.

■ ○

★★
12
백호은침(白毫銀針)은 다른 차와 다르게 특별한 가공과정 없이 약간의 발효(醱酵)만 하고 건조시켜 오래 보관하여도 향과 맛의 변화가 적은 것이 특징인 명차이다.

■ ○

★★
13
백호은침(白毫銀針)은 1년 내내 수확이 가능하다.

백호은침(白毫銀針)은 1년에 단 이틀만 수확이 가능하다.

■ X

★★
14
광동오룡차(廣東烏龍茶)는 복건성의 무이암차(武夷岩茶)에서 유래했으나, 모방과 개조를 거치면서 독자적인 차의 품격을 형성하였는데, 그 중 대표적인 차가 봉황단총(鳳凰單叢)이다.

■ ○

★★
15

현재 광동성 조주(潮州)지방의 오동산(梧桐山)에는 수령 600년의 차나무가 차왕수(茶王樹)로 보호되고 있다.

■○

★★
16

봉황차(鳳凰茶)나무는 오룡(烏龍) 품종 한 종류였다.

봉황차나무는 원래 오룡(烏龍)과 조취차(鳥嘴茶)의 전신인 홍인(紅茵) 두 종류였으나, 차나무의 우량품종을 개량하여 현재는 오룡(烏龍), 홍인(紅茵), 수선(水仙: 일명 조취차), 황차(黃茶), 색종(色種)으로 구분하기도 한다.

■ X

★★
17

봉황단총(鳳凰單叢)은 차의 향기에 따라 각각 차의 이름을 부여한다.

봉황단총(鳳凰單叢)은 차의 향기에 따라 각각 밀란향, 지란향, 황지향, 옥란향, 통천향, 팔선향 등으로 차의 이름을 부여한다.

■○

★★
18

대홍포(大紅袍)는 복건성(福建省) 북쪽 천혜의 자연경관을 자랑하는 황산(黃山)에서 생산된다.

대홍포(大紅袍)는 복건성(福建省) 북쪽 천혜의 자연경관을 자랑하는 무이산(武夷山)에서 생산된다.

 X

★★
19

대홍포(大紅袍)는 민남오룡(閩南烏龍)에 속한다.

대홍포(大紅袍)는 민북오룡(閩北烏龍)에 속한다.

■ X

★★ 20

철관음(鐵觀音)은 복건성(福建省) 남쪽 안계지역의 청차로 700여년의 역사를 가지고 있으며, 민남오룡(閩南烏龍)에 속한다.

■ ○

★★ 21

군산은침(群山銀針)은 호남성의 악양(岳陽)지역과 동정호의 중심인 군산(群山)에서 나오는 차로써 중국 황차(黃茶)를 대표하는 차이다.

■ ○

★★ 22

동정호의 군산(群山)에서는 처음부터 황차(黃茶)를 생산하였다.

동정호의 군산(群山)에서는 원래 녹차(綠茶)를 생산했는데 후대로 가면서 황차(黃茶)로 바뀌었고, 황차의 대표격인 군산은침(群山銀針)이 '황차의 여왕'으로 불리고 있다.

■ X

★★ 23

황차(黃茶)는 여린 찻잎을 무더기로 쌓아 산화발효하는 민황(悶黃)이라는 제다과정이 있다.

■ ○

★★ 24

곽산황아(霍山黃芽)는 수백 년의 역사를 가진 명차지만, 제다방법이 전수되지 않아 생산이 중단되었으나 1971년에 복원되었다.

■ ○

★★★
25
몽정황아(蒙頂黃芽)는 중국 최초의 명차라고 하며, 중국인들 사이에서는 '선차(仙茶)'라고 불리고 있다.

■ ○

★★★
26
소종홍차(小種紅茶)는 최초의 홍차(紅茶)로서 '홍차의 어머니'로 불리고 있다.

■ ○

★★★
27
운남(雲南)에서 생산되는 공부홍차(工夫紅茶)와 전홍(滇紅)은 서로 다른 역사를 가지고 있는 홍차이다.

운남(雲南)에서 생산되는 공부홍차를 전홍(滇紅)이라고 한다.

■ X

★★★
28
'전홍(滇紅)'의 '전(滇)'은 운남(雲南)성의 약칭으로, 고대 중국서남부 일대인 전지(滇池)에 살던 부족의 명칭에서 유래하였다.

■ ○

★★★
29
운남(雲南)은 사천(四川)과 더불어 세계 최초의 차나무 발원지이면서 차마고도(茶馬古道)의 시발점 중 한 곳이다.

■ ○

★★★
30
운남(雲南)은 1,000년 이상 된 야생 고차수(古茶樹)들이 가장 많이 분포된 지역으로 유명하다.

■ ○

★★★
31
현재 절강성(浙江省) 항주(杭州) 서호(西湖)주변에서 생산되는 구곡홍매(九曲紅梅)는 복건성(福建省) 북부 무이산(武夷山)의 구곡(九曲)에서 발원하였다고 한다.

■ ○

★★★
32
보이차(普洱茶)라는 이름은 과거에 차 생산지이자 집결지였던 운남성(雲南省)의 '보이(普洱)'라는 지역의 이름에서 유래되었다.

■ ○

★★★
33
대만(臺灣)은 2000년도 이후부터 찻잎의 잔류농약 검사를 철저하게 실시했다.

대만은 1975년도 이후부터 찻잎의 잔류농약 검사를 철저하게 실시하고 있으며, 농약을 기준이상 초과할 경우에 벌금은 물론 찻잎을 소각처리하고 있다.

■ X

선택형

★ 01
다음 중 절강성(浙江省)의 차 종류가 아닌 것은?
① 고저자순(顧渚紫筍)   ② 봉황단총(鳳凰單叢)
③ 서호용정(西湖龍井)   ④ 안길백차(安吉白茶)

② 봉황단총(鳳凰單叢)은 광동성에서 생산하는 청차이다.

■②

★ 02
다음 중 안길백차(安吉白茶)가 속하는 차류는?
① 녹차(綠茶)   ② 백차(白茶)
③ 청차(靑茶)   ④ 흑차(黑茶)

① 안길백차(安吉白茶)는 백차이면서 녹차에 분류되고 있다.

■①

★ 03
다음 중 복건성(福建省)의 차 종류가 아닌 것은?
① 육보차(六堡茶)   ② 대홍포(大紅袍)
③ 철관음(鐵觀音)   ④ 정산소종(正山小種)

① 육보차(六堡茶)는 광서성(广西省)에서 생산하는 흑차이다.

■①

★ 04
다음 복건성(福建省)의 차들 중 홍차(紅茶)에 속하는 차는?
① 대홍포(大紅袍)   ② 백계관(白鷄冠)
③ 금준미(金駿眉)   ④ 철관음(鐵觀音)

대홍포(大紅袍), 백계관(白鷄冠), 철관음(鐵觀音)은 청차이다.

■③

05

다음 중 안휘성(安徽省)의 차 종류가 아닌 것은?

① 육안과편(六安瓜片) ② 태평후괴(太平猴魁)
③ 기문홍차(祁門紅茶) ④ 죽엽청(竹葉靑)

④ 죽엽청(竹葉靑)은 사천성(四川省)에서 생산하는 녹차이다.

■ ④

06

다음 중 안휘성(安徽省)의 차가 아닌 것은?

① 육안과편(六安瓜片) ② 태평후괴(太平猴魁)
③ 군산은침(群山銀針) ④ 황산모봉(黃山毛峰)

③ 군산은침(群山銀針)은 호남성(湖南省)의 황차이다.

■ ③

07

다음 중 전통방식 제다법 그대로 전수되어 만들어지는 명차가 아닌 것은?

① 서호용정(西湖龍井) ② 백호은침(白毫銀針)
③ 금준미(金駿眉)   ④ 운남보이차(雲南普洱茶)

③ 금준미(金駿眉)는 2007년 명인들에 의해 복건성 무이시(武夷市) 동목촌에서 정산소종(正山小種) 제조법에 의해 최고급 홍차를 만들기 위한 노력으로 개발된 차이다.

■ ③

08

다음 용정차(龍井茶) 중 최고급에 속하는 차는?

① 본산용정(本山龍井)
② 호지용정(湖地龍井)
③ 사향용정(四鄕龍井)
④ 매오용정(梅塢龍井)

서호 인근 산에서 생산되는 본산용정(本山龍井)이 최고급 차이고, 서호 부근 평지에서 생산되는 차가 호지용정(湖地龍井), 서호 인근지방에서 생산되는 것을 사향용정(四鄕龍井), 매오 일대에서 생산되는 것을 매오용정(梅塢龍井)이라고 한다.

■ ①

★ 09

다음 중 태평후괴(太平猴魁)의 등급 중 최고의 등급은?

① 태평(太平)
② 후괴(猴魁)
③ 괴첨(魁尖)
④ 첨차(尖茶)

상품등급은 후괴(猴魁), 괴첨(魁尖), 첨차(尖茶)로 세 종류이고, 최고의 등급은 후괴로 모두 고산지대에서 생산된다.

■ ②

★★ 10

안휘성(安徽省) 황산의 대표적인 명차로 은백색 털이 찻잎을 감싸고 있으며, 잎이 산 모양을 하고 있기 때문에 붙여진 이름을 가진 녹차(綠茶)는 무엇인가?

① 안길백차(安吉白茶)
② 황산모봉(黃山毛峰)
③ 백호은침(白毫銀針)
④ 벽라춘(碧螺春)

■ ②

★★ 11

육안과편(六安瓜片)을 80여 번이나 언급하여 더욱 유명해진 중국의 장편소설은 무엇인가?

① 서유기(西遊記)
② 삼국지(三國志)
③ 수호지(水滸誌)
④ 홍루몽(紅樓夢)

■ ④

★★ 12

다음 6대 다류 중 백차(白茶)에 속하지 않는 것은?

① 안길백차(安吉白茶)
② 수미(壽眉)
③ 백모단(白牡丹)
④ 백호은침(白毫銀針)

① 안길백차(安吉白茶)는 6대 다류 중 녹차(綠茶)에 속한다.

■ ①

★★ 13

다음 6대 다류 중 청차(靑茶)의 종류가 아닌 것은?

① 대홍포(大紅袍) ② 철관음(鐵觀音)
③ 태평후괴(太平猴魁) ④ 봉황단총(鳳凰單叢)

③ 태평후괴는 안휘성(安徽省)에서 생산되는 녹차(綠茶)이다.

■③

★★ 14

명나라 홍치시대(弘治時代, 1487~1505)에 대조산의 봉황차(鳳凰茶)가 공차로 지정되었는데, 그 당시 봉황차는 무엇으로 불렸는가?

① 조취차(鳥嘴茶) ② 송차(宋茶)
③ 대조차(待詔茶) ④ 인두차(人頭茶)

■③

★★ 15

다음 중 봉황단총(鳳凰單叢)의 품종이 아닌 것은?

① 오룡(烏龍) ② 홍인(紅茵)
③ 수선(水仙) ④ 육계(肉桂)

■④

★★ 16

다음 중 봉황단총(鳳凰單叢)의 향으로 구분하는 품종이 아닌 것은?

① 혁살인향(嚇煞人香)
② 밀란향(密蘭香)
③ 황지향(黃之香)
④ 통천향(通天香)

① 혁살인향은 강소성의 벽라춘(碧螺春)에서 나는 강하고 풍성한 향기를 뜻한다.

■①

17 ★★

다음 중 철관음(鐵觀音)의 품종이 아닌 것은?

① 황금계(黃金桂) ② 철관음(鐵觀音)
③ 본산(本山) ④ 수선(水仙)

④ 수선(水仙)은 무이암차(武夷岩茶)와 봉황단총(鳳凰單叢), 민남의 장편수선(水仙) 등에 주로 쓰이는 품종이다.

■ ④

18 ★★

다음 중 철관음(鐵觀音)의 품종인 것은?

① 황금계(黃金桂) ② 육계(肉桂)
③ 수선(水仙) ④ 청심오룡(靑心烏龍)

육계(肉桂)는 무이암차(武夷岩茶)의 품종이고, 수선(水仙)은 무이암차(武夷岩茶)와 봉황단총(鳳凰單叢)의 품종이며, 청심오룡(靑心烏龍)은 대만청차의 품종이다.

■ ①

19 ★★

다음 중 군산은침(群山銀針)에 관련된 설명이 틀린 것은?

① 군산은침(群山銀針)은 호남성의 악양(岳陽)지역과 동정호의 중심인 군산(君山)에서 나온다.
② 중국의 주석인 시진핑(習近平, 1953~)이 가장 즐기는 차다.
③ 차나무 1창2기 중 싹으로만 차를 만들어 황아차(黃芽茶)에 속한다.
④ 1959년에 중국의 1대 명차로 선정되었다.

② 중국의 주석인 마오쩌둥(毛澤東, 1893~1976)이 가장 즐겼던 차로 전해지고 있다.

■ ②

20 ★★

군산은침(群山銀針)을 즐겨 마셨던 중국 주석(主席)은 누구인가?

① 시진핑(習近平, 1953~) ② 후진타오(胡錦濤, 1942~)
③ 마오쩌둥(毛澤東, 1893~1976) ④ 덩샤오핑(鄧小平, 1904~1997)

③ 중국의 전 주석인 마오쩌둥(毛澤東, 1893~1976)이 가장 즐겼던 차로 전해지고 있다.

■ ③

★★★ 21

후당시대(後唐時代, 932~936)의 두 번째 황제인 명종(明宗, 867~933)이 군산은침(群山銀針)을 마시기 위해 뚜껑을 열었을 때, 흰 안개에 어떤 동물이 공중에 솟아 오른 것 같아 보였는가?

① 용
② 백학
③ 이무기
④ 봉황

■ ②

★★★ 22

다음 중 곽산황아(霍山黃芽)의 품질이 최고로 여기는 차재배지는 어느 곳인가?

① 금계오(金溪塢)
② 금산(金山)
③ 금죽평(金竹坪)
④ 금강대(金鋼臺)

곽산황아(霍山芽黃)는 안휘성의 금계오(金溪塢), 금산(金山), 상화가의 금죽평(金竹坪), 요가판의 오미첨(烏米尖)이 유명하며, 특히 금강대(金鋼臺)에서 생산되는 황차를 가장 좋은 품질의 차로 여긴다.

■ ④

★★★ 23

몽정황아(蒙頂黃芽)는 중국의 어느 황제시대에 황실에 공납하는 최고의 명차로써 이름을 날렸는가?

① 강희제(康熙帝, 1654~1722)
② 건륭황제(乾隆帝, 1711~1799)
③ 희종황제(僖宗, 862~888)
④ 명종황제(明宗, 1300~1329)

몽정황아(蒙頂黃芽)는 당나라 희종황제(僖宗, 862~888)시대에 황실에 공납하던 전국 최고의 명차로 이름을 날려 중국에서 성행하였다.

■ ③

★★★ 24

백송(白松)을 훈연해 만든 정산소종(正山小種) 특유의 향을 무엇이라고 하는가?

① 송연향(松煙香)
② 황지향(黃之香)
③ 계화향(桂花香)
④ 지란향(芝蘭香)

■ ①

★★★
25

무이산 동목관(桐木關)에서 2007년에 개발된 금아가 반짝이는 최고급 홍차(紅茶)를 무엇이라고 하는가?
① 정산소종(正山小種)　　　② 기문홍차(祁門紅茶)
③ 금준미(金駿眉)　　　　　④ 비자소(妃子笑)

■③

★★★
26

소종홍차(小種紅茶) 중 외산소종(外山小種)은 정화(政和), 탄양(坦洋), 북령(北嶺), 고전(古田), 사현(沙縣)에서 생산되는 정산소종(正山小種)을 모방하여 생산하였는데, 이 외산소종을 다른 말로 무슨 차라고 하는가?
① 무이차(武夷茶)　　　　　② 대용차(代用茶)
③ 인공소종(人工小種)　　　④ 송연소종(松煙小種)

■③

★★★
27

인도의 다즐링(Darjeeling), 스리랑카의 우바(Uva)와 더불어 세계 3대 홍차(紅茶)에 들어가는 중국차는 무엇인가?
① 정산소종(正山小種)　　　② 기문홍차(祁門紅茶)
③ 운남전홍(雲南滇紅)　　　④ 구곡홍매(九曲紅梅)

■②

★★★
28

운남(雲南)홍차의 전홍(滇紅) 생산지로써 유명한 지역이 아닌 곳은?
① 임창(臨滄)　　　　　　　② 사모(思茅)
③ 만송(曼松)　　　　　　　④ 쌍강(雙江)

만송(曼松)은 구(古) 6대차산 의방(倚邦)의 한 마을로 건륭황제(乾隆帝, 1711~1799)에게 공차를 바쳤던 최고의 보이차(普洱茶)를 생산하는 지역이다.

■③

★★★
29

구곡홍매(九曲紅梅)를 생산하는 최상의 차 생산지는 어디인가?

① 황산(黃山) ② 무이산(武夷山)
③ 태산(泰山) ④ 대홍산(大鴻山)

구곡홍매(九曲紅梅)는 현재 절강성 항주 서호(西湖)주변에서 생산되며, 대홍산(大鴻山)이 최상의 차산지로 떠오르고 있다.

■ ④

★★★
30

다음 중 보이차의 구(古) 6대차산이 아닌 곳은?

① 이무(易武) ② 의방(倚邦)
③ 맹송(勐宋) ④ 혁등(革登)

구(古) 6대차산은 이무(易武)를 중심으로 유락(攸樂), 의방(倚邦), 망지(莽枝), 만살(曼撒), 혁등(革登), 만전(蠻磚)이며, 신(新) 6대차산은 맹해(勐海)를 중심으로 남나(南糯), 포랑(布朗), 맹송(勐宋), 파달(巴達), 남교(南嶠), 경매(景邁)이다.

■ ③

★★★
31

다음 중 보이차의 신(新) 6대차산이 아닌 곳은?

① 혁등(革登) ② 남나산(南糯山)
③ 포랑산(布朗山) ④ 파달(巴達)

① 혁등(革登)은 구(古) 6대 차산에 속한다.

■ ①

★★★
32

다음 중 운남성의 보이차 산 중에 맹해(勐海)지역의 마을이 아닌 곳은?

① 이무(易武) ② 노반장(老班章)
③ 신반장(新班章) ④ 남나산(南糯山)

① 이무(易武)는 구(古) 6대차산에 속한다.

■ ①

★★★ 33

다음 대만차와 관련된 설명 중 틀린 것은?

① 1590년 대만을 방문한 포르투갈인에 의해 '아름다운 섬', '포르모사(Formosa)'라는 이름이 붙여졌다.
② 대만차는 1,000년이 넘는 오랜 역사를 가지고 있다.
③ 1645년에 대만 중남부 해발 800m 산에서 야생차나무 카멜리아 시넨시스 아사미카(*Camellia sinensis* var. *assamica*, 아삼대엽종) 종이 발견되었다.
④ 1885년 록곡향의 임봉지가 중국 복건성(福建省) 무이산에서 연지오룡차(軟枝烏龍茶) 묘목 36그루를 갖고 들어와 재배하였다.

② 대만차는 370년이 넘는 오랜 역사를 가지고 있다.

■ ②

★★★ 34

다음 중 대만의 대표적인 차산지가 아닌 곳은?

① 남투현(南投縣) ② 대북현(臺北縣)
③ 신죽현(新竹縣) ④ 병동현(屏東縣)

④ 병동현(屏東縣)은 대만의 남쪽에 위치하는 현으로 대표적인 차산지는 아니다.

■ ④

★★★ 35

다음 중 대만의 대표적인 고산차(高山茶) 생산지가 아닌 곳은?

① 아리산(阿里山) ② 옥산(玉山)
③ 남투현(南投縣) ④ 리산(梨山)

③ 고산차(高山茶)는 해발 1,000m 이상의 차밭에서 찻잎을 채집한 것으로 제조한 차로 아리산(阿里山), 옥산(玉山), 리산(梨山)이 대표적인 산지이고, 남투현(南投縣)은 해발 500m~800m에 위치하여 동방미인(東方美人)을 주로 생산한다.

■ ③

 단답형

★ 01

찻잎의 첫 채집시기는 보통 4월 중순부터 5월 중순까지이며, 이것을 (   )라고 한다. 가장 좋은 품질로 평가받으며 연생산량의 약 55%를 차지한다. (   ) 안에 들어갈 정답은 무엇인가?

▪ 춘차(春茶)

★ 02

중국의 차 재배지는 중국 남동부 지역에 집중되어 있으며, 특히 (   ), 사천성(四川省), 복건성(福建省), 절강성(浙江省), 호남성(湖南省), 호북성(湖北省), 안휘성(安徽省)에 많이 분포되어 있다. 이들은 대체로 높은 고도와 천혜의 자연친화적인 차나무 재배환경을 갖고 있다. (   ) 안에 들어갈 정답은 무엇인가?

▪ 운남성(云南省)

★ 03

중국 전체 차 생산량의 20%를 차지하며, 6대 다류 중 백차(白茶), 청차(靑茶), 홍차(紅茶)의 발원지는 어디인가?

▪ 복건성(福建省)

★ 04

차나무의 원산지로 유명한 운남성(云南省)은 현재도 야생 차나무가 군락을 이루고 자생하고 있으며, (   ) 무역의 출발지이기도 하다. (   ) 안에 들어갈 정답은 무엇인가?

▪ 차마고도(茶馬古道)

★ 05

안휘성(安徽省)은 육안과편(六安瓜片), 태평후괴(太平猴魁), 황산모봉(黃山毛峰)과 같은 녹차(綠茶)의 명차뿐 아니라 (   )와 같은 세계 3대 홍차(紅茶)에 속하는 명품홍차를 만들기도 한다. (   ) 안에 들어갈 정답은 무엇인가?

▪ 기문홍차(祁門紅茶)

★
06
주산지가 절강성(浙江省) 항주로써 청나라 강희제(康熙帝, 1654~1722) 때 공차로 인정받은 중국 8대 명차 중 하나이며, 중국 최고의 녹차(綠茶)는 무엇인가?

■ 용정차(龍井茶)

★★
07
강소성(江蘇省)의 소주(蘇州), 오현(吳縣), 동정동(洞庭東), 서산(西山) 일대에서 생산되는 벽라춘(碧螺春)은 (　　　　　)라고 불릴 만큼 강하고 풍성한 향기를 가지고 있다. (　) 안에 들어갈 정답은 무엇인가?

혁살인향다(嚇煞人香茶)는 '사람을 죽이는 향기의 차'라는 의미이다.

■ 혁살인향다(嚇煞人香茶)

★★
08
벽라춘(碧螺春)의 기원이 되는 차로써, 북송 시절 강소성(江蘇省) 동정산(洞庭山) 수월원(水月院)의 산승(山僧)이 직접 찻잎으로 제다하여 청나라 초기에 공차로 충당된 차를 무엇이라 부르는가?

■ 수월차(水月茶)

★★
09
중국의 다성(茶聖)으로 추앙받는 육우(陸羽)와 북송(北宋)의 대문호인 소동파(蘇東坡)가 "하남(河南) 지방의 차 가운데 제일이다"라고 극찬한 차는 무엇인가?

■ 신양차(信陽茶)

★★
10
2006년 중국 후진타오(胡錦濤, 1942~) 주석이 미국을 방문하였을 때 미국 부시대통령에게 선물로 준 차는 무엇인가?

■ 태평후괴(太平猴魁)

★★
11

안길백차(安吉白茶)는 외형이 자연스럽게 둥근 모양으로 말려 있으며, 가늘고 곧아서 마치 난초꽃처럼 생겼다고 하여 불려지는 이름은 무엇인가?

■ 세직자연(細直自然)

★★
12

백차(白茶)는 복건성(福建省)과 (　　　　　)에서 생산되는데, 복건성은 복정(福鼎), 정화(政和), 송계(松溪), 건양(建陽) 지역이 유명하고 (　　　　　)은 북부 안길현(安吉縣)의 대계산(大溪山)이 유명하다. (　) 안에 들어갈 정답은 무엇인가?

■ 절강성(浙江省)

★★
13

남송시대(南宋時代, 1127~1279) 마지막 황제인 조병(趙昺, 1278-1279)은 원병에게 쫓겨 조주(潮洲)지방을 지날 때 현지인에게 차 한 잔을 얻어 마셨다. 그때 마신 차 맛이 너무 좋아 '너무 좋은 차'라고 칭찬을 하며 그 차를 무엇이라 불렀는가?

■ 송차(宋茶)

★★
14

군산은침(群山銀針)을 유리컵에 넣고 뜨거운 물을 부으면 찻잎이 곧게 떴다가 내려앉기를 3번 정도 반복하는데, 이 모습이 꼭 춤을 추는 것 같아 (　　　　　)이라고 부른다. (　) 안에 들어갈 정답은 무엇인가?

■ 삼기삼락(三起三落)

★★
15

군산은침(群山銀針)은 토실토실하고 황색의 백호로 덮여 있어 금황색의 아름다움이 극치를 달해 무엇으로 불렸는가?

■ 금양옥(金壤玉)

★★ 16

군산은침(群山銀針)은 복건성(福建省)에서 나는 (　　　　　)과 모양새가 비슷하게 생겼다. (　) 안에 들어갈 정답은 무엇인가?

■ 백호은침(白毫銀針)

★★ 17

곽산황아(霍山黃芽)는 참새의 혀와 같다고 하여 무엇이라 불렀는가?

■ 작설차(雀舌茶)

★★ 18

몽정황아(蒙頂黃芽)는 서한시대(西漢時代, 기원전 206~50) 명산읍(名山邑)의 오리진(吳理眞)이라는 사람이 몽산 정상에 차나무 7그루를 심었는데 크기는 한 척 정도로 더 이상 자라지 않아 무엇이라 불렀는가?

■ 선차(仙茶)

★★ 19

당나라시대 이조(李肇)의 (　　　　　)에서는 몽정차를 황차 중에서 가장 뛰어난 차라고 하였다. (　)안에 들어갈 정답은 무엇인가?

■ 국사보(國史補)

★★★ 20

최초의 홍차(紅茶)인 복건성(福建省) 무이암산의 소종홍차(小種紅茶)는 무엇으로 불리는가?

■ 홍차의 어머니

★★★ 21

기문홍차(祁門紅茶)가 가지고 있는 달콤한 꿀, 사과와 같은 특유의 향을 무엇이라고 하는가?

■ 기문향(祁門香), 기홍향(祁紅香)

★★★
22

운남(雲南)은 차와 말의 교역 중심지이며, 과거에는 이곳을 (　　　　)라고 불렀다. (　) 안에 들어갈 정답은 무엇인가?

▪ 차마고도(茶馬古道)

★★★
23

구곡홍매(九曲紅梅)는 복건성(福建省) 북부 무이산(武夷山)의 구곡에서 발원하였다고 하며, 차엽이 용과 같이 구부러져 있어 (　　　　)이라는 별칭을 가지고 있다. (　) 안에 들어갈 정답은 무엇인가?

▪ 구곡오룡(九曲烏龍)

★★★
24

보이숙차의 쇄청모차(曬青毛茶)를 고온고습한 환경에서 인공적으로 40~45일 동안 빠르게 발효시키는 제다과정을 무엇이라 하는가?

▪ 악퇴(渥堆)

★★★
25

대만에서 가장 유명한 차로써 소녹엽선(小錄葉蟬, Jacobiasca Formosana)이라는 벌레 먹은 찻잎을 사용하여 만드는 우롱차를 무엇이라 부르는가?

▪ 동방미인(東方美人), 백호오룡(白毫烏龍)

★★★
26

대만차는 차산지의 해발에 따라 품질이 달라지는데, 해발 1,000m 이상의 높은 곳에서 딴 찻잎으로 제다한 차를 무엇이라 부르는가?9

▪ 고산차(高山茶)

서술형

★ 01
중국차 백호은침(白毫銀針)에 대하여 설명하시오.

'바늘침 모양의 싹으로 만든차' 백호은침(白毫銀針)은 복건성(福建省) 복정현(福鼎縣)과 정화현(政和縣)에서 생산되는 백차(白茶)이다. 봄에 나온 어린 싹만 사용하기 때문에 백차 중에서 최고급품이며 찻잎 표면에 흰색 털이 있어 은백색을 나타낸다. 복정대백차(福鼎大白茶) 품종으로 1년에 이틀만 수확이 가능하기 때문에 고가이며 몸의 열을 내려주는 작용이 강하다. 차를 우릴 때 뜨거운 물을 부으면 찻잎이 하나씩 세워져 마치 꽃잎이 춤을 추는 듯 아래위로 오르내리는 모양이 눈을 현혹시킨다.

★★ 02
대홍포(大紅袍)에 대하여 설명하시오.

대홍포(大紅袍)는 복건성(福建省) 북쪽 무이산(武夷山)에서 생산되며 민북오룡에 속한다. 대홍포의 유래는 두 가지가 있는데 첫째, 대홍포 차나무는 황봉을 받아 황제가 하사한 이름으로 현지의 현승(縣丞)이 큰(大) 빨간(洪) 보자기(袍)를 차나무에 덮어주는 의례에서 유래하였다는 것이고 둘째, 청나라의 한 문인이 시험을 보러가는 도중에 배가 아파 천심사(天心寺)의 스님이 구룡과 암벽(九龍寡岩壁)에서 찻잎을 채엽해 끓여준 차를 마시고 몸이 완쾌되어 급제를 한 후 내려오는 길에 은혜를 갚기 위해 큰(大) 빨간(洪) 보자기(袍)를 차나무에 덮어주었다는 설도 있다. 대홍포는 명나라 말에서 청나라 초에 발견되어 재배한 것으로 무이차(武夷茶) 중에서 매우 품질이 우수한 단총이다. 재배장소에 따라 정암차(正岩茶, 산 중턱 바위 사이사이 차 밭에서 생산), 반암차(半岩茶, 산과 계곡 사이 평지에서 생산), 주차(洲茶, 계곡과 계곡 사이 넓은 평지에서 생산)로 나뉜다.

★★ 03
청나라 건륭황제(乾隆帝, 1711~1799)는 이 차를 마신 후 차 맛에 대해 어떻게 표현하고 '철관음(鐵觀音)'이라는 이름을 하사하였는지 설명하시오.

찻잎은 관음(觀音) 같고, 무겁기는 철(鐵)같다.

★★ 04
군산은침(群山銀針)이 찻잎을 채집하는 과정에서 철저하게 지키는 9가지 규칙을 설명하시오.

1. 우기 즉, 비가 올 때는 찻잎을 채집하지 않는다.
2. 아침 일찍 이슬이 묻어 있는 찻잎은 채집하지 않는다.
3. 색깔이 자주색인 찻잎은 채집하지 않는다,
4. 육안으로 보았을 때 속이 텅 비어 있는 찻잎은 채집하지 않는다.
5. 찻잎의 품질을 위해 상처가 난 찻잎은 채집하지 않는다.
6. 추위가 일찍 와서 동상을 입은 찻잎은 채집하지 않는다.
7. 차의 품질을 위해 병충해를 입은 찻잎은 채집하지 않는다.
8. 건강하지 않고 야윈 찻잎은 채집하지 않는다.
9. 차의 싹이 너무 긴 찻잎과 너무 짧은 찻잎은 채집하지 않는다.

★★★
05
정산소종(正山小種)을 백송으로 훈연한 역사에 대하여 서술하시오.

청나라 초기 병사들이 복건성 무이산(武夷山) 지역을 점령하였을 때, 마을 주민들이 찻잎을 채집하였으나, 피신하느라 차를 제 때에 만들지 못하고 방치하게 되었다. 병사들이 철수한 후에 찻잎을 보니 발효가 되어 냄새가 나기 시작하였고, 냄새를 없애기 위해 백송에 불을 붙여 찻잎을 말리게 되었는데, 찻잎에서 소나무 향이 나면서 외국인들에게 인기를 끌게 되었다고 한다.

★★★
06
기문홍차(祁門紅茶)에 대하여 설명하시오.

기문홍차(祁門紅茶)는 기문공부차(祁門工夫茶)라고도 하며, 영국 런던 국제 차시장에서 '왕자차(王子茶)' 또는 '차의 영웅호걸'로 불리는 중국 전통공부홍차의 진품이다. 안휘성(安徽省) 황산산맥 주변의 기문현(祁門縣)에서 생산되고 인도의 다즐링(Darjeeling), 스리랑카의 실론티(Ceylon tea)와 함께 '세계 3대 홍차'이자 운남홍차(雲南紅茶), 정산소종(正山小種)과 더불어 '중국 3대 홍차'이다. 기문홍차(祁門紅茶)가 가지고 있는 달콤한 꿀, 사과, 난꽃과 같은 특유의 향을 기문향(祁門香), 기홍향(祁紅香)이라고 하며, 황산모봉(黃山毛峰)과 더불어 안휘성(安徽省)을 대표하는 차이다.

★★★
07
대만의 백호오룡(白毫烏龍)에 대해서 설명하시오.

대만의 대표적인 청차로는 팽풍차(膨風茶), 동방미인(東方美人), 홍수오룡(紅水烏龍), 복수차(福壽茶), 향빈오룡(香檳烏龍)이 있는데, 우리나라에는 '동방미인'이 제일 많이 알려져 있으며 백호오룡(白毫烏龍)이라고도 한다. 백호오룡은 신죽현(新竹縣) 관서(關西), 북포(北捕), 아미(峨尾), 횡산(橫山), 죽동진(竹東鎭) 일대, 묘율(苗栗)의 두옥(頭屋), 두빈(頭份), 보산(寶山), 노전료(老田寮), 삼만(三滿) 일대, 도원용담(桃園龍潭) 등에서 생산된다. 소녹엽선(小綠葉蟬)이라는 벌레가 먹은 찻잎으로 만드는 차로써 농약을 사용할 수 없어 유기농법을 그대로 적용하고, 상큼한 과일향이 난다. 소녹엽선이 가장 왕성하게 활동하는 매년 6월 10일~20일경에 찻잎을 채집하는데, 이 차가 가장 품질이 좋고 비싸게 팔린다. 일반적인 대만 청차(靑茶)는 산화발효도가 낮은데, 동방미인은 거의 홍차 수준으로 발효(보통 70%)한다. 백호오룡은 팽풍차(膨風茶)라고도 불렸는데, '허풍치다, 과장하여 부풀려 말한다.'는 뜻이다. 영국의 빅토리아 여왕이 재임시절 백호오룡차를 즐겼는데, 차를 우릴 때 '하늘거리는 찻잎이 동방의 미인이 춤추는 것 같이 신비롭다.'고 하여 동방미인이라는 애칭을 갖게 되었다고 한다.

03 한국 / 04 일본

 OX형

★ 01
'삼국사기(三國史記)'에 의하면 신라시대 828년(흥덕왕 3년) 당나라에서 돌아온 사신 김대렴(金大廉)이 차 종자를 가지고 오자, 왕이 지리산에 심게 하였다고 기록되어 있다.

▪ ○

★ 02
보성은 한국에서 차나무를 가장 많이 재배하는 지역으로 동국여지승람(東國輿地勝覽)과 세종실록지리지(世宗實錄地理志) 등의 문헌에 차나무의 자생지로 기록되어 있다.

▪ ○

★ 03
다성 초의 의순(草衣 意恂, 1786~1866)의 『다전(茶傳)』에 '차나무는 바위틈에서 자란 것이 으뜸인데, 화개동 차밭은 모두 골짜기와 바위틈이다'라는 구절이 있다.

『다경(茶經)』은 육우가 지은 최초의 다서이고, 초의 의순은 『다신전(茶神傳)』과 『동다송(東茶頌)』을 지었다.

▪ X

★ 04
하동은 지리산에 위치하고 있으며, 약 3,000년 된 우리나라 최고수령의 차나무가 존재한다.

하동은 지리산에 위치하고 있으며, 약 1,000년 된 우리나라 최고수령의 차나무가 존재한다.

▪ X

★★
05
제주도의 송낭다원은 민간인 최초로 제주도에 차나무를 심고 재배하였다.

■ ○

★★
06
제주도는 보성, 하동과 차나무 재배환경이 거의 비슷하다.

제주도 이른 아침의 차나무 밭은 보성, 하동과 다르게 일교차가 심하다. 화산섬인 제주도 토양은 유기물질이 충분하며, 물이 잘 투과되는 현무암과 깨끗한 암반수 덕분에 계단식이 아닌 드넓은 평지에 재배되고 있는 특성이 있다.

■ X

★★
07
일본의 차나무 재배지는 야산 경사지의 90% 이상이 다원이다.

일본의 차나무 재배지는 야산 경사지의 60%가 거의 다원이다.

■ X

★★
08
센차(煎茶)는 일본에서 가장 대중적인 차로 일본 녹차의 약 80%를 차지한다.

■ ○

★★
09
일본의 반차(番茶 : 번차)를 볶으면 겐마이차(玄米茶)가 된다.

일본의 반차(番茶)를 볶으면 호우지차(焙じ茶)가 된다.

■ X

★★★ 10

일본의 최상급 차인 교쿠로차(玉露茶)는 차광 없이 햇빛에 재배한다.

<small>일본의 교쿠로차(玉露茶)는 최상급 차를 만들기 위해 5월 초부터 약 20일 동안 차나무의 90%를 그늘진 차광막 속에서 재배한다.</small>

■ X

★★★ 11

일본의 말차(抹茶)는 중국 송(宋)나라 시대의 점다법(點茶法)을 발전시킨 것이다.

■ ○

★★★ 12

일본 최고 품질의 말차(抹茶)는 교토의 우지지방에서 제조한 우지차(抹茶宇治茶)이다.

■ ○

★★★ 01

다음 중 한국 차 생산지에 대한 설명으로 틀린 것은?

① 우리나라의 차나무는 소엽종이다.
② 연평균 기온 약 10℃이상으로 온난하고, 연평균 강수량 1,500mm 이상인 다습한 지역이다.
③ 대부분의 차가 경상남도, 전라남도 그리고 제주도에서 생산되고 있다.
④ 주로 청차(青茶)를 생산한다.

<small>④ 한국은 녹차, 홍차, 말차(抹茶 : 가루녹차) 등을 생산한다.</small>

■ ④

★ 02

다음 중 한국 차 생산지 하동에 대한 설명으로 틀린 것은?

① 하동은 지리산에 위치하고 있으며, '야생차의 고향'이라는 명성을 가지고 있다.
② 우리나라 최고수령의 차나무는 1,000년으로 하동에서 발견되었다.
③ 전국 차 생산량의 50% 이상을 차지하고 있다.
④ 우전차 김동곤 명인이 운영하는 쌍계제다가 있다.

③ 하동은 전국 차 생산량의 23%를 차지하고 있다.

■③

★ 03

다음 중 한국의 하동에 속하는 다원이 아닌 곳은?

① 삼태다원　　　　　　　　　② 도심다원
③ 보향다원　　　　　　　　　④ 쌍계제다

③ 보향다원은 보성에 위치한 다원이다.

■③

★ 04

다음 중 새롭게 부상하는 하동 녹차(綠茶)의 신데렐라로 불리며 고품질의 차를 생산하는 다원은 어느 곳인가?

① 쌍계제다　　　　　　　　　② 수연제다
③ 도심다원　　　　　　　　　④ 삼태다원

■②

★ 05

다음 중 김동곤 우전차의 명인이 운영하는 다원은 어느 곳인가?

① 쌍계제다　　　　　　　　　② 수연제다
③ 도심다원　　　　　　　　　④ 삼태다원

■①

06

다음 중 한국 차 생산지 보성에 대한 설명으로 틀린 것은?
① 한국에서 가장 차나무를 많이 재배하는 지역으로 전국 차 생산량의 약 40%를 차지한다.
② 동국여지승람과 세종실록지리지 등의 문헌에서 차나무의 자생지로 기록되어 있다.
③ 해발 400~800m에 위치하고, 연평균 강수량이 1,600mm이며, 연평균 기온이 13.4℃이다.
④ 토양은 황토로써 차 재배에 최적화되었다.

④ 보성의 토양은 맥반석 토양이다.

■ ④

07

다음 중 한국의 보성에 속한 다원이 아닌 곳은?
① 대한다업   ② 반야다원
③ 은곡다원   ④ 송낭다원

④ 송낭다원은 제주도에 위치한 다원이다.

■ ④

08

다음 보성의 다원 중 초의선사(草衣禪師, 1786~1866)의 제다법과 육우(陸羽)의 『다경(茶經)』에 나오는 제다법을 재현한 다원은 어느 곳인가?
① 대한다업   ② 보향다원
③ 반야다원   ④ 은곡다원

■ ③

09

다음 중 한국 차 생산지 제주에 대한 설명으로 틀린 것은?
① 물이 잘 투과되는 현무암과 깨끗한 화산 암반수 덕분에 계단식으로 재배하고 있다.
② 2001년부터 감귤나무를 벌목하고 차나무를 심는 것을 장려하였다.
③ 보성, 하동과는 달리 다양한 차나무 품종들이 있다.
④ 화산섬으로 차나무가 자라는 데 꼭 필요한 유기물질이 충분하다.

① 물이 잘 투과되는 현무암과 깨끗한 화산 암반수 덕분에 계단식이 아닌 평지에 재배되고 있다.

■ ①

10 ★★
다음 중 한국의 제주도에 속한 다원이 아닌 곳은?
① 송낭다원　　　　　　　　② 명인다원
③ 서귀다원　　　　　　　　④ 서광다원

② 명인다원은 하동에 위치한 다원이다.

▪②

11 ★★
다음 제주의 차 생산지 중 2012년 중국 항주(杭州) 절강수인대학(浙江樹人大學)에서 개최한 국제명차 품평대회에서 '송천 금설 명차'로 대상과 함께 금상에 선정된 다원은?
① 송낭다원　　　　　　　　② 서광다원
③ 서귀다원　　　　　　　　④ 오늘은 다원

▪①

12 ★★
다음 중 일본차에 대한 설명으로 틀린 것은?
① 일본의 차 산업은 9세기 초 일본 혼슈(本州) 교토부(京都府)에 있는 우지(宇治) 지역에 전래되었다.
② 1,200년 동안 어느 나라의 영향을 받지 않고 독자적인 차 문화와 제다기술을 발전시켜왔다.
③ '파도치는 녹차나무의 부드러운 물결'이라고 불릴 만큼 녹차를 주로 생산하고 있다.
④ 차나무 재배지는 따뜻한 기후에 비가 많이 온다.

② 일본의 맛차(抹茶)는 중국 송나라 시대의 점다법을 발전시킨 것이다.

▪②

13 ★★
다음 중 일본에서 생산되는 차가 아닌 것은?
① 교쿠로차(玉露茶)　　　　② 텐차(碾茶)
③ 센차(煎茶)　　　　　　　④ 팽풍차(膨風茶)

④ 팽풍차(膨風茶)는 대만에서 생산되는 차로써 동방미인, 백호오룡이라고도 불려진다.

▪④

★★ 14

다음 일본에서 생산되는 차 중 가장 대중적인 차는 무엇인가?

① 교쿠로차(玉露茶)
② 텐차(碾茶)
③ 센차(煎茶)
④ 겐마이차(玄米茶)

■ ③

★★★ 15

다음 중 일본의 센차(煎茶)와 관련된 설명으로 틀린 것은?

① 센차는 일본에서 가장 대중적인 차로 일본 녹차의 약 80%를 차지한다.
② 센차는 다양한 품질로 제조된다.
③ 센차는 증기로 찐 후에 바늘모양으로 유념한다.
④ 센차는 홍차(紅茶)로 만들어지는 경우도 있다.

④ 센차는 전부 녹차(綠茶)로 만들어진다.

■ ④

★★★ 16

다음 중 일본의 반차(番茶)와 관련된 설명 중 틀린 것은?

① 반차는 '늦수확'이라는 의미를 지니고 있다.
② 반차는 어린 싹으로만 만들어진다.
③ 반차를 볶으면 '호우지차(焙じ茶)'가 된다.
④ 반차는 센차(煎茶)에서 가장 품질이 낮은 차다.

② 반차(番茶)는 줄기와 붉은 잎자루를 포함한 크고 단단한 찻잎으로 만들어진다.

■ ②

★★★ 17

다음 일본에서 생산되는 차 중에서 중국에서 송(宋)나라시대의 점다법(點茶法)을 발전시킨 차로써 일본 다도의 중심을 이루는 차는 무엇인가?

① 교쿠로차(玉露茶)
② 말차(抹茶)
③ 센차(煎茶)
④ 겐마이차(玄米茶)

■ ②

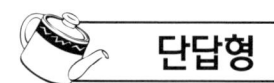

★ 01

한국의 대표적인 명차 생산지 하동은 차의 시배지이면서 (　　　　)이라는 명성을 가지고 있다. (　) 안에 들어갈 정답은 무엇인가?

■ 야생차의 고장

★ 02

하동 쌍계제다의 김동곤 명인은 2006년 (　　　　) 명인으로 지정되어 한국 최고의 수제 녹차를 만들고 있다. (　) 안에 들어갈 정답은 무엇인가?

■ 우전차(雨前茶)

★ 03

제주 송낭다원은 2012년 중국 항주(杭州) 절강수인대학(浙江樹人大學)에서 개최한 국제명차품평대회에서 (　　　　)로 대상을 받아 세계적으로 한국 차를 알리는 계기가 되었다. (　) 안에 들어갈 정답은 무엇인가?

■ 송천 금설 명차

★★ 04

일본의 반차(番茶 : 번차)는 센차(煎茶) 중에서 가장 낮은 품질의 차로써, 볶게 되면 (　　　　)가 된다. (　) 안에 들어갈 정답은 무엇인가?

■ 호우지차(焙じ茶)

★★
05

일본의 맛차(抹茶 : 말차)를 마실 때 물과 잘 섞이게 하며 거품을 내주는 역할을 하는 차도구는 무엇인가?

■ 차선(茶筅)

★★★
06

교토(京都)는 일본 차 생산량의 3%를 차지하고 있는 작은 차산지이지만, 일본차의 발원지로 남서부의 (　　　　)마을이 최고 품질의 차를 생산하고 있다. (　　) 안에 들어갈 정답은 무엇인가?

■ 우지(宇治)

★★★
07

반차(番茶)는 '(　　　　　)'이라는 의미를 가지고 있으며, 크고 단단한 찻잎으로 만들어 센차(煎茶) 중 가장 낮은 품질의 차다. (　　) 안에 들어갈 정답은 무엇인가?

■ 늦수확

★★★
08

겐마이차(玄米茶)는 반차에 볶은 옥수수와 (　　　　　　)을 넣어 풍부한 향미를 더한다. (　　) 안에 들어갈 정답은 무엇인가?

■ 현미 낟알

서술형

★ 01
한국 하동의 차 재배지 떼루아(terroir)인 해발, 토양, 연평균 강수량, 연평균 기온 등에 대해 설명하시오.

하동의 차 재배지는 지리산 해발 200~1,500m 사이에 차나무 밭이 분포되어 일교차가 심하고 안개가 자욱한 산자락이 일조량을 조절하여 찻잎에 맛과 향을 더해주고 있다. 토양은 유기부식토가 풍부한 사질토양이고, 연평균 강수량은 1,538mm이며, 연평균 기온은 13.8℃로 차나무의 재배환경으로 매우 좋다.

★★ 02
제주도의 '송낭다원'에 대하여 설명하시오.

제주도의 녹차역사를 만든 김춘택 사장이 운영하는 다원으로 1998년 제주도 최초로 차나무 묘목을 심었다. 제주산 1호 녹차품종인 '금설'은 제주도농업기술원이 1998년부터 제주녹차의 국산화를 위해 육성한 품종이며, 2012년 5월 국립종자원에 품종보호출원을 완료했다. 2012년 중국 항주 절강수인대학(浙江樹人大學)에서 열린 제9회 국제명차품평대회에서 '송낭다원'의 김춘택 사장이 출품한 '금설'은 한국에서 유일하게 대상과 금상을 동시에 석권했다.

★★★ 03
일본의 교쿠로차(玉露茶)에 대해 설명하시오.

교쿠로차(玉露茶 : 옥로차)는 최상급의 차를 생산하기 위해 5월 초부터 약 20일 동안 차나무의 90%를 그늘진 차광막 속에서 재배한다. 차광막으로 빛을 차단하면 찻잎 속의 클로로필(chlorophyll : 엽록소) 함유량이 많아지면서 더 짙은 녹색을 띠고, 타닌 성분이 줄어들기 때문에 맛이 더욱 달콤하고 부드러워진다. 향미를 유지하고 발효를 억제하기 위해 증기를 쐬어 살청하고, 뜨거운 공기로 부풀리게 한 후 압축 건조시켜 바늘모양으로 유념한다. 일본 녹차 중에서 최고급품으로 손님을 접대할 때 애용되며, 가볍고 부드러운 감칠맛과 비단 같은 감촉, 섬세한 우유, 호박, 버터, 장미, 식물향 등으로 신선하고 미묘한 향기를 낸다. 끓인 물을 50~60℃ 사이로 식힌 후 1분 30초에서 2분간 찻잎을 담가둔 후 마신다.

05 인도 / 06 스리랑카

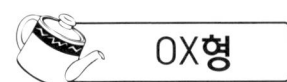 OX형

★ 01
영국의 식물학자 조지프 뱅크스(Joseph Banks)는 1778년 인도 북부 지역에서 차가 재배될 수 있다는 자신의 주장을 영국 동인도회사에 전달했다.

■ ○

★ 02
1823년 동인도회사의 군인이었던 로버트 부르스 소령이 아삼(Assam) 지역에서 야생 차나무를 처음 발견했다.

■ ○

★ 03
인도 아삼(Assam) 지역에서 발견된 아삼 대엽종 야생 차나무는 기존의 중국종과 같은 차나무이다.

아삼(Assam) 대엽종 야생 차나무는 기존의 중국종과 완전히 다르다.

■ X

★ 04
인도 아삼(Assam) 지역의 전통방식인 CTC(Crush, Tear, Curl)는 중국으로부터 전수받은 기술이다.

CTC는 현재 전 세계 홍차의 90%를 차지하며, 인도에서 개발된 제다기술이다.

■ X

★ 05
인도 아삼(Assam)차의 대부분을 생산하는 CTC(Crush, Tear, Curl) 홍차는 짧은 위조와 산화의 결과로 향보다 강하고 떫은맛이 특징이다.

■ ○

★ 06
아삼(Assam)은 세계에서 2번째 규모의 홍차(紅茶) 생산지역이다.

아삼은 세계에서 가장 큰 홍차 생산지역이다.

■ X

★ 07
인도 다즐링(Darjeeling) 지역은 청정의 자연환경 속에서 중국 차나무로 만든 홍차(紅茶)를 생산하고 있다.

■ ○

★ 08
1830년대 중반 인도 다즐링(Darjeeling) 지역에 책임자로 온 영국인 캠벨 박사는 영국 군인들을 위한 휴양지를 건설함과 동시에, 차나무를 시험 재배하는 데도 성공했다.

■ ○

★ 09
인도 다즐링(Darjeeling) 지역의 연간 차 생산량은 약 1만 톤 정도로 인도에서 가장 많은 양을 생산하고 있다.

인도 다즐링(Darjeeling) 지역은 연간 차 생산량이 약 1만 톤 정도로, 인도 전체 생산량의 1%에도 못 미치는 양이다.

■ X

★★
10

인도 다즐링(Darjeeling)의 세컨드 플러시(Second flush)는 긴 산화로 인해 익은 과일의 맛과 향을 내며 대표적으로 무스카텔(Muscatel) 향이 난다.

▪ ○

★★
11

인도 닐기리(Nilgiri)는 고지대이면서 쭉쭉 뻗은 나무들로 이뤄진 밀림 사이에 개척한 다원들이 펼쳐져 있다.

▪ ○

★★
12

인도 닐기리(Nilgiri)에서 현재 쓰이는 차나무 품종의 80%가 중국종이다.

인도 닐기리(Nilgiri)에서 현재 쓰이는 차나무 품종의 80%가 아삼(Assam)종이다.

▪ X

★★
13

인도 닐기리 홍차(Nilgiri Black Tea)는 백탁현상(cream down)이 나타나 아이스티로 먹지 않는다.

인도 닐기리 홍차(Nilgiri Black Tea)는 백탁현상(cream down)이 없어 아이스티로 즐겨 마신다. 백탁현상은 우려진 차가 식으면서 뿌옇게 되는 현상으로 특히 아이스티를 만들 때 자주 나타난다.

▪ X

★★
14

인도에 있는 6개의 티 옥션(Tea auction) 중 코임바토르(Coimbatore), 쿠누르(Coonoor), 코친(Cochin) 3개가 닐기리(Nilgiri) 지역에 집중되어 있다.

▪ ○

★★
15
실론(Ceylon)은 스리랑카의 옛 이름이며, 실론티(Ceylon tea)는 스리랑카 홍차(紅茶)를 뜻한다.

■ ○

★★
16
스리랑카는 1869년 시작된 커피나무병으로 인해 커피농장이 1875년에 초토화되어 차나무를 재배하게 되었다.

■ ○

★★
17
스리랑카의 대표적인 차산지는 우바(Uva), 누와라 엘리야(Nuwara Eliya), 다즐링(Darjeeling) 등이다.

스리랑카의 대표적인 차산지는 우바(Uva), 누와라엘리야(Nuwara Eliya) 딤블라(Dimbula), 캔디(Kandy) 등이다. 다즐링(Darjeeling)은 인도의 대표적인 차 생산지이다.

■ X

★★★
18
스리랑카는 차 생산국 중에서는 드물게 1년에 두 번 찻잎이 채집되고 가공된다.

스리랑카는 차 생산국 중에서는 드물게 1년 내내 찻잎이 채집되고 가공된다.

■ X

★★★
19
스리랑카의 차 재배지는 1,200m 이상의 하이 그론(high grown), 600~1,200m의 미드 그론(mid grown), 600m 이하의 로우 그론(low grown)지역으로 구분된다.

■ ○

★★★ 20

스리랑카는 티백이나 아이스티 블랜딩(Ice Tea Blending)에 주로 쓰이는 CTC(Crush, Tear, Curl) 생산이 주를 이룬다.

스리랑카는 1993년 정부의 지원 아래 CTC 생산으로 전환을 시도했으나 실패하고, 다시 정통 차 생산으로 돌아왔다.

■ X

★★★ 21

스리랑카에서 생산된 정통 홍차(紅茶)의 수출은 세계 1위이다.

■ ○

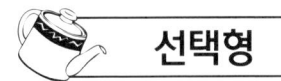 선택형

★ 01

다음의 인도 차에 대한 설명 중 틀린 것은?
① 식물학자 로버트 포춘(Robert Fortune)은 선교사로 변장해 중국에 가서 차나무 묘목과 제다기술을 가져왔다.
② 1859년 히말라야 산기슭에 있는 다즐링(Darjeeling) 지역에서도 차 재배가 성공하였다.
③ 세계 최대 홍차 수출 국가로써 세계 홍차 생산량의 35%를 차지하고 있다.
④ 최근 유기농법을 이용한 유기농 차 생산시스템을 운영하고 있다.

① 식물학자 로버트 포춘(Robert Fortune)은 차 무역상으로 변장해 중국에 가서 차나무 묘목과 제다기술을 가져왔다.

■ ①

★ 02

차의 품질을 결정하는 지리적인 요소, 기후요소, 차나무 재배법 등을 포괄하는 용어인 '떼루아(terroir)'에 들어가지 않는 요인은?
① 토양　　　　　　　　　　　② 강수량
③ 인구 수　　　　　　　　　　④ 태양

③ '떼루아(terroir)'에는 토양, 강수량, 태양, 바람, 경사, 관개, 배수 등이 포함된다. 인구수는 포함되지 않는다.

■ ③

03

다음 중 세계 3대 홍차(紅茶)가 아닌 것은?

① 인도 다즐링(Darjeeling) ② 스리랑카 우바(Uva)
③ 중국 기문(祁門) ④ 인도네시아 타룬(Taloon)

④ 세계 3대 홍차는 인도 다즐링(Darjeeling), 스리랑카 우바(Uva), 중국 기문이다.

■ ④

04

다음 중 인도의 대표적인 차 생산지가 아닌 것은?

① 다즐링(Darjeeling) ② 아삼(Assam)
③ 기문(祁門) ④ 닐기리(Nilgiri)

③ 기문(祁門)은 중국의 대표적인 홍차 생산지이다.

■ ③

05

다음 중에 단일 산지(Single – Origin)의 홍차(紅茶)가 아닌 것은?

① 인도 시킴(Sikkim)
② 스리랑카 누와라 엘리야(Nuwara Eliya)
③ 웨딩 임페리얼(Wedding Imperial)
④ 인도네시아 건눙 로사(Gunung Rosa)

③ 웨딩 임페리얼(Wedding Imperial)은 프랑스 차 회사 마리아쥬 프레르(Mariage Freres)에서 나오는 블랜딩(Blending) 홍차이다.

■ ③

06

다음 중 인도 아삼(Assam)에 관한 설명 중 틀린 것은?

① 몬순시기에는 하루 최대 250~300mm 정도의 많은 비가 내린다.
② 1년에 2회 찻잎을 채집한다.
③ 향이 강하고 진하며, 맥아향의 잎차형 홍차를 주로 생산한다.
④ 녹차의 생산량은 단 1%에 그친다.

아삼(Assam)은 1년에 4번 찻잎을 채집한다.

■ ②

07
다음의 인도 아삼(Assam)차와 관련된 설명 중 틀린 것은?
① 첫물 차(1st flush)는 3월에 8~10주 동안 채엽하며, 바몬푸크리(Bamonpookri) 홍차가 유명하다.
② 두물 차(2nd flush)는 6월에 시작하여 7~9월에 절정을 이루며 나푹(Napuk), 소유라(Thowra) 홍차가 유명하다.
③ 아삼 녹차 중에는 곤개(Khongea) 차가 유명하다.
④ 아삼 곤개(Khongea) 지역의 녹차는 큰 잎으로 만드는 게 특징이다.

④ 아삼 곤개(Khongea) 지역의 녹차는 어린잎을 채집하여 제다하기 때문에 밝은 금색에 향기롭고 달콤한 맛을 가지고 있다.

■④

08
다음 중 인도 아삼(Assam) 지역의 차가 아닌 것은?
① 블룸필드(Bloomfiled) ② 바몬푸크리(Bamonpookri)
③ 나푹(Napuk) ④ 소유라(Thowra)

① 블룸필드(Bloomfiled)는 인도 다즐링(Darjeeling) 지역이다.

■①

09
다음 중 인도 아삼(Assam) 지역의 차가 아닌 것은?
① 오랑가줄리(Orangajuli) ② 하무티(Harmutty)
③ 정파나(Jungpana) ④ 망갈람(Mangalam)

③ 정파나(Jungpana) 다원은 인도 다즐링(Darjeeling) 남 쿠르세옹 지역에 속해있는 다원이다.

■③

10
다음 중 인도 아삼(Assam) 지역의 차가 아닌 것은?
① 굼티(Goomtee) ② 누말리거(Numalighur)
③ 디콤(Dikom) ④ 할마리(Halmari)

① 굼티(Goomtee) 다원은 인도 다즐링(Darjeeling) 남 쿠르세옹 지역에 속해있는 다원이다.

■①

★★ 11

다음 중 인도 아삼(Assam) 지역의 차가 아닌 것은?

① 두무르 둘롱(Doomur Dullong)

② 모칼바리(Mokalbari)

③ 마가렛 호프(Margaret's Hope)

② 하무티(Harmutty)

③ 마가렛 호프(Margaret's Hope) 다원은 인도 다즐링(Darjeeling) 북 쿠르세옹 지역에 속해있는 다원이다.

■ ③

★★ 12

다음 중 인도 다즐링(Darjeeling) 차와 관련된 설명이 아닌 것은?

① 첫물차(1st flush)는 4월에 채엽하며, 캐슬튼(Castleton)과 블룸필드(Bloomfiled) 차가 유명하다.

② 두물차(2nd flush)는 5~6월에 채엽하며, 남링(Namring)과 푸타봉(Puttabong) 차가 유명하다.

③ 중간차는 7월에서 8월에 채엽하며, 싱글 에스테이트(Single estate)가 유명하다.

④ 가을차는 10~11월에 채엽하며, 마가렛 호프(Margaret's Hope) 지역이 유명하다.

③ 최근 가을차는 싱글 에스테이트(Single estate) 혹은 빈티지 홍차를 생산하면서 품질 면에서 차별화를 꾀하고 있다.

■ ③

★★ 13

다음 중 인도 다즐링(Darjeeling) 지역의 차가 아닌 것은?

① 블룸필드(Bloomfiled)

② 캐슬턴(Castleton)

③ 마가렛 호프(Margaret's Hope)

④ 소유라(Thowra)

④ 소유라(Thowra) 지역은 인도 아삼(Assam) 지역이다.

■ ④

★★ 14
다음 중 인도 다즐링(Darjeeling) 지역의 차가 아닌 것은?
① 오렌지 밸리(Orange Valley)   ② 해피 밸리(Happy Valley)
③ 캐슬턴(Castleton)   ④ 하무티(Harmutty)

④ 하무티(Harmutty) 다원은 인도 아삼(Assam) 지역에 속해있는 다원이다.

■ ④

★★ 15
다음 중 인도 다즐링(Darjeeling) 지역의 차가 아닌 것은?
① 망갈람(Mangalam)   ② 굼티(Goomtee)
③ 정파나(Jungpana)   ④ 사마비옹(Samabeong)

① 망갈람(Mangalam) 다원은 인도 아삼(Assam) 지역에 속해있는 다원이다.

■ ①

★★ 16
다음 중 인도 다즐링(Darjeeling) 지역의 차가 아닌 것은?
① 싱불리(Singbulli)   ② 해피 밸리(Happy Valley)
③ 누말리거(Numalighur)   ④ 남링(Namring)

③ 누말리거(Numalighur) 다원은 인도 아삼(Assam) 지역에 속해있는 다원이다.

■ ③

★★ 17
다음 중 인도 아삼(Assam) 지역의 대표적인 녹차(綠茶) 생산지는?
① 남링(Namring)   ② 곤개(Khongea)
③ 푸타봉(Puttabong)   ④ 바몬푸크리(Bamonpookri)

② 곤개(Khongea)는 인도 아삼(Assam)의 대표적인 녹차생산지이다.

■ ②

★★ 18

다음 중 인도 다즐링(Darjeeling) 지역의 대표적인 녹차(綠茶) 생산지는?

① 블룸필드(Bloomfiled) ② 아이라(Ayra)
③ 마가렛 호프(Margaret's Hope) ④ 소유라(Thowra)

② 아이라(Ayra)는 인도 다즐링(Darjeeling)의 대표적인 녹차생산지이다.

■②

★★ 19

다음 중 인도 닐기리(Nilgiri) 지역의 차가 아닌 것은?

① 하부칼(Havukal) ② 글렌달레(Glendale)
③ 논서치(Nunsuch) ④ 남링(Namring)

④ 남링(Namring) 다원은 인도 다즐링(Darjeeling) 지역에 속해있는 다원이다.

■④

★★ 20

다음 중 인도 닐기리(Nilgiri) 지역의 차는?

① 하부칼(Havukal) ② 마가렛 호프(Margaret's Hope)
③ 정파나(Jungpana) ④ 하무티(Harmutty)

마가렛 호프(Margaret's Hope), 정파나(Jungpana)는 인도 다즐링(Darjeeling) 지역에 속해있는 다원이고, 하무티(Harmutty)는 인도 아삼(Assam) 지역에 속해있는 다원이다.

■①

★★★ 21

다음의 스리랑카 차에 관한 설명 중 틀린 것은?

① 홍차의 세계에서 인도와 양대 산맥을 이루고 있다.
② 실론(Ceylon)은 스리랑카의 옛 이름이며, 실론에서 생산되는 차를 실론티(Ceylon Tea)라고 불렀 다.
③ CTC가 아닌 정통식 홍차를 주로 만든다.
④ 커피녹병균에 의한 피해에서 자유로운 곳이기 때문에 커피와 함께 재배한다.

④ 1869년 커피녹병균으로 커피나무가 황폐화되면서 그에 대한 대안으로 차나무를 재배하게 되었다.

■④

★★★ 22

다음 중 스리랑카 차에 관한 설명이 아닌 것은?

① 스리랑카는 차 생산국 중에서는 드물게 1년 내내 찻잎을 채집하고 가공한다.
② 스리랑카는 티백이나 아이스티 블랜딩((Ice Tea Blending)에 주로 쓰이는 CTC(Crush, Tear, Curl) 생산이 주를 이룬다.
③ 스리랑카는 1,200m 이상의 하이 그론(high grown), 600~1,200m의 미드 그론(mid grown), 600m 이하의 로우 그론(low grown), 3지역으로 구분한다.
④ 스리랑카에서 생산된 정통 홍차의 수출은 세계 1위이다.

② 1993년 정부 지원 아래 CTC로 전환을 시도했으나 실패하고 다시 정통 차 생산으로 돌아왔다.

■ ②

★★★ 23

다음 중 스리랑카 차의 고도에 따른 특징이 아닌 것은?

① 하이 그론(high grown) 티는 1,200~2,000m 고도로 차의 품질이 가장 좋으며, 농축된 향기를 갖는다.
② 미드 그론(mid grown) 티는 600~1,200m 고도로 향뿐만 아니라 깨끗하고 기분 좋은 맛이 특징이다.
③ 로우 그론(low grown) 티는 600m 이하 고도로 맛보다 향에 중점을 두고 차를 만든다.
④ 최근 600m 이하의 로우 그론(low grown) 티들의 품질이 개선되면서 독자적인 특징을 갖기 시작했다.

③ 로우 그론 티는 입안에서의 바디감이 특징이며, 하이 그론(high grown) 티와 미드 그론 티에 비해 강한 강도와 무게감을 갖는다.

■ ③

★★★ 24

다음 중 스리랑카의 대표적인 차 생산지가 아닌 것은?

① 누와라 엘리야(Nuwara Eliya)
② 우바(Uva)
③ 닐기리(Nilgiri)
④ 딤블라(Dimbula)

③ 닐기리(Nilgiri)는 인도의 대표적인 차 생산지이다.

■ ③

★★★ 25

다음 중 스리랑카의 대표적인 고지대 차산지가 아닌 것은?

① 우바(Uva)
② 갈레(Galle)
③ 누와라 엘리야(Nuwara Eliya)
④ 딤블라(Dimbula)

② 갈레(Galle)는 스리랑카의 대표적인 저지대 차 생산지이다.

■ ②

★★★ 26

다음 중 스리랑카 우바(Uva)의 대표적인 향미는?

① 민트향
② 삼나무향
③ 바나나향
④ 장미꽃향

① 차분하면서 은은한 민트향은 우바(Uva)를 대표하는 특징이다.

■ ①

★★★ 27

다음 중 스리랑카의 대표적인 중지대 차산지는?

① 케닐워스(Kenilworth)
② 라트나푸라(Ratnapura)
③ 누와라엘리야(Nuwara Eliya)
④ 우바(Uva)

라트나푸라(Ratnapura)는 대표적인 저지대 차산지이고, 누와라엘리야(Nuwara Eliya), 우바(Uva)는 대표적인 고지대 차산지이다.

■ ①

★★★ 28

다음 중 스리랑카의 대표적인 저지대 차산지가 아닌 것은?

① 갈레(Galle)
② 루후나(Ruhuna)
③ 라트나푸라(Ratnapura)
④ 다즐링(Darjeeling)

④ 다즐링(Darjeeling)은 인도의 대표적인 차 생산지이다.

■ ④

29 ★★★

다음 중 스리랑카 누와라 엘리야(Nuwara Eliya)의 대표적인 다원이 아닌 것은?

① 맥우즈(Mackwoods)
② 굼티(Goomtee)
③ 페드로(Pedro)
④ 러버스 리프(Lover's leap)

② 굼티(Goomtee)는 인도 다즐링(Darjeeling)의 대표적인 다원이다.

■ ②

 단답형

01 ★

인도 3대 홍차 생산지는 아삼(Assam), (　　　　), 닐기리(Nilgiri)이며, 지역마다 기후와 토양이 달라서 각기 특색 있는 홍차를 생산하고 있다. (　) 안에 들어갈 정답은 무엇인가?

■ 다즐링(Darjeeling)

02 ★★

인도의 대표적인 홍차 생산지로 진한 몰트향이 특징이며, 주로 CTC 제다방법으로 만드는 지역은?

■ 아삼(Assam)

03 ★★

1839년 런던 옥션에서 야생의 아삼(Assam) 홍차가 인정받고 유명세를 얻으면서 생긴 별명은 무엇인가?

■ 대영제국홍차(The British Empire Tea)

★★
04

인도 아삼(Assam)에서 생산되는 차의 80~90%를 차지하며, 우유와 향신료를 첨가한 밀크티(milk tea)를 만드는 데 주재료로 쓰이는 홍차의 형태는?

▪ CTC

★★
05

인도 다즐링(Darjeeling)을 널리 알린 대표적인 향으로, 주로 세컨드 플러시(Second flush)에서 나타나는 향은?

▪ 무스카텔(Muscatel)향 또는 머스켓 포도(Musket grapes)향

★★
06

인도 다즐링(Darjeeling) 차는 포도품종 중 은은한 머스켓(Musket) 향과 단맛을 가져 (   )으로 불린다. (   ) 안에 들어갈 정답은 무엇인가?

▪ 차의 샴페인(Champagne)

★★
07

인도 다즐링에서 녹차(綠茶)를 주로 생산하는 다원으로, 일본의 센차(煎茶) 같이 부드러우면서 기분을 전환시키는 매력이 있는 차를 생산하는 곳은?

▪ 아이라(Ayra)

★★
08

스리랑카는 1869년 (   )로 인해 커피나무가 황폐화되면서 그 대안으로 차나무를 재배하게 되었다. (   ) 안에 들어갈 정답은 무엇인가?

▪ 커피녹병균

★★ 09

스리랑카의 홍차 중에서 같은 고도에 있는 지역이라도 특별히 좋은 품질을 산출하는 시기가 있는데, 이때 생산된 차를 무엇이라 하는가?

시즈널 퀄리티(Seasonal Quality)는 그 시기 그 지역만의 독특한 온도, 습도, 바람과 같은 기후의 영향을 받는다.

■ 시즈널 퀄리티(Seasonal Quality)

★★ 10

스리랑카에서 고품질을 생산하는 지역으로 해발 1,200~2,000m에서 생산되는 차를 무엇이라 하는가?

■ 하이 그로운 티(high grown tea : 고지대 차)

★★ 11

스리랑카 우바(Uva)의 대표적인 향미 특징은?

■ 민트(Mint)향

★★★ 12

닐기리(Nilgiri)는 인도 제 2의 차 생산지로 유명하며, 현지어로 (   )이라는 뜻을 가지고 있다. (   ) 안에 들어갈 정답은 무엇인가?

■ 푸른 산(Blue Mountain)

★★★ 13

인도 닐기리(Nilgiri) 남쪽 지역이면서 케랄라(Kerala) 주에 위치한 대규모의 차 재배 지역으로, 영화 '라이프 오브 파이(Life of Pie)'에서 주인공이 어릴 적을 회상할 때 나오는 차밭으로 유명한 지역은?

■ 무나르(Munnar)

★★★ 14

인도 닐기리(Nilgiri) 홍차는 차가 식을 때 뿌옇게 변하는 (　　　　　)이 나타나지 않아 아이스티로 즐겨 마신다. (　) 안에 들어갈 정답은 무엇인가?

▪ 백탁현상(cream down)

★★★ 15

인도의 작은 주로 다즐링(Darjeeling)과 유사한 특성을 가지고 있으며, 더 진하고 풍부한 과일향과 맛이 나는 차를 생산하는 지역이다. 고품질인 테미 차(Temi tea)가 유명한 이 지역은?

▪ 시킴(Sikkim)

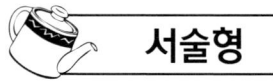

★ 01

인도 아삼(Assam) 차 생산지에 대해 설명하시오.

아삼(Assam)은 세계에서 가장 큰 홍차 생산지역으로 인도 차 생산의 1/2을 차지하고 있다. 1839년 런던 옥션에서 야생의 아삼 홍차가 인정받으면서 유명세를 타게 되었고, '대영제국홍차(The British Empire Tea)'라는 명칭을 얻게 되었다. 1년에 4회 정도 찻잎을 채집하고, 7~9월 사이에 주로 차를 생산하며 강하고 진한 몰트향이 특징이다. 차 생산량의 80~90%가 CTC 제다 방법이고, 대표적인 다원으로는 오랑가줄리(Orangajuli), 하무티(Harmutty), 망갈람(Mangalam), 누말리거(Numalighur), 디콤(Dikom), 할마리(Halmari) 등이 있다.

★ 02

인도 다즐링(Darjeeling) 차 생산지에 대해 설명하시오.

다즐링(Darjeeling)은 인도 북동쪽 히말라야 산맥의 산기슭 해발 약 1,829~2,300m에 위치하며, 청정의 자연환경 속에서 중국종과 아삼종 차나무로 만든 홍차를 생산하고 있다. 인도 전체 생산량의 1% 밖에 안 되지만, 최고급 품질의 차를 생산하고 있다. 포도품종 중 무스카트(Muscat) 향과 단맛이 특징으로 '홍차의 샴페인(Champagne)'으로 불리며, 대표적인 다원으로는 마가렛 호프(Margaret's Hope), 캐슬턴(Castleton), 굼티(Goomtee), 정파나(Jungpana), 사마비옹(Samabeong), 싱불리(Singbulli), 해피 밸리(Happy Valley), 남링(Namring), 오렌지 밸리(Orange Valley) 등이 있다.

03

인도 다즐링(Darjeeling)에서 생산되는 차의 등급 중 SFTGFOP에 대해 설명하시오.

S(Special)는 특별한 것, F(Finest)는 고급, T(Tippy)는 끝부분의 어린 새싹, GFOP(Golden Flowery Orange Pekoe)는 이른 시기에 채엽한 갓 돋아난 새싹 끝부분이 황금색을 갖고 있음을 의미하여, 스페셜 파이니스트 골든 플라워리 오렌지 페코 (Special Finest Tippy Golden Flowery Orange Pekoe : SFTGFOP)는 FOP 중에 최상급의 차를 말한다.

04

스리랑카(Sri Lanka) 차 생산지에 대해 설명하시오.

스리랑카(Sri Lanka)는 홍차의 세계에서 인도와 양대 산맥을 이루고 있다. 세계 3위의 차 생산국으로 수출은 1~2위를 다투며, 정통홍차의 생산량은 세계 1위이다. 실론(Ceylon)은 스리랑카의 옛 이름이며, 실론에서 나오는 홍차를 실론티(Ceylon Tea)라고 불렀다. 1869년 커피녹병균으로 커피농장이 황폐화되면서 그 대안으로 차나무를 심는 계기가 되었다. 차 상산지를 해발에 따라 구분하기도 하는데, 해발 1,200m 이상의 하이 그론(high grown) 홍차는 가장 품질이 우수하고 아름다운 금빛, 강하고 풍부한 향과 맛이 우러나며, 대표 산지는 누와라엘리야(Nuwara Eliya), 우바(Uva), 딤블라(Dimbula) 등이 있다. 600~1,200m 미드 그론(mid grown) 홍차는 맛이 풍부하고 좋은 빛깔을 띠는데, 대표 산지는 딤블라(Dimbula), 캔디(Kandy)가 있으며 600m 이하 로우 그론(low grown) 홍차는 품질이 떨어져 블랜딩에 사용되며 루후나(Ruhuna), 갈레(Galle), 라트나푸라(Ratnapura) 등이 대표 산지이다.

05

스리랑카에서 생산되는 차의 등급 중 FBOPF에 대해 설명하시오.

FOP(Flowery Orange Pekoe)는 차나무 맨 위쪽 이른 시기에 갓 돋아난 새싹을 채엽한 것이고, B(Broken)는 2~3cm로 가늘게 잘려진 잎을 의미하며, F(Fannings or Finest)는 가루 혹은 최상급을 뜻한다. 따라서 플라워리 브로큰 오렌지 페코 패닝 (Flowery Broken Orange Pekoe Fannings : FBOPF)은 FOP를 잘게 잘라서 가루로 만든 차를 의미한다. 스리랑카에서는 FOP급 찻잎이라도 로터베인으로 분쇄해서 처음부터 홀리프(Whole Leaf : 통찻잎)를 포기하고 FBOP급을 생산하는 경우가 많은데, 이는 스리랑카 홍차의 품종이나 떼루아의 특성상 홀리프보다는 브로큰(Broken) 등급일 때 향과 맛이 더 뛰어나 인도와 영국의 분류체계와는 다른 의미를 갖는다.

06

스리랑카 차 생산지를 해발에 따른 분류와 대표적인 지역을 나열하시오.

하이 그론(high grown : 1,200m 이상) – 누와라엘리야(Nuwara Eliya), 우바(Uva), 딤블라(Dimbula)
미드 그론(mid grown : 600~1,200m) – 딤블라(Dimbula), 캔디(Kanndy)
로우 그론(low grown : 600m 이하) – 루후나(Ruhuna), 갈레(Galle), 라트나푸라(Ratnapura)

07 인도네시아 / 08 네팔 / 09 아프리카 / 10 오세아니아

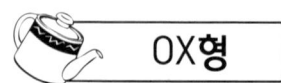 OX형

★ 01

인도네시아는 1872년 중국으로부터 중국종 차나무를 가져와서 재배한 후에 급속도로 생산량이 늘어났다.

인도네시아는 1872년 스리랑카로부터 아삼(Assam)종을 가져와서 차나무를 재배한 후에 급속도로 생산량이 늘어났다.

▪ X

★ 02

인도네시아의 자바(Java)섬은 스리랑카와 토질, 기후, 지형 등이 비슷하여 홍차도 스리랑카와 비슷한 맛과 향을 가진다.

▪ ○

★ 03

과거에는 오직 잎차형 홍차만 생산하였지만, 신속하게 우려내어 마실 수 있는 티백형 차의 수요증가로 인해 생산자들은 CTC 제다방법 생산에 주력하고 있다.

▪ ○

★ 04

네팔(Nepal)은 고산지대에서 품질 좋은 차를 생산하여 국제적으로 인정을 받고 있다.

▪ ○

★★ 05

네팔은 인도의 다즐링(Darjeeling) 접경지대에서 주로 생산되기 때문에 인도의 다즐링 홍차로 오해받는 경우도 있다.

▪ ○

★★
06
네팔의 단쿠타(Dhankuta) 지역은 해발 1,200~2,200m의 고산지대에 위치하며, 자연친화적인 농법을 이용한 고품질의 차를 생산한다.

■ ○

★
07
아프리카는 정통적인 방법을 고집하며, 정통홍차를 주로 생산한다.

아프리카는 카메룬, 케냐, 말라위, 남아공, 탄자니아가 주 차 생산국이며, CTC를 주로 생산한다.

■ X

★★
08
아프리카는 커피녹병균으로 인해 커피나무가 황폐화되어 차나무를 심는 계기가 마련되었다.

커피녹병균으로 인해 커피나무가 황폐화되어 차나무를 심은 나라는 스리랑카이며, 아프리카는 대부분 커피와 차나무를 같이 재배한다.

■ X

★
09
오세아니아에서는 호주와 파푸아뉴기니에서 차를 생산한다.

■ ○

★★
10
호주는 영국의 오랜 식민지였기 때문에 자연스럽게 영국의 홍차 문화가 스며들었으며, 애프터눈 티(afternoon tea)를 즐기는 사람들이 많다.

■ ○

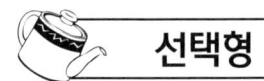 **선택형**

01
다음 중 인도네시아에서 생산되는 차에 대한 설명이 아닌 것은?
① 인도, 스리랑카 홍차와 함께 제2차 세계대전까지 유럽과 영국시장을 점유했다.
② 2차 세계대전 당시 일본이 침략하면서 많은 차산지가 훼손되고 황폐해졌다.
③ 인도네시아의 자바(Java)섬은 토질, 기후, 지형 등이 인도와 비슷하여 인도 홍차와 비슷한 맛과 향을 가지고 있다.
④ 과거에는 오직 잎차형 홍차만을 생산하였지만 최근 CTC 생산에 집중해 수출중심무역을 하고 있다.

③ 인도네시아의 자바(Java)섬은 토질, 기후, 지형 등이 스리랑카와 비슷하여 스리랑카 홍차와 비슷한 맛과 향을 가지고 있다.

■ ③

02
다음 중 대표적인 인도네시아의 차 생산지가 아닌 것은?
① 우바(Uva)
② 건눙 로사(Gunung Rosa)
③ 타룬(Taloon)
④ 바 부통(Bah Butong)

① 우바(Uva)는 스리랑카에서 생산되는 차로써, 세계 3대 홍차에 속한다.

■ ①

03
다음 중 네팔(Nepal)에서 생산되는 차에 대한 설명이 아닌 것은?
① 고산지대에서 품질 좋은 차를 만들어 국제적으로 인정을 받고 있다.
② 1870년 당시 수상의 사위였던 가즈라즈 싱 타파(Gajraj Singh Thapa)가 인도 다즐링(Darjeeling) 차산지를 방문한 후에 수상을 설득하여, 네팔 동쪽에 차나무를 심은 것이 계기가 되었다.
③ 네팔에서 생산하는 모든 차는 전통적인 차 제조방식을 고집하고 있다.
④ 1997년부터 차 산업을 민영화하면서 급속도로 성장하였다.

③ 네팔에서는 CTC를 주로 생산하며, 생산지 중 1/6은 전통적인 차 제조방식을 고집하고 있다.

■ ③

04 ⭐⭐

다음 중 네팔(Nepal)의 대표적인 차 생산지가 아닌 것은?

① 테라이(Terai) ② 타룬(Taloon)
③ 일람(Ilam) ④ 단쿠타(Dhankuta)

② 타룬(Taloon)은 인도네시아의 차 생산지이다.

■②

05 ⭐⭐

다음 중 아프리카 카메룬(Cameroon)에서 생산되는 차에 대한 설명이 아닌 것은?

① 일반적인 홍차와 달리 다소 특이한 향과 맛을 갖고 있다.
② 톨레(Tole)와 엔두(Ndu) 지역을 중심으로 차 생산을 확대하고 있다.
③ 1957년에 해발 2,134m의 엔두(Ndu) 지역에 차나무를 심고 재배에 성공하였다.
④ 해발이 높아 고지대 차 생산만을 고집하고 있다.

④ 카메룬은 클론, 고지대 차, 저지대 차 등 다양한 종류의 차를 생산하며 이들 모두 품질이 우수하다.

■④

06 ⭐⭐

다음 중 카메룬(Cameroon)의 대표적인 차 생산지가 아닌 것은?

① 일람(Ilam) ② 톨레(Tole)
③ 엔두(Ndu) ④ 디주티트사 크로날(Djuttitsa Clonal)

① 일람(Ilam)은 대표적인 네팔의 차 생산지다.

■①

07 ⭐⭐

다음 중 아프리카 케냐(Kenya)에서 생산되는 차에 대한 설명이 아닌 것은?

① 주요 차 재배 지역들이 해발 1,524~2,743m의 고지대에 분포되어 있다.
② 1903년 림부루 지역에서 차나무를 재배하였고, 케리초(Kericho)와 난디(Nandi) 지역까지 확대되었다.
③ 전 세계 차 수출량의 20%를 차지하고 있다.
④ 생산된 차들은 대부분 미국으로 수출된다.

④ 케냐(Kenya) 차의 주요 소비국은 영국, 아일랜드, 독일, 캐나다, 네덜란드, 파키스탄, 일본, 이집트, 수단 등이다.

■④

08 ★★

다음 중 케냐(Kenya)의 대표적인 차 생산지가 아닌 것은?

① 엔두(Ndu) ② 림부루
③ 케리초(Kericho) ④ 난디(Nandi)

① 엔두(Ndu)는 대표적인 카메룬의 차 생산지다.

■ ①

09 ★★

다음 중 아프리카 말라위(Malawi)에서 생산되는 차에 대한 설명이 아닌 것은?

① 아프리카에서 케냐 다음으로 중요한 차 생산국이다.
② 1878년 스코틀랜드 에딘버드에 있는 로얄 보타닉 가든(Royal Botanic Garden)에서 차나무 씨앗을 가져다가 니아살랜드(Nyasaland)에 심고 재배하였다.
③ 케냐와 마찬가지로 대부분의 차산지가 고지대에 위치해 있다.
④ 생산되는 차의 대부분은 CTC방법으로 제조한 것이며, 다른 차들과의 블랜딩(Blending) 용도로 사용된다.

③ 차를 생산하는 다원들이 평균적으로 낮은 고도에 위치해 있다.

■ ③

10 ★★★

다음 중 남아프리카공화국에서 생산되는 차에 대한 설명이 아닌 것은?

① 영국 식민지였던 남아프리카공화국은 품질 좋은 홍차 생산국으로 알려져 있다.
② 1877년 상업적 경작을 위해 스리랑카에서부터 차나무 종자를 가져와 과주루-나탈(Kwazulu-Natal) 지역에 심어 재배했다.
③ 잉글랜드의 키 가든(Key Garden)에서 들어온 첫 번째 차나무 모종은 1850년 더반 보타니컬 가든(Durban Botanical Garden)에서 재배되었다.
④ '주루(Zulu)' 지역의 차는 유일하게 해외에서도 인기가 많다.

② 1877년 상업적 경작을 위해 인도 아삼(Assam) 지역에서부터 아삼종을 가져와 과주루-나탈(Kwazulu-Natal) 지역에 심어 재배했다.

■ ②

11 ★★

다음 중 남아프리카공화국의 대표적인 차 생산지는?

① 엔두(Ndu) ② 일람(Ilam)
③ 건눙 로사(Gunung Rosa) ④ 주루(Zulu)

④ 엔두(Ndu)는 카메룬의 차 생산지, 일람(Ilam)은 네팔의 차 생산지, 건눙 로사(Gunung Rosa)는 인도네시아의 차 생산지이다.

■ ④

12 ★★★

다음 중 아프리카 탄자니아(Tanzania)에서 생산되는 차에 대한 설명이 아닌 것은?

① 독일의 정착민들이 1905년에 아마리(Amali)와 룽와(Rungwa) 지역에 처음으로 차나무를 재배하였다.
② 1926년까지 상업적인 차 생산이 이뤄지지 않았다.
③ 1930년 무핀디(Mufindi)에 차 제조공장을 설립하면서부터 차 생산이 본격적으로 이뤄졌다.
④ 킬리마(Kilima) 홍차가 탄자니아에서 가장 유명하며, 해발 1,000~2,000m에서 재배된다.

④ 탄자니아의 명품차인 킬리마(Kilima) 홍차는 해발 2,000~2,300m에서 재배된다.

■ ④

13 ★★★

다음 중 오세아니아 호주에서 생산되는 차에 대한 설명이 아닌 것은?

① 유일하게 전통적인 녹차만을 생산하는 나라로 유명하다.
② 오랜 영국의 식민지였기 때문에 영국의 홍차문화가 자연스레 스며들어있다.
③ 1880년대 후반 퀸즐랜드(Queensland)에 처음 차나무를 재배하였다.
④ 1918년 온대성 저기압 기후로 인해 퀸즐랜드(Queensland)의 차나무가 황폐화되었다.

① CTC 홍차를 주로 생산하며, 전통적인 녹차도 약간 생산한다.

■ ①

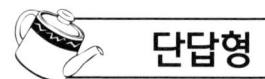 **단답형**

★ 01
인도네시아 차 생산지 중에서 스리랑카와 토질, 기후, 지형이 비슷하여, 스리랑카 홍차와 비슷한 향과 맛을 가진 차를 생산하는 지역은?

■ 자바(Java)섬

★ 02
인도네시아의 대표적인 생산지로, 고지대 실론티(Ceylon Tea)와도 비슷한 품질을 가지고 있을 정도의 뛰어난 차를 생산하는 지역은?

■ 구눙 로사(Gunung Rosa)

★★ 03
네팔은 인도의 (   )와/과 접경을 이루어, 맛과 향이 비슷하여 (   ) 홍차로 오해를 받는 경우가 있다. (   ) 안에 들어갈 지역은 어디인가?

■ 다즐링(Darjeeling)

★★ 04
네팔의 대표적인 차 생산지 중에서도 (   )과 단쿠타(Dhankuta) 지역의 차 품질이 우수하여 높은 가격으로 해외에 수출된다. (   ) 안에 들어갈 지역은 어디인가?

■ 일람(Ilam)

★★ 05
네팔 동쪽에 위치한 단쿠타(Dhankuta) 산지의 힐레(Hile) 지역에서 생산되는 차로, 전통 수작업으로 만들어지는 차는 무엇인가?

■ 준 치야바리(Jun Chiyabari)

★★ 06
카메룬의 대표적인 차 생산지 중 1957년 해발 2,134m의 고산지대에 차나무를 심고 재배에 성공하여, 잎차형 홍차를 주로 생산하는 지역은?

■ 엔두(Ndu)

★★
07

케냐에서 가장 고품질의 잎차형 홍차로, 솜털이 진하고 짙은 과일향과 맛, 짙고 어두운 색으로 우러나는 차를 생산하는 다원은?

■ 마리닌(Marinyn) 다원(농장)

★★★
08

말라위는 1878년 스코틀랜드 에딘버드에 있는 (   )에서 차나무 씨앗을 가져다가 니아살랜드(Nyasaland)에 심고 재배하였다. (   ) 안에 들어갈 정답은 무엇인가?

■ 로얄 보타닉 가든(Royal Botanic Garden)

★★★
09

남아프리카공화국은 1850년에 잉글랜드의 (   )에서 차나무 모종을 가져와 더반 보타니컬 가든(Durban Botanical Garden)에 재배하였다. (   ) 안에 들어갈 정답은 무엇인가?

■ 키 가든(Key Garden)

★★★
10

탄자니아에서 가장 높은 품질의 차를 생산하는 다원으로, 해발 2,000~2,300m의 고산지대에서 실론티(Ceylon Tea)와 유사한 특성을 가진 홍차를 생산하는 다원은 무엇인가?

■ 킬리마(Kilima)

★★★
11

호주는 영국의 오랜 식민지였기 때문에 영국의 홍차문화가 자연스럽게 스며들어있다. 때문에 호주에는 영국 차 문화에 중요한 부분을 차지하는 (   )를 즐기는 사람들이 많다. (   ) 안에 들어갈 정답은 무엇인가?

■ 애프터눈 티(afternoon tea)

★★★ 12

호주의 차 산업은 1918년 (　　　　　　)로 인해 차나무가 황폐화 되었다. (　　) 안에 들어갈 정답은 무엇인가?

■ 온대성 저기압 기후

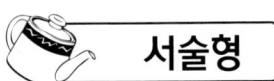 서술형

★★ 01

남아프리카공화국의 주루 차(Zulu tea)에 대해 설명하시오.

남아프리카공화국의 국내 생산 홍차는 주로 국내에서 소비되고 있다. 하지만 주루 티(Zulu tea)는 유럽과 미국에서 인기가 높아 해외에서 많이 판매된다. 주루 티의 특징으로는 높은 바디감과 달콤함, 강하고 매력적인 아로마를 예로 들 수 있다.

★★ 02

인도네시아의 차에 대해 설명하시오.

인도네시아는 식민지시대였던 1600년에 네덜란드인이 중국의 차나무 묘목을 가져다 심은 것이 차나무 재배역사의 시작이다. 중국의 차나무는 환경에 적응을 잘 하지 못하여 재배에 어려움이 있어, 1872년 스리랑카의 아삼(Assam)종을 가져와 차나무를 재배한 후에 급속도로 생산량이 늘어났다. 인도, 스리랑카와 더불어 제2차 세계대전까지 유럽과 영국시장을 점유했지만, 네덜란드에서 독립하고 난 2차 세계대전 당시 일본이 침략하면서 많은 차산지가 훼손되고 황폐해졌다. 현재 세계 차 생산량 6위로, 과거에는 오직 잎차형 홍차만 생산하였지만, 티백 차의 수요증가로 CTC 차 생산을 시작하였다. 차 생산품 중 약 60%가 녹차이고, 나머지가 홍차이며, 대표적인 차 산지로는 건눙 로사(Gunung Rosa), 타룬(Taloon), 바 부통(Bah Butong) 등이 있다.

★★★ 03

네팔의 차에 대해 설명하시오.

네팔은 해발 1,200~2,200m의 고산지대에서 품질 좋은 차를 만들어 국제적으로 인정을 받고 있다. 현재 인도령인 다즐링(Darjeeling) 접경지대에서 주로 생산되기 때문에 인도의 다즐링 홍차로 오해받는 경우도 있다. 1870년 비르 샴세르 장 바하두르 라나(Bir Shamsher Jang Bahadur Rana) 수상의 사위인 가즈라즈 싱 타파(Gajraj Singh Thapa)가 인도의 다즐링 차 산지를 방문한 후에 돌아와 수상을 설득하여 네팔 동쪽 일람(Ilam)과 속팀(Sooktim)에 차나무를 심은 것이 계기가 되었다. 1960년에 처음으로 차 공장을 설립하여 생산했고, 1997부터 차 산업을 민영화시켜 급속도로 성장해 현재 약 100여개의 차 농장이 운영되고 있다. 네팔의 차는 대부분 CTC방식으로 생산하고 있으며, 생산지 중 1/6은 전통적인 차 제조방식을 고집한다. 대표적인 차산지로는 테라이(Terai), 일람(Ilam), 단쿠타(Dhankuta)가 있고, 차 품질이 우수하여 높은 가격으로 해외에 수출하는데 특히, 단쿠타 산지의 힐레(Hile) 지역에서 생산되는 준 치야바리(Jun Chiyabari) 홍차가 가장 유명하다.

차의 건강효능과 다구 사용

01/ 차의 성분과 건강효능
02/ 차의 종류별 건강효능
03/ 차를 우려내는 물과 온도
04/ 차를 위한 다구와 티포트
05/ 중국의 다구 사용법

01 차의 성분과 건강효능

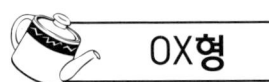

★ 01

차의 성분은 토양, 햇빛, 습도 같은 자연조건 및 채다(採茶) 시기와 제다법(製茶法), 보관상태 등에 따라 차이가 있으며 달라질 수 있다.

▪ ○

★★ 02

중국인들은 건강한 음차생활을 위해 피해야 할 '음차팔기(飮茶八忌)'에서 식사 후 30분이 지나면 진한 차를 마셔서 소화촉진과 기름기 제거를 해주는 것이 좋다고 하였다.

식사 후 30분이 지나면 차를 마시되 진한 차는 피하는 것이 좋은데, 이는 식사 후에 마시면 소화를 돕고 기름기를 제거해주지만 차탕(茶湯) 중의 폴리페놀(polyphenol)이 음식의 철분, 단백질 등과 혼합되면 쉽게 응고 되어 영양섭취에 방해가 되기 때문이다.

▪ X

★★ 03

중국 차인(茶人)들이 지키는 '음차팔기(飮茶八忌)'에는 차를 우려 낸 후 하루가 지난 차는 변질이 우려되고 공기 중에 미생물이 번식할 가능성이 있기 때문에 마시지 말라고 하였다.

▪ ○

★★ 04

중국 한나라시대의 『신농본초경(神農本草經)』에는 '차는 맛이 쓰나 그것을 마시면 사람으로 하여금 유익한 생각을 하게끔 하고, 적게 누우며, 몸을 가볍게 만들고, 눈을 맑게 한다.'고 기술되어 있다.

▪ ○

★★ 05

차에는 30여종의 폴리페놀(polyphenol) 성분이 있는데, 그 중 대표적인 것이 카테킨(catechin), 플라본(flavones), 페놀산(phenol acid), 카페인(caffeine) 등이다.

차에는 30여종의 폴리페놀 성분이 있는데, 그 중 대표적인 것이 카테킨(catechin), 플라본(flavones), 페놀산(phenol acid), 안토시아닌(anthocyanin) 등이다. 카페인(caffeine)은 쓴맛을 내는 성분으로 차소(茶素)라고도 하는데 불용성(不溶性)으로 물에 잘 녹지 않는다.

■ ○

★★ 06

차의 성분 중 유리 아미노산에는 글루타민산(glutamin acid), 아스파라긴산(asparaginic acid), 알기닌(arginine) 등이 골고루 들어 있어 지방을 분해하고 소화를 도우며 심혈관계 질환에 효능이 있다.

■ ○

★★★ 07

차의 타닌(tannin) 성분 즉, 폴리페놀(polyphenol)은 항산화·항균·항알레르기와 해독·살균작용은 물론 각성·강심·이뇨작용을 한다.

차의 타닌(tannin) 성분은 항산화·항균·항알레르기, 해독(解毒)·살균(殺菌)·지혈(止血)작용과 콜레스테롤 상승억제 및 충치·구취 예방, 소염(消炎)·지혈(止血)작용을 한다. 반면, 카페인(caffeine)은 각성(覺醒)·강심(强心)·이뇨(利尿)작용과 혈액순환 촉진, 중추신경자극, 피로회복과 신진대사를 촉진하는 작용을 한다.

■ X

★★★ 08

비타민(Vitamin) C는 피로회복, 피부미용에 좋은 것으로 알려져 있고, 6대 다류(六大茶類) 중 청차, 홍차 등에 많이 함유되어 있다.

비타민(Vitamin) C는 피로회복, 피부미용에 좋은 것으로 알려져 있고, 6대 다류(六大茶類) 중 녹차, 백차 등에 많으며, 특히 보이차에 많이 함유되어 있다.

■ X

★★★
09

차는 칼슘(Ca), 칼륨(K), 마그네슘(Mg), 나트륨(Na), 인(P), 황(S), 철(Fe), 망간(Mn), 아연(Zn) 등의 미네랄이 풍부한 훌륭한 산성음료이다.

차는 칼슘(Ca), 칼륨(K), 마그네슘(Mg), 나트륨(Na), 인(P), 황(S), 철(Fe), 망간(Mn) 등의 미네랄이 풍부한 훌륭한 알칼리성 음료이다.

▪ X

★★★
10

차는 채엽(菜葉) 시기가 빠를수록 총질소(TN), 카페인(caffeine), 비타민(vitamin) C, 유리 아미노산(free amino acid)의 함량이 많고, 타닌(tannin)은 늦게 채엽할수록 함량이 많다.

▪ ○

★★★
11

미네랄은 황토나 돌, 자갈밭 같은 토양에 많이 함유되어 있기 때문에 고수차(古樹茶)에서 찻잎을 채집하는 운남성의 보이차(普洱茶)가 미네랄을 가장 많이 함유하고 있다.

▪ ○

★★★
12

차에는 임산부에게 필요한 망간(Mn)성분이 함유되어 있어 매일 마시면 임산부는 물론 배속의 태아에게도 좋다고 한다.

차에는 임산부에게 필요한 아연(Zn)성분이 함유되어 있어 매일 마시면 임산부는 물론 배속의 태아에게도 좋다고 한다.

▪ X

★★★
13

차 속의 유효성분인 폴리페놀 중 카테킨(catechin)은 혈중의 지방과 콜레스테롤 등을 제거함으로써 혈액순환을 원활하게 해주기 때문에 고혈압, 뇌졸중, 심근경색과 같은 환자에게도 매우 유익한 음료이다.

▪ ○

선택형

01
다음 중 차(茶)의 성분에 영향을 주는 주요 요건이 아닌 것은?
① 햇빛
② 채다 시기(採茶 時期)
③ 보관상태
④ 택수(擇水)

④ 차의 성분은 토양, 햇빛, 습도 같은 자연조건 및 채다 시기(採茶 時期)와 제다법, 보관상태 등에 따라 차이가 있으며 달라질 수 있다.

■ ④

02
중국인들의 건강한 음차생활을 위해 피해야 할 '음차팔기(飮茶八忌)'에 대한 내용 중 틀린 것은?
① 60℃가 넘는 뜨거운 차를 지나치게 마시지 않는다.
② 진한 차는 자극성이 지나쳐 인체의 신진대사 조절기능을 해치므로 마시지 않는다.
③ 식사 후 30분이 지나면 진한 차를 마셔서 소화와 기름기 제거를 돕는다.
④ 차를 우련낸 후 오래 되었거나 하루가 지난 차는 마시지 않는다.

③ 식사 후 30분이 지나면 차를 마시되, 진한 차는 피하는 것이 좋다. 식사 후에 마시면 소화와 기름기를 제거해주지만 차탕(茶湯) 중의 폴리페놀(polyphenol)은 음식의 철분, 단백질 등과 혼합되면 쉽게 응고 되어 영양섭취에 방해가 된다.

■ ③

03
중국 차인들이 지키는 '음차팔기(飮茶八忌)'에는 여러 차례 우려 낸 차는 마시지 않는 것이 좋다고 하였다. 그 이유가 아닌 것은?
① 색이 없다.
② 향이 없다.
③ 맛이 없다.
④ 인체에 유익한 미네랄이 없다.

'음차팔기(飮茶八忌)'에는 여러 차례 우려 낸 차는 마시지 않는 것이 좋다고 하였는데, 이는 향과 맛도 없고 인체에 유익한 미네랄도 없기 때문이라고 하였다.

■ ①

★★ 04

'차(茶)는 맛이 쓰나 그것을 마시면 사람으로 하여금 유익한 생각을 하게끔 하고, 적게 누우며, 몸을 가볍게 만들고, 눈을 맑게 한다.'고 기술되어 있는 중국 최초의 약물학에 관한 전문서적은 무엇인가?

① 『신농본초경(神農本草經)』 ② 『신농식경(神農食經)』
③ 『당본초(唐本草)』 ④ 『다경(茶經)』

② 『신농식경(神農食經)』에는 '차를 오래 복용하면, 사람으로 하여금 힘이 생기게 하고 뜻을 즐겁게 한다.'고 기록되어 있다.
③ 『당본초(唐本草)』에는 '명(茗)은 쓴 차이다. 명(茗)의 맛은 달고 쓰며, 추위를 덜며, 독이 없고, 부스럼이나 종기 등에 주효하며, 소변에 이롭다. 그리고 가래를 삭혀주고 갈증을 해소하며, 사람으로 하여금 잠을 적게 하여 준다.'고 기록되어 있다.
④ 『다경』의 〈일지원(一之源)〉에서는 차(茶)의 쓰임은 그 맛이 찬(寒)데 이르기 즉, 차는 양성(涼性)에 속하니 품성이 우량하고 '검덕(儉德)'을 갖춘 자가 마시기에 가장 적합하다. 만약, 신체에 열(熱)이 나고 갈증이 나거나 가슴이 답답하고 두통이 있으며 눈이 침침하고 사지(四肢)가 아프고 무기력하거나 관절이 펴지지 않을 때, 차 너 댓 잔만 마셔도 그 효과가 결코 제호(醍醐)나 감로(甘露)만 못하지는 않을 것이다.'고 기록되어 있다. 또한, 〈칠지사(七之事)〉에서 각종 경전을 근거하고 인용하여 차가 해독작용은 물론 여러 가지 병을 치료하고 숙취를 제거하며, 흥분을 가라앉히고 갈증을 해소하는 데 효력이 있음을 설명했다.

■ ①

★★ 05

우리나라 한의학의 대가인 허준(許浚, 1546~4610)의 『동의보감(東醫寶鑑)』에서는 '차는 소화를 돕고 소변이 잘 나오게 하며 독을 풀어주는 (   )은 물론 머리와 눈을 맑게 하여 (   )시킨다.'고 하여 차의 정신건강학적인 기능을 강조하였다. 바르게 짝지어진 것은?

① 약리적 기능, 도(道)에 정진
② 약리적 기능, 마음을 안정
③ 해독 기능, 신체를 건강하게
④ 해독 기능, 마음을 안정

② 허준(許浚, 1546~4610)의 『동의보감(東醫寶鑑)』에는 '차는 소화를 돕고 소변이 잘 나오게 하며 독을 풀어주는 약리적 기능은 물론 머리와 눈을 맑게 하여 마음을 안정시킨다.'고 하여 차의 정신건강학적인 기능을 강조하였다.

■ ②

★★ 06

청차와 홍차는 발효(산화)과정 동안 공기 중에 있는 산소와 접촉하면서 독특한 풍미와 빛깔을 생성하는데, 이는 찻잎의 어떤 성분 때문인가?

① 카테킨(catechin) ② 알기닌(arginin)
③ 카페인(caffeine) ④ 테아닌(theanine)

① 청차인 우롱차와 홍차의 발효(산화)과정 동안 폴리페놀 플라보놀(polyphenol flavonol) 또는 카테킨(catechin)이 공기 중에 있는 산소와 접촉하면서 독특한 풍미와 빛깔을 생성한다.

■ ①

07 ★★

차의 성분(成分)에 대한 설명 중 틀린 것은?

① 카테킨(catechin)은 산화과정 중에 독특한 풍미와 빛깔을 생성한다.
② 황차, 홍차는 타닌(tannin) 성분이 산화 효소에 의해 산화 중합되어 주황색, 붉은색으로 변한다.
③ 폴리페놀 성분은 카테킨(catechin), 안토시아닌(anthocyanin), 카페인(caffeine)이 대표적이다.
④ 카페인(caffeine)은 낮은 온도에서 불용성으로 유지되어 잘 녹지 않는다.

③ 차에는 30여종의 폴리페놀 성분이 있는데, 그 중 대표적인 것이 카테킨(catechin), 플라본(flavones), 페놀산(phenol acid), 안토시아닌(anthocyanin) 등이다.

■③

08 ★★★

차의 폴리페놀(polyphenol) 성분에 대한 설명 중 틀린 것은?

① 우리 몸에 있는 활성산소를 제거해주는 항산화물질을 갖고 있다.
② 대표적으로 카테킨(catechin), 플라본(flavones), 페놀산(phenol acid), 안토시아닌(anthocyanin) 등이 있다.
③ 타닌(tanin)은 차탕의 색, 향기, 맛에 영향을 준다.
④ 차(茶) 중에서 홍차에 많이 들어 있고, 보이차(普洱茶)에는 홍차의 2배 정도가 함유되어 있다.

④ 폴리페놀(polyphenol) 성분은 차(茶) 중에서 녹차에 많이 들어 있고, 보이차(普洱茶)에는 녹차의 2배 정도가 함유되어 있다.

■④

09 ★★

차의 카페인(caffeine) 성분에 대한 설명이 올바른 것은?

① 불용성으로 잘 녹지 않는다.
② 홍차보다 녹차가 함유량이 많다.
③ 늦게 채집한 찻잎에 함량이 많다.
④ 해가림으로 재배한 고급차에 함량이 적다.

① 차의 카페인(caffeine) 성분은 쓴맛을 내는 차의 중요성분으로 차소(茶素)라고도 하는데, 살청(殺靑)한 차가 증제(蒸製)한 차보다 함량이 많으며, 일찍 찻잎을 채집하여 일조시간이 짧았던 차와 해가림으로 재배한 고급차에 함량이 많다. 이 성분은 부작용이 거의 없으며, 찻잎 속에 폴리페놀이 많으면 쉽게 결합하여 크림으로 형성되고 낮은 온도에서 불용성으로 유지되어 잘 녹지 않기 때문이다.

■①

★★★
10

차(茶)의 성분에 따른 건강효능에 대한 설명 중 틀린 것은?

① 폴리페놀(polyphenol)은 우리 몸에 있는 활성산소를 제거해주는 항산화물질을 갖고 있다.
② 카페인(caffeine)은 중추신경계·심장·혈관·신장을 자극하는 효과가 있고 소화액의 분비를 증가시킨다.
③ 유리아미노산 중 테아닌(theanin)은 지방을 분해하고 소화를 도우며 이뇨작용을 한다.
④ 비타민C는 피로회복과 피부미용에 좋다.

③ 이뇨제 역할은 카페인(caffeine)이 주로 하며, 유리아미노산에는 글루타민산(glutamin acid), 아스파라긴산(asparaginic acid), 알기닌(arginine) 등이 골고루 들어 있어 지방을 분해하고 소화를 도우며 혈관계에 효능이 있다.

■ ③

★★★
11

차의 카페인(caffeine) 성분의 효능이 아닌 것은?

① 각성작용(覺醒作用)   ② 살균작용(殺菌作用)
③ 강심작용(强心作用)   ④ 이뇨작용(利尿作用)

② 타닌(tanin)은 해독(解毒)·살균(殺菌)·지혈(止血)·소염작용(消炎作用)을 한다.

■ ②

★★★
12

차의 성분 중 테아닌(theanine)에 대한 설명이 틀린 것은?

① 유리아미노산(free amino acid) 중 감칠맛을 내는 성분이다.
② 햇빛을 차단하면 함량이 많아 고급차가 된다.
③ 카페인의 활성을 억제한다.
④ 해독·살균과 소염·지혈작용을 한다.

④ 테아닌(theanine)은 유리아미노산 중 감칠맛을 내는 성분으로 녹차의 주된 아미노산이다. 일찍 찻잎을 채집한 춘차(春茶)에는 61.6%, 여름차(夏茶)에는 40%정도 포함되어 있고, 햇빛을 많이 받으면 카테킨류로 대사 전환되기 때문에 그늘에서 자란 차나무에 많이 함유되어 있어 옥로차(玉露茶)와 같은 일본의 고급녹차, 중국 운남성의 고수차(古樹茶)에 많이 들어있다. 유리아미노산에는 글루타민산(glutamin acid), 아스파라긴산(asparaginic acid), 알기닌(arginine) 등이 고루 들어 있어 지방을 분해하고 소화를 도우며 혈관계에 효능이 있다. 해독·살균과 소염·지혈작용은 타닌(tannin)의 효능이다.

■ ④

13

차의 성분 중 비타민(vitamin) C에 대한 설명이 틀린 것은?

① 차탕(茶湯) 속에 녹아 있는 카페인, 타닌, 당질 등의 혼합물이 산화되는 것을 막아 그 효과를 한층 높인다.
② 황차, 홍차 등의 발효차에 환원형의 비타민(vitamin) C가 더 많이 함유되어 있다.
③ 피로회복, 피부미용에 좋은 것으로 알려져 있다.
④ 저온에도 쉽게 용해되어 나오며, 첫 탕에 대부분 녹아 나온다.

② 황차, 홍차 등의 발효차에는 발효 중에 환원형의 비타민(vitamin) C가 산화형으로 변하므로 소량만이 잔존한다.

14

다음 중 차(茶)의 미네랄 성분과 효능이 바르게 짝지어지지 않은 것은?

① 칼륨(K) - 인체 내에 나트륨이 쌓이는 것을 억제하고 혈압을 적정하게 유지
② 마그네슘(Mg) - 칼슘작용을 돕고 근육과 신경기능을 정상적으로 유지
③ 나트륨(Na) - 피부를 건강하게 유지하고 머리카락을 밝게 하는 역할
④ 인(P) - 인체 내의 뼈와 치아의 구성성분

③ 나트륨(Na)은 인체 내의 전해질을 조절하고 신경자극을 전달하는 역할을 하며, 황(S)은 피부를 건강하게 유지하고 머리카락을 밝게 하는 역할을 한다.

15

다음 중 녹차의 맛과 주성분이 올바르게 짝지어지지 않은 것은?

① 떫은맛 - 카테킨(catechin)
② 쓴맛 - 카페인(caffeine)
③ 감칠맛 - 테아닌(theanine)
④ 쓴맛 - 카테킨(catechin)

④ 녹차의 맛은 떫은맛, 쓴맛, 감칠맛이 조화를 이루는데, 떫은맛의 주성분은 카테킨(catechin), 쓴맛은 카페인(caffeine), 감칠맛은 테아닌(theanine)이다.

16 ★★★

차 속에 함유되어 있는 폴리페놀(polyphenol) 성분의 효능이 아닌 것은?

① 노화방지
② 심혈관 질환 억제
③ 방사선 예방과 치료
④ 정신각성

④ 폴리페놀(polyphenol) 성분은 노화방지, 심혈관 질환(고혈압, 동맥경화) 억제, 암 예방과 항암효과, 방사선 예방과 치료, 세균 바이러스 저항억제, 거친 피부 보호와 미용효과 등이 있다. 카페인(caffeine)은 정신각성, 강심, 이뇨작용과 피로회복 및 체지방을 감소시키고 소화를 돕는다.

■ ④

17 ★★★

다음 중 ( )안에 들어갈 용어가 바르게 짝지어 진 것은?

> 차의 폴리페놀 속에 함유된 ( ), 그리고 카테킨의 산화물 ( ) 등은 아테롬성 동맥경화의 죽상반 (atheromatous plaque : 콜레스테롤 등이 달라붙어 혈관벽이 두껍게 되는 것) 증가를 억제하고, 피를 진하게 하는 피브리노겐(pibrinogen)을 감소시켜 피를 맑게 하여 동맥경화를 억제한다.

① 카테킨 ECG와 EGC − 차황소(茶黃素)
② 카페인 ECG와 EGCG − 차청소(茶淸素)
③ 카페인 EC와 EGC − 차백소(茶白素)
④ 카테킨 ECG와 EGC − 차홍소(茶紅素)

① 차의 폴리페놀 속에 함유된 카테킨 ECG와 EGC, 그리고 카테킨의 산화물 차황소(茶黃素) 등은 아테롬성 동맥경화의 죽상반 (atheromatous plaque) 증가를 억제하며, 피를 진하게 하는 피브리노겐(pibrinogen : 혈장 중에 함유된 당단백질의 하나로 혈액을 응고시키는 역할)을 감소시켜 피를 맑게 하여 동맥경화를 억제한다. 또한 카테킨은 혈청의 콜레스테롤 함량을 크게 감소시키는 기능을 한다.

■ ①

18 ★★★

차의 성분별 효능에 대한 설명 중 틀린 것은?

① 비타민(vitamin) A가 많아 눈을 맑게 한다.
② 카테킨(catechin)은 소변 속에 있는 과량의 유산을 제거하고 피로를 빨리 해소시켜준다.
③ 테아닌(theanin)은 신경계를 안정화시키고, 집중력 강화 및 심혈관계 질환에 도움을 준다.
④ 카페인(caffeine)은 낮은 온도에서 불용성으로 유지되어 잘 녹지 않는다.

② 카페인(caffeine)은 소변 속에 있는 과량의 유산을 제거하고 피로를 빨리 해소시켜준다.

■ ②

★★★ 19

차의 성분인 테아닌(theanine)의 효능이 아닌 것은?

① 신경전달 화학물질의 방출과 신경전달시스템을 활성화함으로써 신경계 전체를 안정화시키고 활성화시킨다.
② 녹차에 들어있는 폴리페놀 성분은 단맛과 감칠맛을 낸다.
③ 1949년 일본의 화학자에 의해 구조가 밝혀졌는데, 긴장완화 효과가 있는 것으로 알려져 있다.
④ 스트레스 해소, 수면 보조, 집중력 강화, 우울증 치료, 알코올 해독 등의 각종 연구결과가 보고되고 있다.

② 녹차에 들어있는 아미노산 성분은 단맛과 감칠맛을 낸다.

■ ②

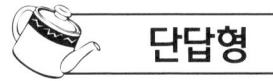 단답형

★ 01

건강한 음차생활을 위해 중국의 다인들이 지키는 음차 시 피해야 할 여덟 가지 금기사항을 무엇이라고 하는가?

■ 음차팔기(飮茶八忌)

★★ 02

당대(唐代)의 환관(宦官)이었던 유정량(劉貞亮)이 차를 마심으로써 얻는 건강과 수신(修身)의 도(道)를 함축하여 기술한 것은 무엇인가?

■ 음차십덕(飮茶十德)

★★
03

청차와 홍차는 발효(산화)과정 동안 공기 중에 있는 산소와 접촉하면서 독특한 풍미와 빛깔을 생성한다. 이는 찻잎의 어떤 성분 때문인가?

■ 폴리페놀 플라보놀(polyphenol flavonol) 또는 카테킨(catechin)

★★
04

녹차의 떫은맛 성분으로 항산화·항균작용, 발암억제, 항바이러스 등의 효과가 있는 폴리페놀(polyphenol)의 한 종류는 무엇인가?

■ 카테킨(catechin)

★★
05

다음은 차의 어떤 성분에 대한 설명인가?

> 쓴맛을 내는 차의 중요성분으로 차소(茶素)라고도 하는데, 살청(殺靑)한 차가 증제(蒸製)한 차보다 함량이 많으며, 일찍 찻잎을 채집하여 일조시간이 짧았던 차와 해가림으로 재배한 고급차에 함량이 많다. 이 성분은 부작용이 거의 없으며, 찻잎 속에 폴리페놀이 많으면 쉽게 결합하여 크림으로 형성되고 낮은 온도에서 불용성으로 유지되어 잘 녹지 않기 때문이다.

■ 카페인(caffeine)

★★★
06

차(茶)에 함유되어 있는 유리아미노산 중 감칠맛을 내는 성분으로 일찍 찻잎을 채집한 춘차(春茶)와 그늘에서 자란 차나무에 많이 함유되어 있고 특히, 일본의 고급녹차, 중국 운남성의 고수차(古樹茶)에 많이 들어있으며 긴장완화와 체지방감소 효능이 있는 성분은 무엇인가?

■ 테아닌(theanine)

★★★
07

안정성이 뛰어나서 90% 이상의 효력을 발휘하며 차탕 속에 녹아 있는 카페인, 타닌, 당질 등의 혼합물이 산화되는 것을 막아 그 효과를 한층 높이는 차의 주요성분은 무엇인가?

■ 비타민(vitamin) C

★★★ 08

차에는 세포의 신진대사에 영향을 주며, 세포재생을 해주는 (　　)성분이 함유되어 있어서 매일 마시면 임산부는 물론 태아에게도 좋다고 한다. (　　) 안에 들어갈 정답은?

■ 아연(Zn)

★★★ 09

차의 카테킨(catechin)과 카페인(caffeine)성분은 지방분해능력이 탁월해 체지방을 줄이고 소화를 돕는 효능이 있다. 서기 738년 당(唐)나라 때 진장기(陳藏器)의 저서『본초습유(本草拾遺)』에 기록된 '오랫동안 차를 마시면 날씬해진다.'는 뜻의 한자성어는 무엇인가?

■ 구식영인수(久食令人瘦)

★★★ 01

중국차인들이 건강한 음차생활을 지키는 '음차팔기(飮茶八忌)'에 대하여 서술하시오.

① 60℃가 넘는 뜨거운 차를 지나치게 마시지 않는다.
② 10℃ 이하의 차가운 차는 구강, 인후, 위장 등에 부작용이 있으므로 마시지 않는다.
③ 진한 차는 자극성이 지나쳐 인체의 신진대사 조절기능을 해치므로 마시지 않는다.
④ 공복에 차를 마시면 위벽에 부담을 주고, 심하면 저혈당을 초래함으로 빈속에 마시지 않는다.
⑤ 식사 후 30분이 지나면 차를 마시되, 진한 차는 피하는 것이 좋다. 식사 후에 마시면 소화와 기름기를 제거해주지만 차탕(茶湯) 중의 폴리페놀(polyphenol)은 음식의 철분, 단백질 등과 혼합되면 쉽게 응고되어 영양섭취에 방해가 된다.
⑥ 식사 전에 차를 마시면 위액이 희석되고 위산분비에 악영향을 주며, 포만감을 주므로 식사 전에는 많은 양의 차를 마시지 않는다.
⑦ 여러 차례 우려낸 차는 마시지 않는다. 향과 맛도 없고 인체에 유익한 미네랄도 없기 때문이다.
⑧ 차를 우려낸 후 오래 되었거나 하루가 지난 차는 마시지 않는다. 차의 변질이 우려되고 공기 중에 미생물이 번식할 가능성이 있기 때문이다.

02 ⭐⭐

당나라시대의 환관(宦官)이었던 유정량(劉貞亮)이 차를 마심으로써 얻는 건강과 수신(修身)의 도(道)에 대하여 함축하여 기술한 '음차십덕(飮茶十德)'에 대하여 설명하시오.

음차십덕(飮茶十德)은 차를 마심으로써 얻는 열 가지 덕목으로,
① 이차산욱기(以茶散郁氣) : 차(茶)로써 우울한 기운(郁氣)을 흩어지게 하고,
② 이차구수기(以茶驅睡氣) : 차로써 졸음(睡眠)을 쫓고,
③ 이차양생기(以茶養生氣) : 차로써 생기(生氣)를 기르고,
④ 이차제병기(以茶除病氣) : 차로써 병(病)의 기운을 제거(除去)하고,
⑤ 이차이예인(以茶利禮仁) : 차로써 예(禮)와 인(仁)을 이롭게 하고,
⑥ 이차표경의(以茶表敬意) : 차로써 경의(敬意)를 표하고,
⑦ 이차상자미(以茶嘗滋味) : 차로써 맛을 음미(吟味)하고,
⑧ 이차양신체(以茶養身體) : 차로써 신체(身體)를 기르고,
⑨ 이차가행도(以茶可行道) : 차로써 가히 도(道)를 행하고,
⑩ 이차가아지(以茶可雅志) : 차로써 가히 뜻을 우아(優雅)하게 한다.

03 ⭐⭐⭐

차의 성분 중 폴리페놀(polyphenol)에 대하여 설명하시오(함량, 효능, 특징 등).

차의 타닌(tannin) 즉, 폴리페놀(polyphenol)은 6종류의 카테킨(catechin)으로 구성되어 있으며 차탕(茶湯)의 색깔, 향기, 맛에 영향을 준다. 타닌 성분이 비교적 적은 황차와 홍차는 타닌 성분이 산화효소에 의해 산화 중합되어 주황색, 붉은색으로 변하는 반면, 녹차에는 많이 포함되어 있다. 타닌에는 온화하게 쓰고 떫은맛을 내는 유리형 카테킨(양질의 녹차에 많음)과 쓰고 떫은맛을 내는 에스테르형 카테킨이 있는데, 감의 타닌과는 달리 단백질과 쉽게 분리되므로 입 안이 텁텁하지 않고 산뜻한 떫은맛을 낸다. 차에는 30여종의 폴리페놀 성분이 있는데, 그 중 대표적인 것이 카테킨, 플라본(flavones), 페놀산(phenol acid), 안토시아닌(anthocyanin) 등이다. 이 성분들은 항산화물질을 갖고 있으며 우리 몸에 있는 활성산소를 제거해주는 역할을 한다. 즉, 차의 타닌(tannin) 성분은 항산화 · 항균 · 항알레르기, 해독(解毒) · 살균(殺菌) · 지혈(止血)작용과 콜레스테롤 상승억제 및 충치 · 구취 예방, 소염(消炎) · 지혈(止血)작용 등을 한다. 차 중에서 녹차에 많이 들어 있고, 보이차에는 녹차의 2배 정도가 함유되어 있다.

04 ⭐⭐⭐

차의 성분 중 카페인(caffeine)에 대하여 설명하시오(함량, 효능, 특징 등).

쓴맛을 내는 카페인(caffeine)은 차의 중요성분으로 차소(茶素)라고도 하는데, 살청(殺靑)한 차가 증제(蒸製)한 차보다 함량이 많으며, 일찍 찻잎을 채집하여 일조시간이 짧았던 차와 해가림으로 재배한 고급차에 함량이 많다. 모든 차에는 카페인이 들어 있으며 함량의 차이만 있을 뿐인데, 녹차가 우롱차보다 카페인 함량이 적고, 우롱차는 홍차보다 적다. 대략 커피 한 잔에는 60~120mg정도의 카페인이 함유되어 있지만 녹차는 8.36mg, 우롱차는 12.55mg, 홍차는 25~100mg이 함유되어 있다. 차 속의 카페인은 중추신경계 · 심장 · 혈관 · 신장을 자극하는 효과가 있고, 소화액의 분비를 증가시키며 이뇨제 역할을 한다. 이 성분은 부작용이 거의 없으며, 찻잎 속에 폴리페놀이 많으면 쉽게 결합하여 크림으로 형성되고 낮은 온도에서 불용성으로 유지되어 잘 녹지 않기 때문이다.

★★★ 05

차(茶)에 함유되어 있는 미네랄의 종류와 역할, 그리고 효능에 대하여 서술하시오.

차는 칼슘(Ca), 칼륨(K), 마그네슘(Mg), 나트륨(Na), 인(P), 황(S), 철(Fe), 망간(Mn) 등의 미네랄이 풍부한 훌륭한 알칼리성 음료이다. 칼슘(Ca)은 뼈와 치아를 이루는 주성분으로 어린이 성장에 필수요소이고, 칼륨(K)은 인체 내에 나트륨이 쌓이는 것을 억제하고 혈압을 적정하게 유지하게 하며, 마그네슘(Mg)은 칼슘작용을 돕고 근육과 신경기능을 정상적으로 유지하게 한다. 또한, 나트륨(Na)은 인체 내의 전해질을 조절하고 신경자극을 전달하는 역할을 하고, 인(P)은 인체 내의 뼈와 치아의 구성성분으로 세포의 성장과 에너지를 생성하며, 황(S)은 피부를 건강하게 유지하고 머리카락을 밝게 하는 역할을 한다. 철(Fe)과 망간(Mn)은 피를 생성하며, 아연(Zn) 성분은 임산부는 물론 배속의 태아에게도 좋다.

02 차의 종류별 건강효능

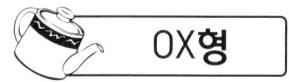 OX형

★ 01

녹차 속의 카페인(caffeine)은 위산분비를 증가시켜 소화에 도움을 주며, 소화기관 내 콜레스테롤 흡수를 저해하고 지방산과 글리세롤로 가수분해(hydrolysis, 加水分解)하는 에스테르인 지방과 기름의 체내 침투를 억제한다.

■○

★★ 02

백차에 풍부한 아미노산(amino acid)은 지방분해를 촉진하고, 인슐린 분비를 낮추므로 포도당의 장내 흡수속도를 늦추는 데 도움을 주며, 이로 인해 체내 혈액 중의 당분을 분해하여 혈당조절작용을 하므로 당뇨병 치료에 탁월한 효과가 있다.

백차(白茶)는 다른 차가 가지고 있는 영양성분 외에 인체가 필요로 하는 활성효소도 함유하고 있는데, 장기간 백차를 마시면 체내의 단백질 지방분해효소(lipoprotein lipase)를 활성화시켜 지방분해를 촉진하고, 인슐린 분비를 낮추므로 포도당의 장내 흡수속도를 늦추는 데 도움을 주며, 이로 인해 체내 혈액 중의 당분을 분해하여 혈당조절작용을 하므로 당뇨병 치료에 탁월한 효과가 있다.

■ X

★★ 03

백차(白茶)는 성질이 냉하여 열을 식히고 더위를 물리치는 작용을 하며 오랫동안 보관하면 약리효과가 더욱 커진다.

■○

★★ 04

황차(黃茶)의 생생한 찻잎에는 천연물질이 85% 이상 함유되어 항암, 살균, 소염치료 효과가 다른 종류의 차보다 탁월하다.

■○

★★★ 05

청차(靑茶)의 SOD(superoxide dismutase) 효소와 비타민 C는 아테롬성 동맥경화의 죽상반(atheromatous plaque) 증가를 억제해 피를 진하게 하는 피브리노겐(fibrinogen)을 감소시켜 피를 맑게 하여 동맥경화를 억제한다.

청차(靑茶)의 폴리페놀 성분에 함유된 카테킨 ECG(epicatechin gallate)와 EGC(epicgallocatechin), 그리고 카테킨의 산화물인 차황소(茶黃素) 등은 아테롬성 동맥경화의 죽상반 증가를 억제해 피를 진하게 하는 피브리노겐(fibrinogen)을 감소시켜 피를 맑게 하여 동맥경화를 억제한다. SOD(superoxide dismutase : 산소에 노출되는 거의 모든 세포에 항산화방어기작을 함) 효소와 비타민(vitamin) C 는 과민성피부염인 아토피피부염에 탁월한 효과가 있다.

■ X

★★ 06

홍차(紅茶)의 폴리페놀 성분 중 플라보노이드(flavonoids)는 뼈세포 물질의 파손을 억제하는 효과를 가지고 있어 골다공증개선에 도움이 된다.

■○

★★★ 07

보이차(普洱茶)의 카테킨(catechin)은 이뇨작용에 효과가 좋아 숙취해소를 돕고 노화방지에도 효과가 있다.

보이차(普洱茶)의 카페인(caffeine)은 이뇨작용에 효과가 좋아 숙취해소를 돕고 노화방지에도 효과가 있다.

■ X

08

황차는 정신을 맑게 하고, 피로회복이나 소화불량, 식욕부진이나 다이어트에 효과가 있으며, 특히 구차(漚茶)로 소화기계통에 도움을 준다.

■ ○

09

백차는 오래 보관할수록 약리효과는 떨어진다.

백차를 오래 묵힐 경우, 다량의 미네랄과 함께 비타민A나 플라보노이드 등의 생성으로 약리작용이 높아진다.

■ X

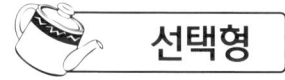 선택형

01

녹차(綠茶) 속 성분의 건강효능에 대한 설명 중 틀린 것은?
① 카페인(caffeine)은 에스테르인 지방과 기름의 체내 침투를 억제한다.
② 카테킨(catechin)은 인체의 불순물을 배출시켜 노화방지에 효과가 있다.
③ 테아닌(theanin)은 심신을 이완시키고 학습능력을 높여준다.
④ 카페인(caffeine)은 구취해소와 충치예방 효과가 있다.

④ 카테킨(catechin)은 항산화·항암·항균·항알러지·항바이러스 작용, 혈압·콜레스테롤 상승억제, 노화방지, 피부미용 및 구취해소와 충치예방, 살균·소염·지혈 효과가 있다.

■ ④

★★ 02

녹차 속 카페인(caffeine) 성분의 건강효능이 아닌 것은?
① 다이어트　　　　　　　　　② 심장강화
③ 피로회복　　　　　　　　　④ 노화방지

③ 녹차 속의 카페인(caffeine)은 각성·강심·이뇨작용, 소화기관 내 콜레스테롤흡수 저해, 다이어트, 지방간과 동맥경화 예방, 위암·폐암예방, 혈액순환촉진, 중추신경자극, 피로회복, 신진대사촉진, 대뇌작용 등의 효과가 있다.

■ ③

★★ 03

다음 중 녹차(綠茶)의 건강효능이 아닌 것은?
① 약알칼리성이므로 위산과다에 효과가 있다.
② 기름기 많은 음식을 먹고 마시면 개운하다.
③ 콜레스테롤과 혈당을 낮춘다.
④ 환경호르몬(내분비계 장애물질) 피해를 예방한다.

① 녹차는 강한 알칼리성이므로 위산과다에 효과가 있다.

■ ①

★★ 04

다음 중 녹차(綠茶) 음용 시 주의사항이 아닌 것은?
① 차의 타닌(tannin)이 철의 체내 흡수를 방해하므로 철이 함유된 빈혈약을 복용할 때는 30~60분 간격을 두고 차를 마시는 것이 좋다.
② 녹차는 찬 성질을 가지고 있어 몸의 열을 내리기 때문에 평소에는 냉녹차보다 따뜻한 녹차가 좋다.
③ 공복에 녹차를 너무 많이 마시면 속이 쓰리고 소화를 방해할 수 있다.
④ 식사 직후 진한 녹차를 마시면 녹차의 타닌산(tannin acid)이 섭취한 음식의 단백질, 철 등의 체내 흡수를 촉진시켜 소화 작용을 돕는다.

④ 식사 직후 진한 녹차를 마시면 녹차의 타닌산(tannin acid)이 섭취한 음식의 단백질, 철 등의 체내 흡수를 방해해서 소화불량이나 영양불량을 일으킬 수 있다.

■ ④

05 ★★
다음 중 황차(黃茶)의 주요 약리기능이 아닌 것은?
① 체지방 감소　　　　　　　② 소화기능 촉진
③ 식도암 예방　　　　　　　④ 숙취해소

황차(黃茶)는 정신을 맑게 하고 피로회복, 소화불량, 식욕부진 회복, 비만과 다이어트에 특효가 있고 식도암예방, 항암, 살균, 소염치료 효과도 다른 차에 비해 탁월하다. 숙취해소는 백차의 탁월한 효과 중 하나이다.

■ ④

06 ★★
백차(白茶)의 주요한 약리적 효능이 아닌 것은?
① 하체보온(下體保溫)
② 평간익혈(平肝益血)
③ 청열윤폐(淸熱潤肺)
④ 소염해독(消炎解毒)

백차의 약리적 효능은 숙취해소, 청열윤폐(淸熱潤肺 : 열을 낮추고 폐 기능 보강), 평간익혈(平肝益血 : 간을 좋게 하고 혈류기능 개선), 소염해독(消炎解毒 : 염증을 치료), 독소배출, 혈압을 낮추고 혈지를 감소시키며 피로회복 등에 효과가 있다. 몸을 따뜻하게 하는 것은 홍차와 보이차의 효능이다.

■ ①

07 ★★
홍차(紅茶)의 주요 건강효능에 대한 설명 중 틀린 것은?
① 카테킨(catechin)은 강력한 항산화기능을 하여 노화를 촉진하는 유해산소의 활동을 억제한다.
② 카페인(caffeine)은 중추신경계에 작용하여 정신을 각성시키고 혈액순환을 촉진한다.
③ 플라보노이드(flavonoid)는 뼈세포 물질 파손의 억제효과를 갖고 있어 골다공증에 도움이 된다.
④ 폴리페놀(polyphenol)은 심신을 이완시키고 혈압을 낮추며 학습능력을 높여준다.

④ 녹차 속에 다량 함유된 아미노산의 일종인 테아닌(theanine)은 심신을 이완시키고 혈압을 낮추며 학습능력을 높여준다.

■ ④

★★★ 08

보이차(普洱茶)의 성분에 따른 건강효능에 대한 설명 중 틀린 것은?
① 폴리페놀(polyphenol) 성분이 몸의 항산화(抗酸化) 기능을 높여 면역력 향상 및 노화를 방지한다.
② 갈산(galic acid)이 지방을 몸에 흡수시키는 효소 '리파아제(lipase)'의 활동을 막아 다이어트에 효과가 있다.
③ 폴리페놀(polyphenol) 성분이 혈중 콜레스테롤 수치를 낮추어 각종 성인병(고혈압, 당뇨병, 뇌졸중 등)을 예방한다.
④ 테아닌(theanine) 성분은 배변활동을 활발하게 해주어 변비해소에 도움이 된다.

④ 알칼로이드 성분인 카페인(caffeine)은 신경중추 각성, 해독작용 및 배변활동을 활발하게 해주어 변비해소에 도움이 된다.

■ ④

★★★ 09

다음 중 보이차(普洱茶)의 건강효능이 아닌 것은?
① 더위예방
② 위 기능 향상
③ 변비해소
④ 고혈압 예방

보이차는 따뜻한 성질로 위 기능을 향상시켜 소화가 잘되도록 도와주어 위 건강을 돕고, 몸이 차가운 사람이 마시면 몸이 따뜻해지는 것을 느낄 수 있다. 열을 낮추는 것은 백차의 효능이다.

■ ①

★★ 01

녹차 속 폴리페놀의 한 종류인 카테킨(catechin)은 녹차 한잔에 대략 100mg이 들어있는데, 그 중 비타민(vitamin) C보다 항산화효능이 20배나 높은 것으로 알려져 있는 성분은 무엇인가?

■ 에피갈로카테킨 갈레이트(EGCG, Epigallocatechin gallate)

★★
02

백차(白茶)에 풍부한 성분으로 알코올 대사산물인 아세트알데히드(acetaldehyde)를 신속하게 분해하여 무독성물질로 전환시켜 간을 보호해주고, 간이 신속히 정상상태를 유지할 수 있도록 숙취해소를 해주는 플라보노이드(flavonoid) 물질은 무엇인가?

■ 디하이드로미리세틴(dihydromyricetin)

★★★
03

6대 다류 중 오랜 시간 담근 차라고 하여 '구차(漚茶)'라 하고, 장기간 담그는 사이 대량의 소화효소를 생성하여 소화기에 특히 좋고, 지방세포에 깊숙이 침투하여 지방세포가 소화효소의 작용에 의해 신진대사를 회복하고 체지방을 없애는 데 효과가 있는 차는 무엇인가?

■ 황차(黃茶)

★★★
04

6대 다류 중 노화방지, 동맥경화억제, 다이어트, 숙취해소 외에도 산소에 노출되는 거의 모든 세포에서 항산화방어기작을 하는 SOD(superoxide dismutase : 과산화물제거) 효소와 비타민C가 많아 과민성피부염인 아토피피부염에 탁월한 효과가 있는 차는 무엇인가?

■ 청차(靑茶)

★★★
05

보이차(普洱茶)의 풍부한 영양성분 중에는 특히 육류를 자주 먹는 사람에게 반드시 필요하여 보이차를 '생명의 차'라고 부르게 된 근원이 되는 성분은 무엇인가?

■ 비타민과 광물질

 **서술형**

01 ★★★

녹차(綠茶)의 건강효능에 대하여 서술하시오.

차의 유효성분 3총사로 '카테킨(catechin), 카페인(caffeine), 아미노산(amino acid)'이 많이 함유되어 있다. 녹차 속에는 씁 싸름한 맛을 내는 카테킨(catechin) 등 폴리페놀 성분이 많아 강한 항산화 작용을 하고, 인체의 불순물을 배출시켜 노화방지 및 혈전 형성을 막아주며 혈중 콜레스테롤과 혈당을 낮추는 효과가 있다. 또한 감기 바이러스의 활동을 저지시키고, 체내 세포가 바 이러스에 감염되는 것을 막으며, 충치 예방에도 효과가 있고, 자외선에 의한 피부 손상을 막아 주며 모공을 줄이고 주름을 펴주 므로 피부미용에도 효과가 있다. 아울러 녹차는 구취 해소에도 도움이 되며, 충치균에 의한 치아 부식을 방지하고 항균 작용이 있어 식중독 예방에도 효과가 있다. 카테킨은 녹차 한 잔에 대략 100mg이 들어 있으며, 그중 가장 강력한 성분인 'EGCG'는 비 타민(vitamin) C보다 항산화 효능이 20배나 높은 것으로 알려져 있다. 녹차의 카페인(caffeine)은 위산 분비를 증가시켜 소화 에 도움을 주고 위암, 폐암 등을 예방하는 항암 효과와 혈압을 낮추어주며 심장으로의 혈류를 늘리며, 소화기관 내에서의 콜레스 테롤의 흡수를 저해하고 지질의 체내 침착을 억제한다. 그러므로 혈압을 떨어뜨리고 심장을 강화하며, 지방간이나 동맥경화를 예 방한다. 아미노산의 일종인 '테아닌(theanin)'은 심신이 이완시키고 혈압을 낮추며, 학습능력을 높여준다. 차나무에서 첫 번째 로 따는 잎으로 만든 '우전(雨前)'에 테아닌이 풍부하다. 또한, 차는 혈소판 응집 억제 작용을 하며 염증 치료에 도움이 되고, 중 추신경을 흥분시켜 대뇌피질을 각성시키고 기분을 고조시킨다.

02 ★★★

백차(白茶)의 약리적 효능에 대하여 서술하시오.

백차의 약리적 효능은 숙취해소, 청열윤폐(淸熱潤肺 : 열을 낮추고 폐 기능 보강), 평간익혈(平肝益血 : 간을 좋게 하고 혈류기 능 개선), 소염해독(消炎解毒 : 염증을 치료), 독소배출, 혈압강하, 혈지감소, 피로회복 등에 있다. 또한 화(火)를 진정시키고, 당뇨병과 홍역치료, 더위예방, 해독, 야맹증과 안면건조증에 효과적이다.

03 ★★★

보이차(普洱茶)의 약리적 효능에 대하여 서술하시오.

보이차의 폴리페놀(polyphenol)은 혈중 콜레스테롤을 낮추어 고혈압을 비롯한 뇌졸중, 동맥경화, 협심증, 심근경색, 심장병, 고지혈증 등의 성인병 예방에 탁월한 효과가 있으며, 항산화·항암·항균작용과 이질치료 및 면역력 향상, 충치·구취 예방 및 소 염(消炎)·해독작용 등을 한다. 또한 카페인(caffeine)은 다이어트와 위 건강, 변비해소에 효과가 있고 몸을 따뜻하게 해주며, '테아닌(theanin)'은 신경안정, 우울증예방, 기억력 증진 효과가 있다.

03 차를 우려내는 물과 온도

 OX형

★
01
초의 의순의 『다신전(茶神傳)』에 의하면 '차는 물의 신(神)이요, 물은 차의 체(體)이니 진수가 아니면 그 신기가 나타나지 않고 정차(精茶)가 아니면 그 체를 볼 수 없다'고 하였다.

▪ ○

★
02
우리나라 먹는샘물은 대부분 경도가 0~17.1mg/L 미만인 연수(soft)이므로, 탕색이 연하고 맛과 향은 진하게 추출되기 때문에 찻잎의 양을 줄여서 넣어 우리면 떫은맛이 적게 나타난다.

▪ ○

★
03
차를 우리는 물의 경도는 녹차와 백차는 연수(soft), 청차·황차·흑차는 약경수(slightly hard), 홍차는 중경수(moderately hard)를 사용하는 것이 좋다.

▪ ○

★
04
정수기의 종류에 따라 물을 정제하는 방법도 다양하지만 우리나라 정수기는 역삼투압 방식을 많이 사용하므로 물속에 있는 불순물은 제거하고 미네랄은 남아있어 차를 우리는 데 좋다.

우리나라 정수기는 역삼투압 방식을 많이 사용하므로 물속에 있는 불순물과 함께 미네랄도 걸러진다.

▪ X

★★
05

모든 종류의 차는 품종, 자란 환경, 제다방법 등에 관계없이 우선은 물이 끓을 때까지 기다려야 한다.

어떤 종류의 차라도 품종, 자란 환경, 제다방법 등에 따라 적정한 온도가 존재하는데, 공통적으로 적용되는 법칙은 물이 끓을 때까지 그냥 놔두는 것은 좋지 않기 때문에 물을 끓일 때는 신중을 기해야 한다.

■ X

★★
06

차의 종류에 따라 우리는 온도를 적절하게 맞추면 미네랄의 섬세한 균형을 유지해 주면서 향과 맛을 상승시키고 매우 자연스러운 환경을 만들어준다.

■ ○

★★
07

기문홍차(祁門紅茶)의 신선한 사과향을 내는 아세트알데히드는 물의 온도가 100℃를 넘어가면 손실된다.

기문홍차의 신선한 사과향을 내는 아세트알데히드는 물의 온도가 70℃를 넘어가면 손실된다.

■ X

★★★
08

녹차, 청차, 홍차는 특유의 향기를 가지고 있는데 고온의 뜨거운 물을 사용하면 가장 다양하고 깊은 향과 최상의 맛을 우려낼 수 있다.

녹차, 청차, 홍차는 특유의 향기를 가지고 있는데 고온의 뜨거운 물을 사용하면 가장 다양하고 깊은 향을 우려낼 수 있으나, 차의 맛은 상대적으로 떨어지는 단점이 있다.

■ X

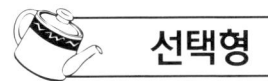 **선택형**

01 ★★

차를 우려내는 물을 선택할 때 염두에 두어야 할 성질이 아닌 것은?

① pH(수소이온농도) ② Body(바디감)
③ Hardness(경도) ④ TDS(총용존고형물)

차를 우려내는 물을 선택할 때는 pH(수소이온농도), TDS(총용존고형물), Hardness(경도), Carbonation(탄산함유량) 등을 염두에 두어야 한다.

■ ②

02 ★★

다음 중 차를 우려내는 물로 선택하기에 적당하지 않은 것은?

① TDS(총용존고형물) – 로우(low : 50~250mg/L) 이하
② pH(수소이온농도) – 중성이나 약산성
③ 물의 경도 – 약경수(slightly hard : 1071~60mg/L)
④ pH(수소이온농도) – 중성이나 약알칼리성

④ 차를 우려내는 물을 선택할 때 pH는 중성이나 약산성의 물이 좋으며, 산의 성질은 차의 맛과 향을 상승시키는 작용을 한다.

■ ④

03 ★★

다음 중 ( ) 안에 들어갈 용어가 알맞게 짝지어진 것은?

> 차를 우리는 데 적합한 먹는샘물은 (   )가 좋고, pH는 (   )이 좋으며, TDS(총용존고형물)는 (   )이/가 좋다.

① 스틸 워터(still water) – 중성이나 약산성 – 로우(low : 50~250mg/L) 이하
② 스틸 워터(still water) – 중성이나 약알칼리성 – 로우(low : 50~250mg/L) 이하
③ 스틸 워터(still water) – 중성이나 약산성 – 하이(high : 800~1,500mg/L) 이하
④ 스틸 워터(still water) – 중성이나 약알칼리성 – 하이(high : 800~1,500mg/L) 이상

차를 우리는 데 적합한 먹는샘물은 스틸 워터(still water)가 좋고, pH는 중성이나 약산성이 좋으며, TDS(총용존고형물)는 로우(low : 50~250mg/L) 이하가 좋다.

■ ①

04

다음 중 먹는샘물의 미네랄 성분에 따른 차 맛의 변화가 틀린 것은?

① 아연 – 쓴맛

② 칼슘 – 떫은맛과 쓴맛

③ 마그네슘 – 강해지는 맛

④ 철 – 색이 어둡고 연한 애린 맛

먹는샘물의 미네랄 성분 중, 철은 색이 어둡고 연한 애린 맛을 내고 알루미늄·망간·아연은 쓴맛, 칼슘은 떫은맛과 쓴맛, 마그네슘은 연해지는 맛을 낸다. 납은 맛이 부드러우면서 신맛을 내는데 과하면 쓴맛을 내며, 니켈과 은은 금속 맛을 낸다.

■ ③

05

차를 마실 때 방향성 화합물의 기체상태를 유지시켜서 뇌로 후각정보를 전달하도록 돕는 역할을 하는 원소는 무엇인가?

① 산소(O) ② 이산화탄소(CO2)

③ 수소(H) ④ 질소(N)

산소(O)는 차를 마실 때 방향성 화합물의 기체상태를 유지시켜서 뇌로 후각정보를 전달하도록 돕는 중요한 역할을 한다.

■ ①

06

다음 중 차를 우려내는 물에 대한 설명이 올바르지 않는 것은?

① 먹는샘물은 일단 개봉하면 빠른 시간 내에 소비하는 것이 좋으며, 장시간 햇볕에 노출될 경우 환경호르몬이 발생할 수도 있다.

② 수돗물을 사용하면 염소냄새로 인해 차의 향도 망치게 되므로 가급적 사용하지 않는 것이 좋다.

③ 정수기물을 사용하여 차를 우리면 차 속의 미네랄이 정수된 물에 빼앗겨 차의 향도 맛도 쓴맛으로 변하기 때문에 가급적이면 사용하지 않는 것이 좋다.

④ 홍차의 대소비국인 영국은 대부분 먹는샘물이 강경수(very hard)이므로 탕색은 강하게 우러나고 맛과 향도 진하고 농밀하게 추출된다.

④ 홍차의 대소비국인 영국은 대부분 먹는샘물이 중경수(moderately hard)이므로 탕색은 강하게 우러나지만 맛과 향은 부드럽고 연하게 추출된다.

■ ④

★★ 07

차를 우려내는 물은 고온일수록 더 빨리 용해되고, 그 과정에서 일부 화합물이 파괴될 수도 있다. '품질이 좋은 차'란 어떤 차를 의미하는가?

① 다양한 성분들의 수가 극대화된 차
② 미네랄 성분이 우선적으로 많이 함유된 차
③ 타닌, 아미노산, 방향성 화합물 간의 균형을 잘 이룬 차
④ 휘발성·방향성 화합물이 많이 생성된 차

'품질이 좋은 차'란 화합물들의 성분 수를 극대화한 것이 아니라 타닌, 아미노산, 방향성 화합물 간의 균형이 잘 맞는 것이다. 차의 종류에 따라 우리는 온도를 적절하게 맞추면 미네랄의 섬세한 균형을 유지해 주면서 향과 맛을 상승시키고 매우 자연스러운 환경을 만들어준다.

■ ③

★★★ 08

차를 우리는 물이 너무 뜨거울 경우 나타나는 현상이 아닌 것은?

① 차의 떫은맛을 생성하여 쓴맛을 낸다.
② 첫 발향인 톱 노트(top note)가 강렬하다.
③ 차 속에 함유된 아미노산과 특정 미네랄이 소실된다.
④ 차의 향과 구조감이 균형을 잃게 된다.

② 차를 우리는 물이 너무 뜨거우면 첫 발향인 톱 노트(top note : 처음에 느끼는 향)를 형성하는 대부분의 휘발성·방향성 화합물도 사라진다.

■ ②

★★★ 09

차를 우려내는 물의 온도에 대한 내용 중 틀린 것은?

① 카테킨(catechin)은 저온에서는 다른 성분보다 적게 용출되고, 높은 온도에서는 시간에 비례하여 증가한다.
② 카페인(caffeine)은 60℃의 물보다 80℃의 물에서 거의 추출한다.
③ 아미노산(amino acid)은 온도가 높을수록 잘 우러나므로 시간을 오래하면 많은 양을 우려낼 수 있다.
④ 쓰고 떫은맛을 적게 추출할 때는 낮은 온도의 물에서 우려내면 되는데 시간이 오래 걸리는 단점이 있다.

③ 아미노산(amino acid)은 온도가 높을수록 잘 우러나오지만 오랜 시간 우려내면 80~95℃의 고온에서는 오히려 감소하는 현상을 보인다.

■ ③

★★★ 10

다음 중 ( ) 안에 들어갈 말이 바르게 나열된 것은?

> ( )는 비교적 낮은 온도에서 휘발되기 쉬운 성분이 주를 이루고, ( )는 고온의 뜨거운 물이 아니면 특유의 향기를 우려내기 어렵기 때문에 차의 종류별로 우리는 온도를 잘 숙지해야 한다.

① 녹차 - 청차나 홍차
② 청차 - 홍차나 보이차
③ 녹차 - 백차나 홍차
④ 백차 - 녹차나 청차

■①

 단답형

★★ 01

"차를 우려낼 때 사용하는 물은 차 재배지의 산에서 나오는 샘물을 사용하라."고 하여 그 지역에서 자란 차나무는 그 지역의 샘물과 가장 잘 어울린다는 신토불이 법칙을 적용한 차인은 누구인가?

■중국 당나라의 다성(茶聖) 육우(陸羽, 727~808)

★★ 02

오늘날 많은 차 전문가들은 차를 우리는데 물의 품질이 무엇보다 중요하고 차 맛을 좌우한다고 생각하여 차 전문가들에게 "물은 곧 ( )"이다. ( ) 안에 들어갈 정답은 무엇인가?

■차의 어머니

★★ 03

차를 우릴 때 차가 갖고 있는 고유의 향을 충분히 끌어내므로 차다운 풍미를 느낄 수 있는 물의 경도는?

■ 연수(soft : 0~17.1mg/L)

★★★ 04

아미노산(amino acid)은 온도가 높을수록 잘 우러나오지만 오랜 시간 우려내면 80~95℃의 고온에서는 오히려 감소하는 현상을 보인다. 이것은 어떤 현상 때문에 발생하는 것인가?

■ 아미노산과 과당 사이의 갈변반응

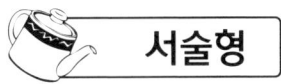

서술형

★★★ 01

차를 우려내는 물을 선택할 때 염두에 두어야 할 성질에 대하여 서술하시오.

차를 우려내는 물을 선택할 때는 pH(수소이온농도), TDS(total dissolved solid : 총용존고형물), Hardness(경도)를 염두에 두어야 한다. 첫째, pH는 중성이나 약산성의 물이 좋으며, 산의 성질은 차의 맛과 향을 상승시키는 작용을 한다. 둘째, 물이 함유하고 있는 미네랄 성분은 너무 과하면 차 본래의 성분을 방해할 수 있으므로 적정한 수준의 미네랄이 적합한데 TDS는 로우(low : 50~250mg/L) 이하가 좋다. 셋째, 물의 경도는 보통 연수(soft : 0~17.1mg/L)를 사용하지만 차의 맛과 향을 우리는 데는 약경수(slightly hard : 17.1~60mg/L)가 좋으며, 차의 종류에 따라 때로는 중경수(moderately hard : 60~120mg/L)를 사용하기도 한다.

★★★ 02

차를 우릴 때 6대 다류(六大茶類)의 종류에 적합한 물의 경도와 특징에 대하여 설명하시오.

차를 우릴 때 물의 경도는 녹차와 백차는 연수(soft : 0~17.1mg/L), 청차·황차·흑차는 약경수(slightly hard : 17.1~60mg/L), 홍차는 중경수(moderately hard : 60~120mg/L)를 사용하는 것이 좋다. 연수는 차가 갖고 있는 고유의 향도 충분히 끌어내므로 차다운 풍미를 낼 수 있고, 약경수는 향이 약간 진해지는 느낌을 가지면서 탕색은 진하게 우러나와서 색감을 높여준다. 중경수는 맛과 향이 강한 차에 적합한 물로 차를 우리면 맛이 완화되고 향도 약해지므로 마시기 편하다.

⭐⭐ 03

차를 우려내기 위한 물을 끓일 때 끓는점에 도달하면 어떤 현상이 발생하는가?

물이 끓는점에 도달하면 그 속에 함유된 미네랄들은 찻물을 끓이는 찻주전자의 표면에 막을 이루고, 이 막은 타닌을 뭉치게 해서 결국 차의 맛을 저감시키는 역할을 하게 된다.

⭐⭐⭐ 04

차를 우릴 때 물의 온도는 매우 중요하기 때문에 차 종류별로 적정하게 맞추는 것이 중요하다. 품질 좋은 차를 마시는 비법에 대하여 차를 우리는 물과 관련하여 간략하게 서술하시오.

차를 우려내는 물이 너무 뜨거우면 쓴맛이 강해져 단맛을 느낄 수 없으며, 차의 향과 구조감도 균형을 잃게 되므로 뜨거운 물을 바로 따르지 말고 좀 식었다가 따르는 것이 좋다. 녹차는 비교적 낮은 온도에서 휘발성·방향성 성분이 주를 이루고 첫 발향(톱 노트, top note)이 좋으나, 너무 뜨거우면 아미노산을 비롯한 특정 미네랄이 손실된다. 청차나 홍차는 고온의 뜨거운 물이 아니면 특유의 향기를 우려내기 어렵기 때문에 차의 종류별로 우리는 온도를 잘 숙지해야 한다. 차 전문가인 제인 피티그루(Jane Pettigrew)가 소개하는 찻물의 온도를 보면 녹차는 70~85℃에서 3~5분, 홍차는 95℃에서 3~7분, 우롱차는 95℃에서 5~7분, 보이차는 95℃에서 5~7분이지만 차의 종류와 등급에 따라 차이가 있다.

04 차를 위한 다구와 티포트

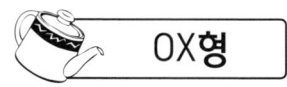 OX형

⭐ 01

청나라에 들어와서 찻잎을 뜨거운 물로 우려내기 위해 뚜껑 있는 용기를 개발하였다.

명나라에 들어와서 찻잎을 뜨거운 물로 우려내기 위해 뚜껑 있는 용기를 개발하였다.

■ X

⭐ 02

네덜란드 상인들은 16세기 후반 중국에서 유럽으로 차(茶)를 수입하기 시작할 때 티 포트도 함께 수입하였다.

■ ○

★★ 03

플런저 티 포트(plunger tea port)는 유리와 금속재질로 되어있고, 손잡이를 내려 누르는 방식으로 차를 우려낸 후 찻잎을 분리하므로 깨끗하게 차를 우려낼 수 있다.

■ ○

★★ 04

자사차호(紫砂茶壺)는 '자주빛 나는 모래흙'으로 만든 차호를 말하며 석영(石英), 운모(雲母), 적철광(赤鐵鑛) 등 각종 광물질로 이루어져 도자기를 만드는 흙인 도토(陶土)로서의 장점이 많아서 통기성이 좋고 냉온의 급격한 변화에도 잘 적응할 뿐 아니라 차를 우려내는 향을 머금고 차 맛을 더욱 좋게 한다.

■ ○

★★ 05

개완(蓋碗)에 뜨거운 물을 부을 때, 잎 위에 직접 부어 찻잎들이 푹 잠기도록 하여 찻잎의 미네랄을 추출하도록 하여야 한다.

개완(蓋碗)에 뜨거운 물을 부을 때, 찻잔 속의 잎 위에 직접 붓는 것이 아니라 컵의 밑바닥부터 부어 찻잎들이 아랫부분에서 소용돌이치도록 하여 찻잎의 미네랄을 추출하도록 하여야 한다.

■ X

★★ 06

이싱다기(宜興茶器)는 세척할 때 세제를 사용하면 점토재질이 세제를 흡수하여 차 맛을 가시게 한다.

■ ○

★★ 07

13~14세기 고려청자(高麗靑瓷)는 중국의 청자보다 뛰어나서 당시 중국인들까지 '천하제일'이라고 동경했던 비색(翡色)청자를 제작했다.

고려시대에는 불교사회와 귀족문화를 배경으로 12세기 전반기에 주로 순청자를 만들고 다듬어 유례 없이 아름다운 비색 청자를 낳았으며, 12세기 중반에는 유약을 맑고 밝게 발전시킴으로써 뛰어난 상감청자의 발전을 가져왔다. 그러나 은은하면서 맑은 비색과 유려한 형태, 독특한 상감기법과 화려한 문양 등을 통해 고요한 아름다움을 나타내던 고려청자도 13~14세기에 고려 사회가 변함에 따라 변모와 쇠퇴를 거듭하면서 조선 도자기로 그 전통을 이어갔다.

■ X

선택형

★ 01

차(茶)를 우려내는 용기에 대한 역사적 사실이 아닌 것은?

① 예로부터 차를 마시던 중국 초창기의 관습은 뚜껑이 없는 주전자에 찻잎을 넣고 끓여내는 것이었다.
② 명나라에 들어와서 찻잎을 뜨거운 물로 우려내기 위해 뚜껑 있는 용기를 개발하였다
③ 네덜란드 상인들은 16세기 후반 중국에서 유럽으로 차 수입을 시작할 때 티 포트(tea port, 차주전자)도 함께 수입하였다.
④ 영국 켈트족(cets)에 의해 티 포트 복제에 성공하면서 버밍엄의 '스태퍼드셔(Staffordshire)' 마을이 영국도자기 산업의 메카로 떠올랐다.

④ 1670년대 말, 네덜란드 도공들은 뜨거운 열에 견디는 티 포트(tea port, 차주전자) 복제에 성공하였고, 복제에 성공한 네덜란드인이 그들 작품을 영국에 가져간 후 정착한 버밍엄의 '스태퍼드셔(Staffordshire)' 마을은 영국도자기 산업의 메카로 떠올랐다.

■④

★ 02

다음 중 ( ) 안에 들어갈 말이 바르게 짝지어진 것은?

> 유럽의 초기 티 포트들은 중국의 전통을 따라 (　　　　)을 모방한 디자인이 많았고, 그 후 18세기에는 (　　　　)을 따랐으며, 19세기에는 (　　　　)을 반영하였다. 최근 포트는 여러 형태와 다양한 사이즈로 만들어지고 동물, 새, 식물에서부터 마차, 자동차, 집뿐 아니라 문학에서 차용한 캐릭터까지 장식 문양으로 그려지고 있다.

① 신화 속 인물이나 상징 – 화려하게 장식된 빅토리아나 장식 – 로코코 양식이나 신고전주의 양식
② 신화 속 인물이나 상징 – 로코코 양식이나 신고전주의 양식 – 화려하게 장식된 빅토리아나 장식
③ 자연을 소재로 한 장식 – 로코코 양식이나 신고전주의 양식 – 화려하게 장식된 빅토리아나 장식
④ 자연을 소재로 한 장식 – 화려하게 장식된 빅토리아나 장식 – 로코코 양식이나 신고전주의 양식

■②

03 ★★

다음 중 플런저 티 포트(plunger tea pot)에 대한 설명으로 틀린 것은?

① 주로 도자기와 금속재질로 되어있다.
② 원하는 농도로 차가 우려지면 손잡이를 내려 눌러 물과 찻잎을 분리하는 방식이다.
③ 손잡이를 누른 후에는 찻잎 성분이 물에 용해되지 않는다.
④ 포트로부터 주입기를 분리할 때 물이 떨어져 지저분해질 염려가 없다.

① 플런저 티 포트(plunger tea pot)는 주로 유리와 금속재질로 되어있다.

■ ①

04 ★★

다음 중 차를 우릴 때 사용하는 주입기에 대한 설명 중 틀린 것은?

① 다양한 사이즈와 여러 소재의 주입기들이 포트나 컵, 머그잔에 맞게 디자인되어 있다.
② 사용이 편리하고 품격 있는 자리에도 어울린다.
③ 중국의 전통 티 포트(tea pot)는 전용주입기를 세트에 포함하지 않는 경우가 많다.
④ 컵 안에 주입기가 같이 결합되어 있는 것을 구입하지 않는 것이 좋다.

② 주입기는 사용이 편리하지만 품격이 떨어지는 것이 단점이다. 특히 컵 안에 주입기가 같이 결합되어 있는 것은 구입하지 않는 것이 좋은데, 이는 찻잎을 끓인 물에 우려낼 때 건조된 잎의 사이즈는 작으나 물과 접촉해서 수분을 흡수하면 몇 배 정도 찻잎이 커져서, 충분한 공간이 없으면 찻잎에서 물이 통과할 수 없게 되어 차의 고유한 향과 맛을 잃어버릴 수도 있기 때문이다.

■ ②

05 ★★

주입식 머그잔에 대한 설명이 올바르지 않은 것은?

① 차를 우려내기 전에 끓는 물로 주입식 머그를 데워서 차의 온도관리를 해야 한다.
② 일반 잔보다 크기 때문에 개별적으로 차를 우려내기에 적합하다.
③ 중국식 뚜껑 있는 도기로 차를 우려내는 개완(蓋碗)에서 유래되었다.
④ 액체가 원하는 농도로 우려진 후에 제거하지 않아도 되므로 편리하다.

④ 주입식 머그잔의 주입기에 적당한 양의 찻잎을 넣은 후 우롱차와 홍차는 끓인 물을 붓고, 녹차나 백차에는 끓는 점 이하의 뜨거운 물을 부으면 되는데, 차를 모두 우린 다음 주입기만 들어내면 깨끗하게 정리할 수 있다는 장점이 있다.

■ ④

06 ★★

중국인들이 '다구 가운데 왕(茶具之王)'으로 여기며, 남송시대 처음 제작되어 명(明)나라 중·후기에 꽃을 피웠고, 통기성과 보온성이 뛰어나 최적의 차 맛과 향을 내는 다기는 무엇인가?

① 개완(蓋碗)
② 자수기(煮水器)
③ 자사차호(紫砂茶壺)
④ 다완(茶碗)

③ 자사차호(紫砂茶壺)는 중국 이싱(宜興)에서 나오는 '자사(紫砂, 자주빛 나는 모래흙)'라는 광물로 만든 차호로써, 보온성이 뛰어나고 통기성이 좋으며 차 향기를 오래 머물게 한다.

■ ③

07 ★★

다음 중 자사호(紫砂壺)에 대한 설명이 틀린 것은?

① 보이차 또는 산차(散茶, 잎차)를 차호에 넣고 뜨거운 물을 부어 우려내는 도구이다.
② 실용과 유희, 감상을 동시에 할 수 있는 실용기물로 실생활에서 주목받고 있다.
③ 중국 강소성(江蘇省) 의흥(宜興)에서 생산되는 '자주빛 모래흙'으로 만든 차호를 말한다.
④ 경덕진(景德鎭)에서 제작된 자기와 비슷한 소재로, 통기성과 보온성이 좋아서 차의 향과 맛이 좋다.

④ 경덕진(景德鎭) 자기는 '도자기의 고향'으로 불리는 강소성(江西省) 경덕진(景德鎭)에서 제작된 자기로써 송·원·명·청대의 독보적인 생산지이며 청화백자, 분채 등 채색자기와 유색자기가 유명하다.

■ ④

08 ★★★

중국의 대표적인 다기인 자사차호(紫砂茶壺)에 대한 내용 중 올바른 것은?

① 사천성(四川省) 무석시(無錫市) 이싱(宜興, 의흥) 지역에서 생산한다.
② 고령토(高嶺土)로 만들어 유약을 입힌 차호이다.
③ 자사(紫砂)를 분쇄하여 반죽한 자니로 빚은 것으로 붉은 진흙과 다른 원료이다.
④ 열전도율과 통기성이 좋아서 차의 향과 맛을 좋게 한다.

③ 자사차호(紫砂茶壺)는 중국 강소성(江西省) 무석시(無錫市) 이싱(宜興) 지역의 독특한 광물질인 자사(紫砂)를 재료로 만든 다기이다. 경덕진(景德鎭)에서 제작된 자기로 만든 차호와는 전혀 다른 재질이고, 통기성 좋고 열전도율이 적으며 차의 맛과 향을 극대화시킨다.

■ ③

09

중국의 중요한 다기인 개완(蓋碗)에 대한 설명 중 틀린 것은?

① 포다법(泡茶法)에 사용한다.
② 북경어로 뚜껑 있는 찻잔(茶盞)을 의미한다.
③ 뚜껑을 여과기처럼 사용하여 찻잎이 흘러내리지 않도록 한다.
④ 차를 우릴 때 뜨거운 물을 개완 속의 찻잎 위에 직접 붓는다.

④ 개완(蓋碗)에 막 끓기 시작한 물을 따라 부을 때, 바로 잎 위에 직접 붓는 것이 아니라 컵의 밑바닥부터 부어 찻잎들이 아랫부분에서 소용돌이치도록 하여 찻잎의 미네랄이 추출되도록 하여야 한다. 세 번째 쯤 다시 우릴 경우는 찻잎에 바로 물을 붓고, 계속 물을 보충하면서 잎에서 좋은 향이 다 사라질 때까지 재탕하여 마신다.

■ ④

10

다음 중 이싱다기(宜興茶器)에 대한 설명이 아닌 것은?

① 중국 강소성(江西省) 이싱(宜興) 지역에서 자사(紫砂)를 재료로 만든다.
② 유약을 칠하여 열전도성이 좋다.
③ 미세한 통기구멍이 차의 향과 맛을 흡수하여 보존한다.
④ 영국의 티 포트보다 차를 따뜻하게 유지시켜준다.

② 이싱다기(宜興茶器)는 유약을 칠하지 않는 것으로 열전도성이 낮다.

■ ②

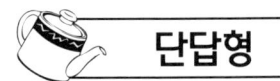 단답형

★★ 01

1670년대 말, 네덜란드 도공들은 뜨거운 열에 견디는 티 포트(tea port) 복제에 성공하였고, 네덜란드에서 만든 티 포트가 영국에 수출되면서 인기를 끌게 되었다. 이후, 영국에서도 자체적으로 도자기를 만들면서 마을 전체가 도자기 산업의 메카로 떠오른 곳은 어디인가?

■ 영국 버밍엄의 '스태퍼드셔(Staffordshire)' 마을

★★ 02

유리와 금속재질로 되어 있고, 원하는 농도로 차가 우려지면 손잡이를 내려 눌러 물과 찻잎을 분리하는 방식으로 깨끗하게 차를 우릴 수 있는 티 포트(tea pot)의 명칭은 무엇인가?

■ 플런저 티 포트(plunger tea port)

★★ 03

18세기 초, 유럽에서 차를 담는 상자를 일컫는 말로 시건장치(施鍵裝置)가 되어 있고 칸이 2~3개로 분리되어 있어 차나 설탕을 별도 보관할 수 있는 상자를 무엇이라 하였는가?

■ 캐디(caddy)

★★ 04

산차(散茶, 잎차)를 차호에 넣고 뜨거운 물을 부어 우려내는 도구로써 중국 강소성(江蘇省) 의흥(宜興)에서 생산되는 '자주빛 모래흙'으로 만든 차호를 말하며, 통기성이 좋고 냉온의 급격한 변화에도 잘 적응할 뿐 아니라 차를 우려내면 향을 머금고 차 맛을 더욱 좋게 하는 다호의 명칭은 무엇인가?

■ 자사호(紫砂壺) 또는 자사차호(紫砂茶壺)

★★★
05

중국의 차문화에서 매우 중요한 전통 다구(茶具) 중 하나로 받침접시, 찻잔, 그리고 뚜껑으로 구성되어 있으며 포다법(泡茶法)에 사용하는 다기의 명칭은 무엇인가?

■ 개완(蓋碗)

★★★
06

자사호(紫砂壺)를 오랜 기간에 걸쳐 사용할 때 그 '차호를 육성한다'는 의미로, 호가 찻물을 머금어 표면에 광택이 나고 차를 마신 세월의 흔적과 마시는 사람의 정취가 함께 묻어나는 자사호의 매력으로 그 가치를 더하는 것을 무엇이라 하는가?

■ 양호(養壺)

★★★
07

일본의 다기는 두꺼워 잘 깨지지 않고 다선(茶筅, 대나무 총체)으로 자유로이 휘저을 수 있게 만들어 입구가 넓다. 이러한 다기는 어떤 종류의 차를 마시는 데 적합한가?

말차(抹茶)는 시루에서 쪄낸 녹차의 찻잎을 그늘에서 말린 후 잎맥을 제거한 나머지를 맷돌에 곱게 갈아 분말 형태로 만들어 이를 물에 타 음용하는 차를 뜻한다.

■ 말차(抹茶, 맛차)

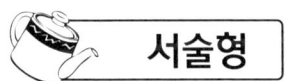
서술형

★★★
01

차(茶)를 우리기 위한 다양한 사이즈와 여러 소재의 주입기들이 포트나 컵, 머그잔에 맞게 디자인되어 시장에 나와 있다. 이러한 주입기 사용의 장단점을 설명하시오.

편리성을 추구하는 현대인들을 위해 차를 우릴 때 간편하게 찻잎을 넣어 사용할 수 있어 편리한 반면에 품격이 떨어지는 것이 단점이다. 특히 컵 안에 주입기가 같이 결합되어 있는 것은 구입하지 않는 것이 좋은데, 이는 찻잎을 우려낼 때 건조된 잎의 사이즈는 작으나 물과 접촉해서 수분을 흡수하면 몇 배 정도 찻잎이 커져서, 충분한 공간이 없으면 찻잎사이로 물이 충분히 통과할 수 없게 되어 차의 고유한 향과 맛을 잃어버릴 수도 있기 때문이다.

★★★ 02

중국의 차문화에서 중요한 다기인 자사호(紫砂壺), 또는 자사차호(紫砂茶壺)에 대하여 설명하시오.

자사호(紫砂壺)는 산차(散茶, 잎차)를 뜨거운 물로 우려 마시기 위해 중국 강소성(江蘇省) 의흥(宜興)에서 자사토(紫砂土) 즉, '자주빛 모래흙'으로 만든 다호를 말한다. 자사호를 제작하는 흙은 석영(石英), 운모(雲母), 적철광(赤鐵鑛) 등 각종 광물질로 이루어져 도자기를 만드는 흙인 도토(陶土)의 장점이 많으며 유약을 바르지 않고 흙 자체만으로 섭씨 1,200도의 고온에서 자기화가 이루어지는 독특한 도자기로써, 통기성이 좋고 열전도성이 낮으며 냉온의 급격한 변화에도 잘 적응할 뿐 아니라 차를 우려내는 향을 머금고 차 맛을 더욱 좋게 한다. 많이 사용할수록 품위가 살아나고 겉 표면의 색상이 우아해지는 특징이 있다. 자사호가 등장한 시기는 송나라부터이지만 명나라의 걸출한 작가 시대빈(時大彬, 1573~1648)의 작품부터 유물로 남아, 이후 여러 공인에 의해 명맥을 유지하면서 실용성을 뛰어넘어 예술적 가치를 지닌 작품으로 발전하게 된다. 특히 청나라 중기 이후에는 공인들뿐만 아니라 문인들도 직접 자사호를 제작하기 시작하면서 그들이 가진 학문적 깊이와 철학적 사유의 체계가 자사호에 그대로 투영되고, 자사호의 예술적 가치는 광휘를 발하게 되었다. 현재에는 전 세계 차 애호가들에 의해 자사호가 널리 이용되고 있으며 그 가치 또한 상상을 불허할 정도로 높게 평가되고 있다.

★★★ 03

한국의 다기(茶器)문화에 대하여 설명하시오.

삼국시대부터 황실과 귀족 사이에 음차(飮茶)풍습이 있어 다기문화가 발전하였고, 그 기술은 중국과 일본에도 영향을 끼쳤다. 삼국초기에는 경질도기의 제작법이 일반화되고, 말기에는 근동의 저화도 도기(低火度陶器, 납 성분이 포함되어 있어 인체에 유해하여 관상용의 장식품이나 건축 자재에 사용)가 중국을 통해 전래되었으며, 고화도 자기(高火度磁器, 음식용 그릇이나 일상생활에 필요한 다양한 생활도구에 사용)도 일부 사용되었다. 11~12세기 고려의 비색(翡色)청자는 당시 중국보다 뛰어났고, 조선시대에는 백자가 크게 성행하였으며 일제 강점기에는 일본인들의 상고주의(尙古主義)적 취향에 의해 고려청자와 조선분청백자가 전승도자로 제작되었다. 현대의 한국 다기는 녹차를 마시는 포다법(泡茶法, 잎차)과 점다법(點茶法, 말차)을 중심으로 편리하게 발전되어왔고, 경기도 이천과 여주뿐만 아니라 최근 들어 경북 문경의 차사발도 유명하다. 한류의 영향으로 중국에도 다기가 수출되고, 중국의 6대 다류와 보이차의 영향으로 차의 종류에 적합한 다기를 만들고 있으며, 색채와 형태 등이 현대화되고 있다.

★★★ 04

일본의 다기(茶器)가 발전하게 된 역사적 배경에 대하여 설명하시오.

차문화가 발달한 일본은 다기에 대한 수요가 꾸준히 있었으나, 17세기 초까지 도기(陶器)를 만드는 기술은 있었지만 자기(磁器)를 만드는 기술은 없었다. 임진왜란 당시에도 토요토미 히데요시(豊臣秀吉, 1537~1598)는 조선에서 도공을 강제로 데려갔다. 이후 정유재란에 또다시 조선침략에 나선 히젠국(肥前國) 사가번의 전주였던 나베시마 나오시게(鍋島直茂, 1536~1618)의 군대에 사로잡혀간 사람이 이삼평(李參平, ?~1655) 외 18명의 도공이었다. 조선인 도공 이삼평에 의해 일본 도자기 문화는 규슈(九州) 북서부 사가현(佐賀縣) 아리타야기(有田燒)를 중심으로 급속도로 발달하기 시작하였다. 가라쓰 도자기(唐津燒) 산지도 조선인 도공에 의해 세워졌다. 일본도기로는 400년 역사의 아리타야기가 대표적이고, 큐슈의 기후현(岐阜縣)에서 생산되는 무색의 미노야키(美濃燒) 도자기가 전체 생산의 절반을 차지한다. 결국 일본의 다기는 조선에서 건너간 도공들에 의해 발전하게 되었다고 볼 수 있다.

05 중국의 다구 사용법

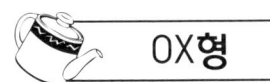 OX형

★ 01

차도구(茶道具)란 찻잎을 따는 일, 차를 만드는 일, 차를 우리고 마시는 일에 필요한 기물을 말하며 차실 안의 기물이나 장식품, 찻그릇을 거두고 정리하는 일에 필요한 기물들은 포함되지 않는다.

차도구(茶道具)란 찻잎을 따는 일, 차를 만드는 일, 차를 우리고 마시는 일, 차실 안의 기물이나 장식품, 찻그릇을 거두고 정리하는 일에 필요한 모든 기물들을 총칭해서 말한다.

▪ X

★ 02

금속다구(金屬茶具)는 고급스럽고 디자인이 뛰어나며 차가운 느낌을 주지만 열을 빠르게 분산시키는 장점이 있다.

▪ ○

★ 03

공도배(公道杯)는 차탕의 색, 향, 맛을 전체적으로 동일하게 해주며, 용량은 다호와 일치한다.

공도배(公道杯)는 차탕의 색, 향, 맛을 전체적으로 동일하게 해주며, 용량은 다호와 일치할 수도 있고, 다호 용량의 1.5~2배 정도가 되기도 한다.

▪ X

★★ 04

차호(茶壺)는 차를 우리는 주전자를 말하고 손잡이 위치에 따라 주자형, 자루형, 고리형 차호로 구분되고, 손잡이 형태에 따라 상파형(上把型), 후파형(後把型), 횡파형(橫把型) 차호로 구분된다.

차호(茶壺)는 차를 우리는 주전자로 손잡이 위치에 따라 위에서 잡는 상파형(上把型), 뒤에서 잡는 후파형(後把型), 옆에서 잡는 횡파형(橫把型) 차호로 부르고, 손잡이 형태에 따라 주자형, 자루형, 고리형 차호 등으로 부른다.

▪ X

★★★ 05

품명배(品茗杯)는 보통 문향배(聞香杯)와 함께 사용하는데, 문향배로 차의 향을 음미한 후 품명배로 차를 음용한다.

■○

★★★ 06

차시(茶匙)는 차를 찻잎 통에서 차하(茶荷)에 넣거나 우려낸 찻잎을 빼낼 때 사용하는 길고 작은 찻숟가락이다.

■○

 선택형

★ 01

일상에서 많이 사용하는 다구(茶具)의 특징과 성능에 대해 바르게 설명하지 않은 것은?
① 자사차호(紫砂茶壺)는 보온성이 뛰어나고 통기성이 좋으며, 차 향기를 오래 머물게 한다.
② 토기다구(土器茶具)는 보온성과 통풍성이 중간정도로 평가받고 있다.
③ 금속다구(金屬茶具)는 고급스럽고 디자인이 뛰어나지만 차가운 느낌을 주고 열을 빠르게 분산시킨다.
④ 유리다구(琉璃茶具)는 깨끗하고 투명하며 외관상으로 탁월한 기능을 갖고 있으며 보온성도 좋다.

④ 유리다구(琉璃茶具)는 깨끗하고 투명하며 외관상으로 탁월한 기능을 갖고 있지만 열을 빨리 분산시켜 보온성이 없는 것이 단점이다.

■④

★ 02

다음 중 보온성이 가장 뛰어난 다구(茶具)는 무엇인가?
① 자사차호(紫砂茶壺)   ② 금속다구(金屬茶具)
③ 토기다구(土器茶具)   ④ 유리다구(琉璃茶具)

일상에서 많이 사용하는 다구(茶具) 중 자사차호(紫砂茶壺)가 가장 보온성이 뛰어나고 통기성도 좋다.

■ ①

★★ 03

다음 중 다구(茶具)의 종류와 내용물이 바르게 짝지어진 것은?
① 자기다구(磁器茶具) : 자사다구, 토기다구
② 유리다구(琉璃茶具) : 유리다배, 유리다호
③ 금속다구(金屬茶具) : 금, 은, 동 마노다구
④ 점토다구(粘土茶具) : 백자다구, 청자다구

자기다구(磁器茶具)는 백자다구, 청자다구 등이고, 금속다구(金屬茶具)는 금, 은, 동, 철, 스테인리스 등이며, 점토다구(粘土茶具)는 자사다구, 토기다구 등이다.

■ ②

★★ 04

다음 중 공도배(公道杯)에 대한 설명 중 틀린 것은?
① 개완(蓋碗)이나 자사호(紫砂壺)로 우린 차를 찻잔에 옮기기 전에 따르는 도구이다.
② 공도배를 사용하여 차탕을 분배하면 찻잔마다 일정한 농도와 용량으로 나눌 수 있다.
③ 개완이나 자사호를 사용하여 차를 따르면 시간이 지날수록 차탕이 점점 연해진다.
④ 우리나라에서는 숙우(熟盂)라고 부른다.

개완이나 자사호를 사용하여 차를 따르면 시간이 지날수록 점점 차탕이 진해진다.

■ ③

★★ 05

삼재완(三才碗) 혹은 삼재배(三才杯)라고도 부르는 개완(蓋碗)의 특징에 대한 내용 중 틀린 것은?

① 뚜껑, 잔, 잔탁의 세 부분으로 이루어져 있다.
② 차의 향기가 달아나지 않도록 유지시켜주는 장점이 있다.
③ 차를 종류별로 구분하여 다양한 차를 우리는 데 사용한다.
④ 처음 차를 우릴 때 뜨거운 물을 컵의 밑바닥부터 부어 찻잎들이 아랫부분에서 소용돌이치도록 한다.

개완(蓋碗)은 자사차호와 달리 다양한 종류의 차를 우리는 데 사용되는 것으로 호환성이 있다는 장점을 가지고 있다.

■ ③

★★★ 06

일상에 사용하는 다구(茶具)의 명칭과 용도가 바르게 연결된 것은?

① 개완(蓋碗) - 차 우리기
② 잔탁(盞托) - 차를 내거나 마실 때 쓰이는 넓은 판
③ 공도배(公道杯) - 차 향 음미
④ 다판(茶板) - 찻잔받침

공도배(公道杯)는 우린 차를 분배하는 도구이고, 잔탁(盞托)은 찻잔받침, 다판(茶板)은 차를 내거나 마실 때 쓰이는 넓은 판을 말한다.

■ ①

★★★ 07

다음 중 다구(茶具) 보조용품의 명칭과 기능이 잘못 연결된 것은?

① 차건(茶巾) - 다기나 뜨거운 기물을 닦는 차수건
② 차엽관(茶葉罐) - 찻잎의 변질을 막기 위한 차보관통
③ 차하(茶荷) - 차 우릴 때 시간을 측정하는 시계
④ 다반(茶盤) - 차를 운반하기 위해 사용하는 쟁반

③ 차하(茶荷)는 찻잎을 옮기거나 관찰할 때 사용하고, 시계는 차를 우릴 때 시간을 측정한다.

■ ③

★★★
08

다음 중 다구(茶具)에 대한 설명 중 틀린 것은?
① 문향배(聞香杯)는 청차(오룡차, 철관음, 무이암차)의 깊고 농후한 향을 즐기는 데 사용된다.
② 차시(茶匙)는 차의 용량을 재고 찻잎을 차하 혹은 개완, 유리잔에 덜어낼 때 사용한다.
③ 차루(茶漏)는 자사차호 위에 얹어서 찻잎이 옆으로 새어나가는 것을 방지한다.
④ 개완(蓋碗)은 자기로 되어 있어 다양한 차를 우려도 차향이 배이지 않는다.

② 차시(茶匙)는 차를 찻잎 통에서 차하(茶荷)에 넣거나 우려낸 찻잎을 빼낼 때 사용하는 길고 작은 찻숟가락이다.

■ ②

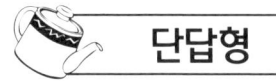

★
01

일상에서 많이 사용하는 다구(茶具) 중 깨끗하고 투명하며 외관상으로 탁월한 기능을 갖고 있지만 열을 빨리 분산시켜 보온성이 없는 것이 단점인 다구는?

■ 유리다구(琉璃茶具)

★
02

공도배(公道杯)는 개완이나 자사호로 우린 차를 찻잔에 옮기기 전에 따르는 도구를 말하는데, 우리나라에서는 물식힘 그릇이라는 의미로 통용되는 명칭은 무엇인가?

■ 숙우(熟盂)

★★
03

일반 찻잔보다 좁고 높으며, 차를 마시기 전에 우선 차를 따른 후 음용 잔에 옮기고 나서, 잔 향을 맡아 향을 구분하고 차의 품질 상태를 확인하는 대만 다기의 명칭은 무엇인가?

■ 문향배(聞香杯)

★★★ 04

찻잎을 옮기거나 관찰하기 좋도록 고안된 다구(茶具)의 명칭은 무엇인가?

▪ 차하(茶荷)

★★★ 05

'다도육군자(茶道六君子)'라고도 부르며, 다예에 꼭 필요한 6개 도구를 조합한 다도조(茶道組)를 나열하시오.

▪ 차루(茶漏), 차침(茶針), 차시(茶匙), 차칙(茶則), 차협(茶夾), 차통(茶桶)

★★★ 06

갖가지 다구를 집을 때 사용하며, 품명배를 집어 깨끗하다는 걸 보여주고 뜨거운 다구에 데지 않도록 사용하는 다도조(茶道組) 중의 하나는 무엇인가?

▪ 차협(茶夾)

 서술형

★★★ 01

차문화에 있어서 차도구(茶道具)의 의미에 대하여 서술하시오.

차도구(茶道具)란 찻잎을 따는 일, 차를 만드는 일, 차를 우리고 마시는 일, 차실 안의 기물이나 장식품, 찻그릇을 두고 정리하는 일에 필요한 모든 기물들을 총칭해서 말한다. 즉, 차도구는 다구(茶具)와 다기(茶器)를 수용한 통합적인 의미로 차와 관련된 모든 것을 포함하여 사용하는 용어로서, 행다(行茶)를 하는 데 직접 사용되지는 않는다 하더라도 제다(製茶)에 필요한 도구나 차실(茶室) 내외의 보조적인 것까지 총체적으로 의미하는 것이다. 따라서 광범위한 의미의 차도구보다는 차 마실 때 사용하는 도구로써 좁은 의미의 명칭으로 많이 사용한다.

★★★
02

일상에서 많이 사용하는 다구(茶具)인 자사차호(紫砂茶壺), 유리다구(琉璃茶具), 금속다구(金屬茶具)의 특징과 성능에 대하여 설명하시오.

자사차호(紫砂茶壺)는 보온성이 뛰어나고 통기성이 좋으며, 차 향기를 오래 머물게 하고, 유리다구(琉璃茶具)는 깨끗하고 투명하며 외관상으로 탁월한 기능을 갖고 있지만 열을 빨리 분산시켜 보온성이 없는 것이 단점이다. 금속다구(金屬茶具)는 고급스럽고 디자인이 뛰어나지만 차가운 느낌을 주고 열을 빠르게 분산시킨다.

★★★
03

다관(茶罐)에 대하여 간략히 설명하시오.

다관(茶罐)은 끓인 물과 찻잎을 넣어 차의 맛과 성분을 우려내기 위한 그릇으로, 급수(急須)·차주(茶住)·주춘(住春)·차병(茶瓶)·차호(茶壺) 등으로 불리기도 한다. 만드는 재료에 따라 청자·백자 등의 자기로 된 것과 은이나 놋쇠 등 금속으로 된 것, 유리, 도기 등으로 된 것이 있다. 손잡이의 위치에 따라 상파형(上把型), 후파형(後把型), 횡파형(橫把型), 보병형(寶甁型)으로 구분하기도 하는데, 상파형은 손잡이가 위에 있어 주전자와 비슷하고 손잡이가 고정되지 않은 것이 사용하기에 편리하고, 후파형은 손잡이가 뒤에 있는 것이며, 횡파형은 손잡이가 옆에 달려 있는 형태, 보병형은 손잡이가 없는 것을 지칭한다. 또한 손잡이의 형태에 따라 주자형, 자루형, 고리형 차호 등으로 구분한다.

★★★
04

6개의 차도구(茶道具)를 조합하여 '육군자(六君子)'라고 부르기도 하는 다도조(茶道組)에 대하여 설명하시오.

다예에 꼭 필요한 다도조(茶道組)는 차루(茶漏), 차침(茶針), 차시(茶匙), 차칙(茶則), 차협(茶夾), 차통(茶桶)으로 구성되어 있다. 첫째, 차루(茶漏)는 다두(茶斗)라고 부르기도 하며, 자사차호 위에 얹어서 찻잎이 옆으로 새어나가는 것을 방지한다. 둘째, 차침(茶針)은 다호에 낀 찻잎을 빼낼 때 쓰거나 다예공연에서 개완의 뚜껑을 열 때 사용하는데, 길고 가느다란 바늘모양이다. 셋째, 차시(茶匙)는 차를 찻잎 통에서 차하(茶荷)에 넣거나, 우려낸 찻잎을 빼낼 때 사용하는 길고 작은 찻숟가락이다. 넷째, 차칙(茶則)은 차의 용량을 재고 찻잎을 차하 또는 개완, 유리잔에 덜어낼 때 사용한다. 다섯째, 차협(茶夾)은 갖가지 다구를 집을 때 사용하며, 손으로 품명배를 잡지 않고 차협으로 품명배를 집어 깨끗하다는 것을 보여주고 뜨거운 다구에 데지 않게 해준다. 여섯째, 차통(茶桶)은 다구에 사용되는 모든 도구를 담는 통을 말한다.

티 소믈리에와 티 테이스팅 방법

01/ 티 소믈리에의 자질
02/ 티 테이스팅의 환경과 준비
03/ 티 테이스팅하는 방법
04/ 티 테이스팅 용어
05/ 중국 다예사의 좋은 차를 우려
　　 내는 방법

01 티 소믈리에의 자질 / 02 티 테이스팅의 환경과 준비 / 03 티 테이스팅하는 방법

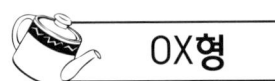 OX형

★ 01
와인에 대한 전반적인 지식을 바탕으로 고객들에게 와인을 서빙하는 소믈리에처럼 워터 소믈리에, 티 소믈리에, 사케 소믈리에, 야채 소믈리에, 밥 소믈리에와 같은 직업이 생겨나고 있다.

▪ ○

★ 02
유럽에서는 이미 티 하우스나 미쉐린(Michelin) 가이드 3스타 레스토랑을 중심으로 티 소믈리에의 채용이 확산되고 있다.

▪ ○

★★ 03
서울시내 특1급 호텔, 고급레스토랑, 백화점, 티 하우스에서 채용할 티 소믈리에가 국내에는 충분하다.

국내에는 전문적인 티 소믈리에가 매우 부족한 현실이다.

▪ X

★★ 04
티 테이스팅의 목적은 가격 대비 품질이 우수하면서 인체에 무해하고 건강에 좋은 차를 선별하기 위함이다.

▪ ○

★★
05

차 산업은 지난 40~50년간 156% 이상의 성장을 보였다.

■○

★★
06

혈압, 콜레스테롤, 다이어트, 숙취해소를 목적으로 하는 고객에게 티 소믈리에는 백차(白茶)를 추천하는 것이 좋다.

혈압, 콜레스테롤, 다이어트, 숙취해소를 목적으로 하는 고객에게는 보이차(普洱茶)를 추천하고, 당뇨가 있는 고객에게 백차(白茶)는 추천하는 것이 좋다.

■ X

★★
07

티 소믈리에는 소화불량으로 고생하는 고객에게 육안과편(六安瓜片)을 추천한다.

소화불량으로 고생하는 고객이라면 대홍포(大紅袍)를 추천하고, 육안과편은 쉽게 피로를 느끼는 고객에게 추천하는 것이 좋다.

■ X

★★
08

티 소믈리에는 차에 대한 관심과 열정뿐 아니라 와인과 음료, 음식에 대해 해박한 지식을 갖추어야 한다.

■○

★★
09

티 소믈리에의 이상적인 테이스팅 환경은 점심 직후와 저녁 직후이다.

티 소믈리에의 이상적인 테이스팅 환경은 공복을 느끼는 오전 11시경이나 오후 5시 30분경이 좋다.

■ X

★★★ 10

티 테이스팅이 와인과 다른 점은 건조된 찻잎과 우려낸 찻잎에 대한 평가이다.

■ ○

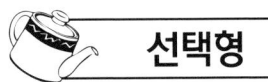 선택형

★★ 01

다음 중 티 소믈리에를 뜻하는 직업이 아닌 것은?

① 티 스튜어드(tea steward)
② 티 오너(tea owner)
③ 티 매니저(tea manager)
④ 티 어드바이저(tea advisor)

② 티 오너(tea owner)는 티 소믈리에를 뜻하는 직업이 아니다.

■ ②

★ 02

다음 중 티 소믈리에가 손님에게 기능적인 목적으로 차를 추천하는 경우에 알맞지 않은 것은?

① 보이차(普洱茶) - 혈압, 콜레스테롤, 다이어트, 숙취해소
② 백차(白茶) - 피부미용
③ 육안과편(六安瓜片) - 피로회복
④ 대홍포(大紅袍) - 소화불량

② 백차는 당뇨가 있는 사람에게 추천하는 것이 좋다.

■ ②

03 ★★

다음 중 티 소믈리에가 손님에게 차를 추천할 때 기능적인 목적이 올바른 것은?
① 보이차(普洱茶) - 피로회복
② 백차(白茶) - 혈압, 콜레스테롤
③ 육안과편(六安瓜片) - 피부 미용
④ 대홍포(大紅袍) - 소화불량

보이차(普洱茶)는 혈압, 콜레스테롤, 다이어트, 숙취해소를 위해 추천하는 것이 좋고, 백차는 당뇨, 육안과편은 피로회복을 위해 추천하는 것이 좋다.

■ ④

04 ★★

다음 중 티 소믈리에가 향을 즐기는 손님에게 추천해야 할 차로 알맞은 것은?
① 녹차(綠茶)　　　　　　　② 홍차(紅茶)
③ 청차(靑茶)　　　　　　　④ 보이차(普洱茶)

■ ③

05 ★★

다음 중 티 소믈리에가 갖추어야 할 자질이 아닌 것은?
① 다른 음료를 제외한 오직 차에 대한 관심과 열정
② 다양한 종류의 차에 대한 블라인드 테이스팅 능력
③ 전 세계적으로 유통되고 있는 다양한 차에 대한 지식
④ 차의 품질과 개성을 살릴 수 있도록 우리고 서비스하는 능력

차에 대한 관심과 열정뿐 아니라 와인과 음료, 음식에 대한 해박한 지식이 필요하다.

■ ①

★★ 06

다음 중 티 소믈리에가 서비스하는 차에 대해 숙지해야 할 전문지식이 아닌 것은?

① 찻잎으로 만들 수 있는 요리 종류
② 차를 만드는 방법
③ 인체에 미치는 기능과 영향
④ 음식과 차의 조화

■①

★★ 07

다음 중 차를 포장한 라벨에 표시되어 있지 않은 것은?

① 차 생산국가
② 차를 우리는 방법
③ 차의 종류
④ 차와 어울리는 음식

차와 어울리는 음식에 대한 내용은 차 포장 라벨에 표시되어 있지 않고, 이를 추천하는 것은 티 소믈리에의 중요한 역할 중 하나이다.

■④

★★ 08

다음 중 좋은 차의 기준이 아닌 것은?

① 인체에 유익한 미네랄이 적당히 함유되어야 한다.
② 차나무가 자란 자연적 환경 즉, 떼루아의 개성이 반영되어야 한다.
③ 마시고 나면 여운과 회감이 없어야 한다.
④ 음식과의 조화도 잘 이루어져야 한다.

좋은 차를 마시고 나면 여운이 길고, 회감이 있어야 한다.

■③

★★★ 09

다음 중 이상적인 티 테이스팅 조건이 아닌 것은?

① 조명은 자연광보다 백열등이 더 좋다.
② 음식이나 담배연가 냄새가 전혀 나지 않는 조용한 테이스팅 룸이 좋다.
③ 수돗물, 정수기 물은 사용하지 않으며, 먹는샘물을 구입하여 냄새가 배지 않는 곳에 잘 보관했다가 사용한다.
④ 공복을 느끼는 오전 11시경이나 오후 5시30분경이 좋다.

조명은 자연광이 좋으며, 자연광이 없는 경우는 백열등을 사용해도 된다.

■ ①

★★★ 10

다음 중 티 테이스팅 하는 방법으로 틀린 것은?

① 차는 국가별 혹은 종류별로 구분하여 준비한다.
② 차 종류별로 순서대로 제공한다.
③ 차의 종류에 따라 우리는 온도와 시간을 숙지하고 그대로 한다.
④ 차를 시음한 후에 뱉을 수 있도록 타구(唾具)통을 준비한다.

차를 거의 동시에 제공하는 것이 바람직하다.

■ ②

★★★ 11

티 테이스팅의 과정 중 시각으로 평가하는 방법이 잘못된 것은?

① 눈에 보았을 때 밝고 투명할수록 좋은 차라고 할 수 있다.
② 건조된 찻잎보다 우러난 찻잎을 확인하는 것이 중요하다.
③ 찻물의 색상을 보면서 산화발효도 정도를 파악한다.
④ 찻물 속을 자세하게 관찰하여 부유물이나 이물질이 없는지 확인한다.

건조된 찻잎과 우러난 찻잎을 둘 다 확인하는 것이 중요하다.

■ ②

★★★ 12

티 테이스팅의 과정 중 후각으로 평가하는 방법이 잘못된 것은?

① 좋은 차는 건조된 찻잎에서부터 아주 기분 좋은 냄새가 난다.
② 기분 좋지 않은 냄새가 난다면 더욱 꼼꼼하게 체크한다.
③ 눈을 감으면 후각에 더욱 집중할 수 있다.
④ 찻잔에 차를 따른 후 충분히 흔들어 향을 발산해 맡는다.

찻잔에 차를 따른 후 먼저 흔들지 않은 상태로 코를 가까이 대고 숨을 깊게 들이마셔 향을 맡는다.

■ ④

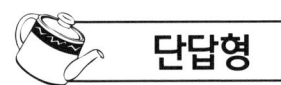 단답형

★★ 01

티 소믈리에가 차를 추천하는 경우에 혈압, 콜레스테롤, 다이어트, 숙취해소를 목적으로 하는 고객에게 어떤 차가 좋은가?

■ 보이차(普洱茶)

★★ 02

티 소믈리에가 차를 추천하는 경우에 향을 즐기며, 피부 미용을 목적으로 하는 고객에게 어떤 차가 좋은가?

■ 청차(青茶) 혹은 봉황단총(鳳凰單叢)

★★ 03

티 테이스팅이 와인 테이스팅과 다른 점은 건조된 찻잎과 (   )에 대한 평가를 모두 하는 것이다. (   ) 안에 들어갈 정답은 무엇인가?

■ 우려낸 찻잎

★★
04
품질 좋은 차의 조건 중 인체에 유익한 미네랄이 적당히 함유되어야 하고, (   )의 함량이 높아야 한다. (   ) 안에 들어갈 정답은 무엇인가?

■ 티 폴리페놀

★★★
05
티 테이스팅에 참가하는 티 소믈리에라면 차를 테이스팅하기 전에 갖추어야 할 규칙이 있는데, 그 중 시음은 반드시 (   ) 상태에서 하는 것이 좋다. (   ) 안에 들어갈 정답은 무엇인가?

■ 공복

★★★
06
티 테이스팅을 하는 경우에 보이차(普洱茶)는 추가적으로 (   ) 정도를 평가한다. (   ) 안에 들어갈 정답은 무엇인가?

■ 회감(回甘)

★★★
07
티 테이스팅을 위해서는 차에 대한 전문지식이 필요하며, 훌륭한 테이스팅을 위해서는 주변 환경도 중요하다. 티 테이스팅을 위한 환경에서 가장 염두에 두어야 할 3가지 조건을 쓰시오.

■ 냄새, 채광, 온도

 서술형

01 ★★

티 소믈리에(tea sommelier)의 개념을 서술하시오.

티 소믈리에(tea sommelier)는 호텔 식음료와 케이터링 분야에서 파생한 직업으로 차를 전문으로 다루는 전문가이다. 티소믈리에는 호텔, 레스토랑, 티 하우스, 차 전문점에서 차를 테이스팅하고 외관, 향, 맛 등의 차 품질을 결정하며, 주관적인 관능검사를 통해 객관적인 이론을 바탕으로 기술할 수 있는 전문성을 갖춘 사람을 말한다. 또한 호텔 레스토랑이나 고급 레스토랑에서 고객이 주문한 음식과 어울리는 차를 추천해주는 일을 전문적으로 하는 사람도 티 소믈리에라고 한다.

02 ★★

티 소믈리에의 자질에 대해 설명하시오.

티 소믈리에의 자질은 첫째, 차에 대한 관심과 열정뿐 아니라 와인과 음료, 음식에 대해 해박한 지식을 갖추어야 한다. 둘째, 전 세계적으로 유통되는 다양한 차에 대해서 전문성을 갖추어야 한다. 셋째, 소비자를 대신하여 다양한 종류의 차에 대한 블라인드 테이스팅 능력을 갖추어야 한다. 마지막으로 다양한 차에 대한 품질과 개성을 충분히 살릴 수 있도록 차 종류별 우리는 온도와 시간, 그리고 적정 서비스 온도를 숙지하고 서비스하여야 하며, 소비자가 기능성 차 종류를 요구할 때에도 소비자의 욕구에 적합한 차를 추천할 수 있는 능력을 갖추어야 한다.

03 ★★★

티 소믈리에가 추천하는 품질 좋은 차의 조건에 대해 설명하시오.

품질 좋은 차의 조건은 첫째, 인체에 유해한 물질이 없어야 한다. 둘째, 인체에 유익한 미네랄이 적당히 함유되어야 한다. 셋째, 티 폴리페놀과 아미노산의 함량이 높아야 한다. 넷째, 차나무가 자란 자연적 환경 즉, 떼루아의 개성이 반영되어야 한다. 다섯째, 찻잎의 크기가 균일하며 찻잎의 파손이 없어야 한다. 여섯째, 마시고 나면 여운이 길고 회감이 있어야 한다. 마지막으로 음식과의 조화도 잘 이루어져야 한다.

04 ★★★

티 소믈리에가 차를 테이스팅 하기 전에 갖추어 할 규칙에 대해 설명하시오.

첫째, 시음은 공복에 하는 것이 좋으므로 가급적이면 식사를 피한다. 둘째, 양치한 후 최소 30분이 경과하고, 담배를 피우지 않아 입 안에 다른 냄새가 남아있지 않도록 해야 한다. 셋째, 과음이나 과도한 운동을 피하여 최상의 몸 상태를 유지해야 한다. 마지막으로 티 테이스팅에 집중할 수 있는 조용한 공간이 필요하다.

04 티 테이스팅 용어

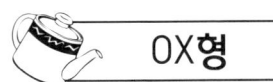 **OX형**

★ 01
티 테이스팅(tea tasting) 용어 중 'body'는 중량감으로 차의 성분에 미네랄의 농도가 강하게 느껴진다는 뜻이다.

▪ ○

★ 02
티 테이스팅 용어 중 'bright'는 밝고 산뜻하다는 뜻으로 차의 맛이 신선하게 느껴질 때 사용한다.

▪ ○

★ 03
티 테이스팅 용어 중 'harsh'는 불규칙하다는 의미이며, 찻잎의 크기가 일정하지 않다는 뜻이다.

'harsh'는 거칠다는 의미이며, 제조과정에서 나타나는 현상으로 찻잎에서 약간 강하면서도 쓴 찻잎 냄새가 나는 것을 말한다. 'irregular'가 불규칙하다는 의미이며, 찻잎의 크기가 일정하지 않다는 뜻이다.

▪ X

★★★ 04
티 테이스팅 용어 중 'smooth'는 기분이 좋아진다는 의미이며, 차의 맛이 기분을 상쾌하고 아주 부드럽고 거침이 없는 맛을 뜻한다.

▪ ○

05 ★★

티 테이스팅 용어 중 'tainted'는 단단하다는 의미이며, 찻잎이 조각나 있지 않고 조화롭게 잘 말려 있어 품질이 좋은 잎이란 뜻이다.

'tainted'는 썩은 냄새를 의미하며, 차의 제조과정에서 습도가 높았거나 수송시의 오염으로 인해 화학반응이 야기된 듯 기분 나쁜 향과 맛을 낸다는 뜻이다. 'wiry'가 단단하다는 의미이며, 찻잎이 조각나 있지 않고 조화롭게 잘 말려 있어 품질이 좋은 잎이라는 뜻이다.

■ X

06 ★★

티 테이스팅 용어 중 'ascending'은 휘발성이 강한 첫 향을 표현할 때 사용한다.

■ ○

07 ★★

티 테이스팅 용어 중 'frank'는 균형이 아주 잘 잡혀서 결점이 없고 손색이 없다는 것을 뜻한다.

■ ○

08 ★★

티 테이스팅 용어 중 'opulent'는 차의 향이 풍부하여 후각이 마비될 정도를 표현하는 것이다.

■ ○

09 ★★★

티 테이스팅 용어 중 'dominant'는 흙의 향으로 젖은 흙, 버섯, 곰팡이, 먼지, 부식토 등을 뜻한다.

'dominant'는 차에서 도출되는 가장 강한 향의 방향성 물질을 의미하고, 'earthy'가 흙의 향으로 젖은 흙, 버섯, 곰팡이, 먼지, 부식토 등을 뜻하는 용어이다.

■ X

10
티 테이스팅 용어 중 'robust'는 입안에서 부드럽게 감도는 맛을 뜻한다.

'robust'는 풍부하고 깊이 있는 차의 맛을 의미하고, 'roundness'가 입안에서 부드럽게 감도는 맛을 뜻하는 용어이다.

■ X

 선택형

01
다음 티 테이스팅(tea tasting) 용어 중 틀린 것은?
① body - 중량감으로 미네랄의 농도가 강하게 느껴지는 차
② bright - 밝고 산뜻하다는 뜻으로 맛이 신선하게 느껴지는 차
③ choppy - 조악하여 품질이 많이 떨어지는 차
④ colory - 빛깔이 아름답고 우아한 색을 내는 차

③ 'choppy'는 조각을 의미하며, 비비지 않고 파쇄기나 절단기로 자른 잎을 말한다.

■ ③

02
다음 티 테이스팅 용어 중 틀린 것은?
① bold - 굵고 큰 것을 의미하며, 찻잎이 다른 찻잎에 비해 큼
② coarse - 조악하여 품질이 많이 떨어지는 것
③ greenish - 연초록색을 의미하며, 차를 제조할 때 유념과 발효가 덜 되었을 경우에 우려 내면 옅은 초록색이 감도는 것
④ even - 조각을 의미하며, 말아지지 않고 조각난 잎

④ 'even'은 균일하다는 의미이며, 똑같은 크기의 잎으로 만들어진 차를 말한다. 'flaky'가 조각을 의미하며, 말아지지 않고 조각난 잎을 뜻한다.

■ ④

03 ★★

다음 티 테이스팅 용어 중 틀린 것은?

① brassy - 특별히 빛나는 것으로 차의 쓴맛이 독특하다는 의미
② plain - 자극성이 강하다는 의미이며, 차에서 쓴맛이 거의 나지 않는 것
③ point - 정점을 의미하며, 차의 향과 맛이 아주 특별한 것
④ tip - 찻잎의 눈을 의미하며, 차가 제조되었을 때 찻잎이 황금색 조각으로 섬세하고 어린 잎을 의미

② 'plain'은 평범하다는 의미이며, 차의 품질이 개성이 없고 밋밋한 것을 말한다. 'pungent'가 자극성이 강하다는 의미이며, 차에서 쓴맛이 거의 나지 않거나 화장수 맛이 나는 것을 뜻한다.

■②

04 ★★

다음 티 테이스팅 용어 중 틀린 것은?

① flaky - 균일하다는 의미이며, 똑같은 크기의 잎으로 만들어진 차
② dull - 산뜻하지 못하고 둔한 느낌, 일정하지 못한 찻잎의 품질
③ flavory - 향이 좋고 풍미가 풍부하며, 맛에서 개성이 분명한 차
④ irregular - 불규칙하다는 의미이며, 찻잎의 크기가 일정하지 않은 것

① 'flaky'는 조각을 의미하며, 말아지지 않고 조각난 잎을 말한다. 'even'이 균일하다는 의미이며, 똑같은 크기의 잎으로 만들어진 차를 뜻한다.

■①

05 ★★

다음 티 테이스팅 용어 중 틀린 것은?

① malty - 아주 잘 제조된 차에서만 나는 엿기름과 같은 향
② harsh - 거칠다는 의미이며, 제조과정에서 생겨난 현상으로 찻잎이 약간 강하면서도 쓴 냄새가 나는 것
③ point - 정점을 의미하며, 차의 향과 맛이 아주 특별한 것
④ plain - 들쭉날쭉하다는 의미로, 찻잎이 일정하지 않고 불규칙하게 조각이 난 것

④ 'plain'은 평범하다는 의미로, 차의 품질이 개성이 없고 밋밋한 것을 말한다. 'ragged'가 들쭉날쭉하다는 의미로, 찻잎이 일정하지 않고 불규칙하게 조각이 난 것을 뜻한다.

■④

06 ★★★

다음 티 테이스팅 용어 중 틀린 것은?

① ample – 입안에서 부드럽고 풍만하게 느껴지는 향과 맛
② bouquet – 차의 숙성과정에서 나타나는 향
③ crustacean – 갑각류의 향으로 바다가재, 게, 꽃게 등
④ gamy – 매우 부드럽고 매끄러운 것으로 주로 타닌 성분이 적은 차

④ 'gamy'는 동물의 향으로 가죽, 고양이 오줌, 사향, 젖은 양모, 땀, 거름 등을 의미하고, 'flowing'이 매우 부드럽고 매끄럽 다는 뜻으로 주로 타닌 성분이 적은 차를 뜻한다.

■ ④

07 ★★★

다음 티 테이스팅 용어 중 틀린 것은?

① oily – 차의 향이 풍부하여 후각이 마비될 정도를 표현하는 것
② harmony – 차의 향이 지속적으로 감지되면서 맛, 질감, 향이 완벽한 조화를 이루는 것
③ mineral – 미네랄 향으로 금속, 규토, 부싯돌, 마그네슘, 규산, 철분 등
④ umami – 감칠맛

① 'oily'는 매우 부드럽고 유질의 질감을 의미하고, 'opulent'가 차의 향이 풍부하여 후각이 마비될 정도를 표현하는 것이다.

■ ①

08 ★★★

다음 티 테이스팅 용어 중 틀린 것은?

① acid – 신맛
② berries – 딸기 계통의 향으로 나무딸기, 검은딸기, 딸기, 복분자, 블랙 커런트 등
③ flowing – 균형이 아주 잘 잡혀서 결점이 없고 손색이 없는 것
④ complex – 매우 풍부하고 완벽한 향

③ 'flowing'은 매우 부드럽고 매끄러운 것으로 주로 타닌 성분이 적은 차를 의미하고, 'frank'가 균형이 아주 잘 잡혀서 결점이 없고 손색이 없는 것을 뜻한다.

■ ③

09 ★★

다음 티 테이스팅 용어 중 틀린 것은?

① burnt - 타는 냄새의 향으로 볶은 커피, 구운 토스트, 연기, 땅콩, 팝콘 등
② dominant - 후각으로 감지되는 최후의 향
③ powdery - 차를 마시면 입안에서 부드럽고 섬세한 가루의 느낌으로 약간 떫은맛
④ lively - 신선하고 과도한 향이 아닌 가벼운 향을 지닌 찻물

② 'dominant'는 차에서 도출되는 가장 강한 향의 방향성 물질을 의미하고, 'final'이 후각으로 감지되는 최후의 향을 뜻한다.

■ ②

10 ★★

다음 티 테이스팅 용어 중 틀린 것은?

① supple - 점성을 지닌 액체로 오일, 크림 같은 느낌
② mineral - 미네랄의 향으로 금속, 규토, 부싯돌, 마그네슘, 규산, 철분 등
③ monolithic - 서로 다른 향을 분리할 수 없을 경우에 사용
④ roundness - 입안에서 부드럽게 감도는 맛

① 'supple'은 유연하게 순한 맛을 의미하고, 'thick'이 점성을 지닌 액체로 오일, 크림 같은 느낌을 뜻한다.

■ ①

11 ★★★

다음 티 테이스팅 용어 중 옳은 것은?

① bold - 특별히 빛나는 것으로 차의 쓴맛이 독특하다는 뜻이다.
② colory - 빛깔이 아름답고 우아한 색을 내는 차
③ gray - 거칠다는 의미이며, 제조과정에서 나타나는 현상으로 찻잎이 약간 강하면서도 쓴 냄새가 나는것
④ tip - 단단하다는 의미이며, 찻잎이 조화롭게 잘 말려 있어 품질이 좋다는 뜻이다.

'bold'는 굵고 큰 것을 의미하며, 찻잎이 다른 찻잎보다 큰 것을 말한다. 'gray'는 회색빛을 의미하는데, 찻잎을 너무 많이 잘랐거나 체로 거르는 과정에서 심하게 비벼서 찻잎의 수분 코팅막이 떨어져 나가서 회색 빛깔을 띠는 것이다. 'tip'은 찻잎의 눈을 의미하며, 차가 제조되었을 때 찻잎이 황금색 조각으로 섬세하고 어린잎을 의미한다.

■ ②

12

다음 티 테이스팅 용어 중 옳은 것은?
① ragged – 기분이 좋아진다는 의미이며, 상쾌하고 부드러우며 거침이 없는 맛
② even – 균일하다는 의미이며, 말아지지 않고 조각난 잎
③ choppy – 조악하여 차의 품질이 많이 떨어지는 것
④ tainted – 썩은 냄새를 의미하며, 차의 제조과정 시 습도가 높았거나 수송 시의 오염으로 인해 화학반응을 야기한 듯한 기분 나쁜 향과 맛

'ragged'는 들쭉날쭉하다는 의미로, 찻잎이 일정하지 않고 불규칙하게 조각이 난 것을 뜻한다. 'even'은 균일하다는 의미이며, 똑같은 크기의 잎으로 만들어진 차를 말한다. 'choppy'는 조각을 의미하며, 비비지 않고 파쇄기나 절단기로 자른 잎을 말한다.

■ ④

13

다음 티 테이스팅 용어 중 옳은 것은?
① ascending – 티 타닌에 의해 생성된 떫은맛으로 무미건조한 맛
② astringency – 휘발성이 강한 첫 향을 표현할 때 사용
③ structured – 골격으로 떫은맛이 입안을 가득 채우는 느낌
④ sweet – 단맛이 나는 타닌

'ascending'은 휘발성이 강한 첫 향을 표현할 때 사용한다. 'astringency'는 티 타닌에 의해 생성된 떫은맛으로 무미건조한 맛을 뜻하고, 'sweet'는 단맛을 의미한다.

■ ③

14

다음 티 테이스팅 용어 중 옳은 것은?
① gamy – 풍부한 향
② final – 차의 맛과 향이 미묘하면서도 정확한 것을 표현
③ unctuous – 벨벳처럼 약간 유질이 있는 차의 맛
④ persistence – 견과류의 향으로 호두, 개암나무, 아몬드 등

'gamy'는 동물의 향으로 가죽, 고양이 오줌, 사향, 젖은 양모, 땀, 거름 등을 의미하고, 'final'은 후각으로 감지되는 최후의 향을 말한다. 'persistence'는 입안에서 오랫동안 지속되는 향의 특징을 의미한다.

■ ③

 **단답형**

01
청량감으로 상쾌한 맛이 나고, 살청과 발효가 잘 되어 차 맛이 깔끔함을 나타내는 티 테이스팅 용어는 무엇인가?

■ brisk

02
품질이 떨어진다는 의미이며, 상태가 좋지 않은 찻잎을 사용하고, 수분이 많이 함유되어 우리면 차의 맛이 없음을 나타내는 티 테이스팅 용어는 무엇인가?

■ flat

03
엿기름을 의미하며, 아주 잘 제조된 차에서만 나는 엿기름과 같은 향을 나타내는 티 테이스팅 용어는 무엇인가?

■ malty

04
감칠맛을 의미하며, 완숙한 차의 품질에서 나오는 향기롭고 부드럽고 풍부한 맛이 일품일 때 사용하는 티 테이스팅 용어는 무엇인가?

■ mellow

05
균형이 아주 잘 잡혀서 결점이 없고 손색이 없을 때 사용하는 티 테이스팅 용어는 무엇인가?

■ frank

06
입안이 부드럽고 풍만하게 느껴지는 향과 맛을 나타내는 티 테이스팅 용어는 무엇인가?

■ ample

07
차의 향에서 느낄 수 있는 총체적인 향미의 특징을 나타내는 티 테이스팅 용어는 무엇인가?

■ aromatic profile

08
다양한 향과 맛이 아주 조화를 이룰 때 느껴지는 질감을 나타내는 티 테이스팅 용어는 무엇인가?

■ balanced

09
동물의 향으로 가죽, 고양이 오줌, 사향, 젖은 양모, 땀, 거름 등을 나타내는 티 테이스팅 용어는 무엇인가?

■ gamy

10
매우 부드럽고 유질의 질감을 나타내는 티 테이스팅 용어는 무엇인가?

■ oily

 서술형

01

티 테이스팅(tea tasting) 용어 중 'flavory'와 'tainted'에 대해 설명하시오.

'flavory'는 풍미가 풍부한 것을 의미하며, 향이 좋고 풍미가 뚜렷하고 맛에서 차의 개성이 분명한 것을 말한다. 'tainted'는 썩은 냄새를 의미하며, 차의 제조과정 시 습도가 높았거나 수송 시의 오염으로 인해 화학반응을 야기한 듯한 기분 나쁜 향과 맛을 의미한다.

02

티 테이스팅 용어 중 'flat'와 'irregular'에 대해서 설명하시오.

'flat'은 품질이 떨어진다는 의미이며, 상태가 좋지 않은 찻잎을 사용하고, 수분이 많이 함유되어 우리면 차의 맛이 없는 것을 말한다. 'irregular'는 불규칙하다는 의미이며, 찻잎의 크기가 일정하지 않은 것을 의미한다.

03

티 테이스팅 용어 중 'attack'과 'balanced'에 대해서 설명하시오.

'attack'은 차의 향을 맡을 때 비후 통로로 처음 감지되는 강한 향을 말하고, 'balanced'는 다양한 향과 맛이 아주 조화를 이룰 때 느껴지는 질감을 의미한다.

04

티 테이스팅 용어 중 'citrus fruit'와 'earthy'에 대해서 설명하시오.

'citrus fruit'는 감귤류의 향으로 오렌지, 레몬, 감귤, 한라봉 등을 말하고, 'earthy'는 흙의 향으로 젖은 흙, 버섯, 곰팡이, 먼지, 부식토 등을 의미한다.

05/중국 다예사의 좋은 차를 우려내는 방법

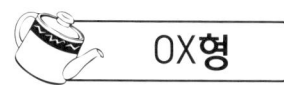 OX형

★
01
녹차(綠茶)의 품질과 물의 온도는 크게 연관성이 없다.

녹차의 품질과 물의 온도는 아주 중요하다. 물의 온도에 따라서 녹차의 맛이 바뀐다.

▪ X

★
02
녹차(綠茶)는 찻잔에 찻물이 남아있지 않을 때 속수(續水)해준다.

녹차는 찻잔에 찻물이 1/3 정도 남아있을 때 속수(續水)해준다.

▪ X

★
03
백차(白茶)를 우릴 때는 고도의 기술이 필요하며, 특히 백색 솜털의 잔털 향과 맛을 살려야 한다.

▪ O

★
04
백차(白茶)는 희귀한 차로 가공방법도 매우 특이하며 살청과 유념 없이 위조와 건조과정으로만 만들어진다.

▪ O

★★
05
청차(靑茶)를 우려내는 방법은 개완에 우리는 한 가지의 방법을 사용한다.

청차를 우려내는 방법은 개완에 우리는 방법과 자사차호에 우리는 방법 두 가지가 있다.

▪ X

★★
06
청차(靑茶)는 다른 차에 비해 우려내는 방법이 엄격하고 복잡하기 때문에 '공력을 필요로 한다'고 하여 공부(工夫)라고 부른다.

■ ○

★★
07
홍차(紅茶)는 찻물의 빛이 거무스름하기 때문에 black tea라고 불렸다.

홍차는 찻물이 붉기 때문에 홍차(紅茶)라고 불렀고, 서양에서는 찻잎이 검은 색깔이기 때문에 'black tea'라고 불렀다.

■ X

★★★
08
홍차(紅茶)를 우려내는 청음법(淸飮法)은 블랜딩(blending)한 홍차를 시음하기 위한 방법을 말한다.

청음법(淸飮法)은 순수한 홍차의 향과 맛을 보기 위한 방법이다.

■ X

★★★
09
우리가 마시는 보이차(普洱茶)를 만들어낸 사람들은 운남성(雲南省)의 소수민족들이다.

■ ○

★★★
10
보이차(普洱茶)를 우리는 방법에는 생차와 숙차가 있으며, 우리는 방식은 동일하다.

보이차를 우리는 방법에는 생차와 숙차가 있으며, 우려내는 방법은 세차(洗茶)에서 차이가 난다.

■ X

선택형

01 ★

다음 중 녹차(綠茶) 다예와 관련된 내용이 아닌 것은?
① 보통 녹차 우리는 물의 온도는 80~85℃가 적당하다.
② 찻잎이 많이 부서진 심증차(深蒸茶)는 온도를 낮게 하거나 우리는 시간을 짧게 한다.
③ 일반 녹차는 상투법(上投法)을 이용해 차를 우린다.
④ 녹차는 찻잔에 1/3 정도 남아있을 때 속수(續水)해준다.

③ 일반 녹차는 하투법(下投法)을 이용해 차를 우린다.

■ ③

02 ★★

다음 중 중국차 다법으로 녹차(綠茶)를 우리는 방법 중 틀린 것은?
① 상투법(上投法) - 용정차(龍井茶)
② 중투법(中投法) - 태평후괴(太平猴魁)
③ 중투법(中投法) - 벽라춘(碧螺春)
④ 하투법(下投法) - 일반 녹차

벽라춘(碧螺春)은 상투법으로 우리는 것이 좋다.

■ ③

03 ★★

다음 중 백차(白茶) 다예와 관련된 내용이 아닌 것은?
① 녹차와 우리는 방법이 비슷하다.
② 흰색털이 많아 차 성분이 쉽게 추출되지 않으므로 비교적 우리는 시간이 길다.
③ 백차는 50~60℃의 낮은 온도에서 우린다.
④ 차를 우리는 횟수는 2~3회 정도가 적당하다.

백차는 85℃의 온도에서 우린다.

■ ③

★★ 04

다음 중 청차(靑茶) 다예와 관련된 내용이 아닌 것은?
① 개완포법(蓋碗泡法)은 주로 무이산(武夷山)에서 사용하는 다법이다.
② 광동성(廣東省)의 조산공부오룡차포법(潮汕工夫烏龍茶泡法)이 가장 오래 되었다.
③ 고급 청차는 12회 정도 우려낼 수 있다.
④ 청차를 우려내는 방법은 개완(蓋碗)과 자사호(紫沙壺) 두 가지 방법이 있다.

① 개완포법(蓋碗泡法)은 주로 광동성(廣東省)에서 사용하는 다법이다.

■ ①

★★ 05

다음 중 홍차(紅茶) 다예와 관련된 내용이 아닌 것은?
① 청음법(淸飮法)은 순수한 홍차의 향과 맛을 보기 위한 방법이다.
② 홍차를 우리는 물의 온도는 95℃가 적당하다.
③ 인도, 스리랑카 홍차는 3~5분, 중국홍차는 5~7분 정도 우려내는 것이 좋다.
④ 조음법(調飮法)은 참선의 의미를 부여한 홍차를 마시는 다예법이다.

④ 조음법(調飮法)은 블랜딩(blending)한 홍차를 시음하는 것이다. 참선의 의미를 부여하여 정신세계를 강조하는 것은 공부홍차법(工夫紅茶法)이다.

■ ④

★★★ 06

다음 중 흑차(黑茶)의 하나인 육보차(六堡茶) 다예와 관련된 내용이 아닌 것은?
① 90℃ 이상의 물을 붓고 3~5초 동안 우린다.
② 자사호를 이용하여 먹는샘물로 우리는 것이 좋다.
③ 진하게 우릴수록 깊은 맛을 느낄 수 있다.
④ 발효차이므로 5~6회 정도 우릴 수 있다.

육보차는 보통 10회 이상 우려 마신다.

■ ④

07 ★★★

다음 중 중국차 다법으로 차 우리는 내용 중 틀린 것은?

① 백차는 차 성분이 쉽게 추출되지 않아 비교적 긴 시간 동안 차를 우린다.
② 청차는 개완(蓋碗)과 자사호(紫沙壺)에 우리는 방법 두 가지가 있다.
③ 황차는 유리글라스에 차를 넣고 뜨거운 물을 부으면 찻잎이 위아래로 3번 정도 움직이는데, 이 모습을 '삼기삼락(三起三落)'이라고 한다.
④ 흑차는 생차와 숙차가 있으며, 생차와 숙차를 우려내는 방법은 세차(洗茶)에서 차이가 난다.

보이차는 생차, 숙차로 구분하며, 우리는 방법은 세차에서 차이가 난다.

■ ④

08 ★★★

다음 중 중국차 황차(黃茶)와 관련된 내용이 아닌 것은?

① 끓인 물을 약 75℃를 유지하여 사용한다.
② 보통 유리나 도자기 형태의 다구를 사용한다.
③ 도자기를 사용하면 삼기삼락(三起三落)을 볼 수+ 있다.
④ 보통 30~40초 동안 6회 이상 추출할 수 있다.

보통 30~40초 동안 4회 정도 추출한다.

■ ④

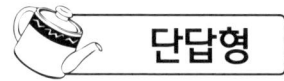 단답형

01 ★

일반적으로 녹차(綠茶)는 다른 차에 비해 떫은맛 성분이 적게 우러나도록 70~80℃의 낮은 온도로 우리는 것이 좋으며, 찻잎이 많이 부서진 (   )의 경우는 온도를 더 낮추거나 우리는 시간을 짧게 하는 것이 좋다. (   ) 안에 들어갈 정답은 무엇인가?

■ 심증차(深蒸茶)

★★ 02

황차(黃茶)를 유리글라스에 넣고 뜨거운 물을 부으면 찻잎이 곧게 떴다가 내려앉기를 3번 정도 하는데, 이 모습이 춤을 추는 것 같아 붙여진 표현은 무엇인가?

■ 삼기삼락(三紀三落)

★★ 03

청차(靑茶)를 우릴 때 다구의 종류와 지역에 따라 각각 4가지로 구분하는데, 그 중 품명배(品茗杯)와 문향배(聞香杯)를 사용하는 다법은 무엇인가?

■ 호충쌍배포법(壺盅雙杯泡法)

★★ 04

청차(靑茶)는 특히 다른 차에 비해 우려내는 방법이 엄격하고 복잡하기 때문에 '공력을 필요로 한다'고 하여 붙여진 이름은 무엇인가?

■ 공부(工夫)

★★★ 05

청차(靑茶) 다예 중 혜심(慧心)이라고 하며 우주의 진리를 깨닫는 마음이란 뜻으로 여럿이 마시는 차호를 무엇이라 하는가?

■ 득혜호(得慧壺)

★★★ 06

홍차(紅茶)를 우리는 방법 중 순수한 홍차의 향과 맛을 보기 위한 방법을 무엇이라 하는가?

■ 청음법(淸飮法)

★★★ 07

중국 다예의 방법 중 차를 먼저 넣고 뜨거운 물을 넣어주는 다법을 무엇이라 하는가?

■ 하투법(下投法)

★★★ 08

뜨거운 물을 개완(蓋碗) 안으로 3번, 7~8부 공손하게 따르는 다법을 무엇이라 하는가?

■ 봉황삼점두(鳳凰三点頭)

★★★ 09

중국 녹차를 우리는 방법 중에서 상투법을 이용하는 차를 두 가지 이상 쓰시오.

상투법은 먼저 뜨거운 물을 붓고 찻잎을 넣는 방법으로 용정차, 벽라춘, 몽정감로 같은 어린잎을 사용한 고급차에 주로 쓰인다.
■ 용정차, 벽라춘, 몽정감로

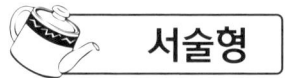

★★ 01

녹차(綠茶)를 우리는 3가지 방법에 대해 설명하시오.

녹차(綠茶)를 우리는 방법은 하투법(下投法), 중투법(中投法), 상투법(上投法)이 있다. 첫째, 하투법(下投法)은 찻잎을 먼저 잔에 넣고 뜨거운 물을 따른다. 둘째, 중투법(中投法)은 찻잎을 찻잔에 넣고 뜨거운 물을 약 1/3 넣고 찻잎을 흔들어준 다음 다시 뜨거운 물을 따른다. 셋째, 상투법(上投法)은 뜨거운 물을 먼저 잔에 넣고 찻잎을 넣는다. 용정차, 벽라춘, 몽정감로 같은 어린 찻잎을 사용하는 고급차는 상투법이나 중투법을 사용하고, 그 다음 좋은 녹차인 육안과편, 황산모봉, 태평후괴 등은 중투법을 주로 사용하며, 일반 녹차는 하투법을 사용한다.

★★ 02

청차(靑茶)를 우릴 때 다구의 종류에 따라 4가지로 구분하는데, 이 4가지에 대해 설명하시오.

청차(靑茶)를 우릴 때는 다구의 종류에 따라 호충쌍배포법(壺盅雙杯泡法), 호충단배포법(壺盅單杯泡法), 호배포법(壺杯泡法), 개완포법(蓋碗泡法)의 4가지로 구분된다. 호충쌍배포법(壺盅雙杯泡法)은 품명배(品茗杯)와 문향배(聞香杯)를 사용하고, 호충단배포법(壺盅單杯泡法)은 다호(茶壺)와 다충, 품명배(品茗杯)를 사용하며, 호배포법(壺杯泡法)은 다호(茶壺)와 품명배(品茗杯)를 사용한다. 또한, 개완포법(蓋碗泡法)은 주로 광동지역에서 사용하는데 도자로 된 쌍층다반(茶盤)에 작은 개완(蓋碗)과 품명배(品茗杯)를 이용한다.

★★★ 03
차를 마시는 사람의 인원수에 따라 다호를 선택하게 되는데, 이 중 득혜호(得慧壺)에 대해 설명하시오.

득혜호(得慧壺)는 여럿이 마시는 차호를 뜻하며, 혜심(慧心)이라 하여 우주의 진리를 깨닫는 마음이란 뜻이다.

★★ 04
백호은침을 우리는 방법을 서술하시오.

한 잔이 약간 안 되는 85℃의 물에 2티스푼의 찻잎을 넣고 15분간 우리거나, 개완의 1/3 높이까지 찻잎을 채운 후에 15초씩 수차례 우려낸다.

보이차의 역사와 정의

01/ 전설과 역사

06

01 전설과 역사

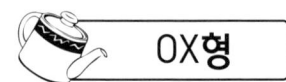 OX형

★ 01
중국작가 조설근(曹雪芹)이 쓴 고전소설 '삼국연의(三國演義)'와 톨스토이의 위대한 명작 '전쟁과 평화'에 보이차를 마시는 장면이 소개된다.

중국작가 조설근(曹雪芹)이 쓴 고전소설 '홍루몽(紅樓夢)'과 톨스토이의 위대한 명작 '전쟁과 평화'에 보이차를 마시는 장면이 소개된다.

▪ X

★ 02
보이차의 역사는 고대 보이차, 근대 보이차, 현대 보이차로 구분된다.

보이차의 역사는 고대 보이차(청나라 이전 시기의 긴압차), 근대 보이차(민국초기부터 1970년까지), 현대 보이차(1970년 이후)로 구분된다.

▪ O

★★ 03
보이차 전문가 이문천은 보이차의 역사를 시대적으로 호급차, 인급차, 칠자병차, 유통개혁, 민영화로 인한 현대화로 구분하였다.

▪ O

★★ 04
만송(曼松) 지역은 차의 기원으로 알려진 신농(神農)황제를 모시는 사당이 있어 보이차의 원산지라는 것을 보여주고 있다.

임창(臨滄) 지역은 차의 기원인 신농황제를 모시는 사당이 있어 차의 원산지가 임창이라는 것을 보여주고 있다.

▪ X

05
보이차에 대한 최초의 기록은 육우(陸羽)의 『다경(茶經)』에서 찾아볼 수 있다.

보이차에 대한 최초의 기록은 '사대부나 서민이 마시는 차는 보차(普茶)로 쪄서 둥글게 빚은 것이다.'라고 기술된 명나라의 서적 『전략(滇略)』에서 찾아볼 수 있다. 육우가 생존했을 당시에 운남국은 남조국으로 갈 수가 없었던 지역으로 지정되어 있었기 때문에 『다경(茶經)』에는 보이차에 대한 기록이 없다.

▪ X

06
노반장(老班章) 마을은 포랑산에서 가장 오래된 마을이다.

노만아(老曼峨) 마을이 포랑산에서 가장 오래된 마을이다.

▪ X

07
운남성의 기낙족(基諾族)은 기낙산(基諾山)을 공명산(孔明山)이라고도 부르고 있다.

남나산(南糯山)의 포랑족은 제갈량을 차의 시조로 모시고, 매년 음력 7월 23일 제갈량을 위한 제사를 올리며, 남나산을 공명산으로 부르고 있다.

▪ X

08
명나라 시대에는 보이시(普洱市)가 영이(寧洱) 지역이었으며, 2007년 4월 8일에 사모시(思茅市)를 보이시로 개명하였다.

▪ ○

09
보이차는 명나라 시대에 처음으로 공차로 지정되었다.

청나라 옹정황제 7년 때 보이부를 설치하였고 성조 강희년 보이차는 처음으로 공차로 진상되기 시작하였다.

▪ X

★★
10

청나라 말기 광서제(光緒帝)는 서태후로 인해 왕위에 올랐지만, 1898년 무술정변으로 유폐되고, 어린 왕자를 암살하려는 음모로부터 운남의 황가다원으로 피신시켰다.

■ ○

★★
11

근대화 시대를 맞아 보이차 산업의 첫 번째 역경은 문화혁명이었다.

근대화 시대를 맞아 보이차 산업의 첫 번째 역경은 일본제국주의의 침략이다.

■ X

★★
12

1972년부터 중차패원차 대신 운남칠자병을 사용함에 따라 이 시기를 인급차(印級茶) 시대라고 한다.

1972년부터 중차패원차 대신 운남칠자병을 사용함에 따라 이 시기를 병급차 시대라고 한다. 인급차는 1952년 시기에 생산된 차를 지칭하는 호칭이다.

■ X

★★
13

중국의 차(茶)와 티베트의 말(馬)을 교역하는 차마고도(茶馬古道)는 중국과 티베트, 네팔, 인도를 잇는 육상무역로로써 실크로드보다 200년이 앞섰다.

■ ○

★★
14

기원 전 1000년경 운남, 사천, 티베트는 산길을 통해 물물교환식 무역을 하였는데 이 산길의 도로는 칭기즈칸에 의해 인도, 네팔까지 더욱 확장되었다.

칭기즈칸의 조카 쿠빌라이(忽必烈 : 115~1294) 황제 당시의 몽고군에 의해 더욱 확장 되었다.

■ X

★★
15
원래의 차마고도는 사천(四川)의 아안(雅安)에서 출발하는 길과 운남(雲南)의 보이(普洱)에서 출발하는 길을 뜻한다.

■○

★★
16
차마고도의 시발점은 이무고진(易武古鎭)에 깔아 놓은 청석판이다.

■○

★★
17
차마고도에 말 한 마리가 운반할 수 있는 무게는 한쪽 40kg씩, 총 80kg이다.

부피를 줄이고자 만든 긴압차를 말안장 양쪽으로 30kg씩 총 60kg을 실어 운반하였다.

■ X

★★★
18
차마고도 중 보이이무차마고도는 대부분 상등품으로 원차를 수송한다.

맹랍(勐腊) 차마도(茶馬道)는 보이-맹랍-라오스 북부를 거쳐 가는 길이며, 보이이무차마고도는 보이에서 출발하여 이무에서 보이차를 실어 각 지역으로 가는 길로, 대부분이 상등품이며, 원차를 수송하였다.

■○

★★★
19
보이차는 복족(濮族)이 만든 차라고 하여 '복차(濮茶)'로 불리다가 '보차(普茶)'가 되었고, 후에 보이차라고 바뀌었다는 설이 있다.

■○

★★★
20

베트남, 라오스, 미얀마 지역에서도 보이차를 생산하고 있다.

운남성 외의 지역에서 보이차와 같은 과정을 거쳐 차를 생산하여도 보이차라고 명명할 수 없고, 오직 흑차라고만 명명할 수 있다. 중국 정부와 운남성 정부에서 지정한 보이차의 정의에서 벗어나면 보이차가 될 수 없다.

▪ X

★★★
21

중국의 복건성(福建省), 사천성(四川省), 광동성(廣東省)에서도 보이차를 생산하고 있다.

운남성 외의 지역에서 보이차와 같은 과정을 거쳐 차를 생산하여도 보이차라고 명명할 수 없고, 오직 흑차라고만 명명할 수 있다. 중국 정부와 운남성 정부에서 지정한 보이차의 정의에서 벗어나면 보이차가 될 수 없다. 9

▪ X

★★★
22

보이차 산지는 운남성 북위 21~25° 동경 30~38° 지역으로, 해발 800~2,300m 산을 중심으로 형성된다.

▪ ○

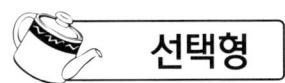 선택형

★
01

다음 중 제갈량(諸葛亮)에 관한 설명 중 틀린 것은?
① 제갈량의 전설로 인해 남나산이 공명산으로 불리워졌다.
② 매년 음력 7월 23일이 되면 제갈량을 추모하는 제사를 지낸다.
③ 제갈량은 동한(東漢)시대 복인(濮人) 지도자이다.
④ 한화운남차사(閑話雲南茶事)에 제갈량의 전설을 기록하였다.

동한(東漢)시대 복인(濮人) 지도자는 파예안링이며, 제갈량은 삼국시대 촉한(蜀漢)의 정치가 겸 전략가이다.

▪ ③

★ 02

다음 중 운남성과 국경을 맞대고 있지 않는 국가는?

① 미얀마　　　　　　　　　　② 라오스
③ 베트남　　　　　　　　　　④ 티베트

④ 티베트는 중국내의 자치구이며 시짱으로도 불린다.

■④

★ 03

다음 중 보이차와 관련 없는 인물은?

① 제갈량(諸葛亮)　　　　　　② 조설근(曹雪芹)
③ 육우(陸羽)　　　　　　　　④ 파예안렁(帕어冷)

그 당시 당나라는 지금의 운남에 자리한 남조국과는 전쟁으로 국교가 단절된 상태였다. 따라서 당나라 사람인 육우가 남조국에 들어갈 수 있는 방법은 전혀 없었다. 남조국과 당나라의 관계는 육우의 나이가 60이 넘어서야 미비하게 회복되었으므로 이미 할아버지가 된 육우가 그 험난한 여행을 하기에는 무리였을 것이다.

■③

★★ 04

다음 중 보이(普洱) 지역에 관련된 내용 중 틀린 것은?

① 명나라 시대에는 보이 지역을 영이(寧洱)라고 불렀다.
② 2007년 4월 8일 보이(普洱)시를 사모(思茅)시로 개명하였다.
③ 보이 지역의 푸얼(普洱)이라는 지명은 소수민족들이 사용한 언어에서 왔다는 설이 있다.
④ 방이지(方以智)의 물리소식(物理小識)에 보이 지역에 관한 내용이 서술되어있다.

2007년 4월 8일에 사모시를 보이시로 개명하였다

■②

★★ 05

다음 중 보이차와 관련 없는 서적은?

① 다경(茶經)　　　　　　　　② 보이차기(普洱茶記)
③ 운남통지(雲南通志)　　　　④ 전해우형지(鎭海虞衡志)

육우가 생존했을 당시에 운남국은 남조국으로 갈 수가 없었던 지역으로 보이차에 대한 기록이 없다.

■①

06

다음 중 이무(易武) 지역의 호급차(號級茶)가 아닌 것은?

① 동경호(同慶號) ② 동흥호(同興號)
③ 차순호(車順號) ④ 정흥호(鼎興號)

이무 지역의 유명한 호급차는 동흥호(同興號), 복원창호(福元昌號), 동경호(同慶號), 동창호(同昌號), 차순호(車順號) 등이 있다. 정흥호(鼎興號)는 맹해(勐海) 지역에 있다.

■ ④

07

다음 중 제일 먼저 인공발효숙차를 개발한 차창은?

① 곤명차창(昆明茶廠) ② 맹해차창(勐海茶廠)
③ 하관차창(下關茶廠) ④ 보이차창(普洱茶廠)

■ ①

08

운남성차업공사 보이차 상표표준화 번호의 설명 중 틀린 것은?

① 병자는 4자리 숫자를 사용한다.
② 앞의 두 자리의 숫자는 제품이 만들어진 연도를 의미한다.
③ 세 번째 자리 숫자는 차창을 나타내는 번호다.
④ 차창을 나타내는 번호 중 2호는 맹해차창(勐海茶廠)을 의미한다.

③ 세 번째 자리의 숫자는 모차의 등급을 의미한다.

■ ③

09

다음 중 1995년 이전에 긴압차를 만들지 않은 차창은?

① 맹해차창(勐海茶廠)
② 곤명차창(昆明茶廠)
③ 하관차창(下關茶廠)
④ 보이차창(普洱茶廠)

■ ②

★★★ 10

다음 중 명나라와 청나라 시대의 보이에 위치한 5개의 차마고도 길과 관련된 내용이 아닌 것은?
① 관마대도(官馬大道)는 차마고도에서 가장 길고 중요한 길이다.
② 전서후로차마고도(滇西後路茶馬古道)는 주로 보이에서 네팔까지 가는 길을 말한다.
③ 차마대도(茶馬大道)는 미얀마로 가는 길을 말한다.
④ 차마고도 중 동남로는 후에 유럽까지 확장되었다.

차마대도는 주로 보이에서 네팔까지 가는 길을 말하며 일명 전서후로차마고도(滇西後路茶馬古道)라고한다. 미얀마로 가는 길은 보이(普洱)-사모(思茅)-란창(瀾滄)-맹연(孟連)을 말한다.

■③

★★★ 11

다음 중 보이(普洱)에 관한 설명 중 틀린 것은?
① 보(普)는 '산채 혹은 마을'을 뜻한다.
② 이(洱)는 '물굽이'를 의미한다.
③ 명나라 시대 보이는 차리선위사(車裏宣慰司)의 관할 구역이었다.
④ 보이라는 단어는 포랑족(布朗族)의 언어로부터 왔다.

보이라는 단어는 중국의 소수민족인 합니족(哈尼族)의 언어로 보(普)는 '산채 혹은 마을'을 뜻하며 이(洱)는 '물굽이'를 의미한다.

■④

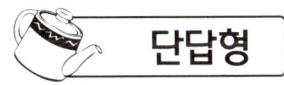 단답형

★ 01

세계에서 12번째로 긴 운남성의 란창강(瀾滄江)은 베트남에서 (　　　　　)으로 불린다. (　　) 안에 들어갈 정답은 무엇인가?

■메콩강(Mekong River)

★ 02

중국의 명차 중 (　　　　)는 '마시는 골동품'이라고 부른다. (　　) 안에 들어갈 정답은 무엇인가?

■보이차

★★ 03

보이차 전문가 (　　　　　)은 보이차의 역사를 시대적으로 호급차, 인급차, 칠자병차, 유통개혁, 민영화로 인한 현대화로 구분하였다. (　　) 안에 들어갈 정답은 무엇인가?

■ 이문천

★★ 04

100년 이상 된 '금과공차(金瓜貢茶)' 2개 중 큰 것은 북경 고궁(故宮)에 소장되어있고, 조금 작은 것은 항주(杭州) (　　　　　)에 보관 중이다. (　　) 안에 들어갈 정답은 무엇인가?

■ 절강대학교(浙江大學)

★★ 05

보이차의 전설에 2명의 인물이 등장하는데, 그 중 한 명은 (　　　　　)이고, 또 다른 한 명은 제갈량(諸葛亮)이다. (　　) 안에 들어갈 정답은 무엇인가?

■ 파예안령(帕哎冷)

★★ 06

'은화재물은 언젠가는 없어질 것이며 가축들도 또한 죽게 될 것이다. 오직 후세에게 남겨줄 것은 차나무의 찻잎이다.'라는 유언을 남긴 인물로, 포랑족은 매년 6월 7일이 되면, (　　　　　)을/를 추모하는 제사를 지내고 있다. 이는 누구인가?

■ 파예안령(帕哎冷)

★★ 07

육우(陸羽)의 다경(茶經)에 유일하게 기록이 되어있지 않은 차는?

■ 보이차

★★
08

보이차는 (　　　　　) 시대에 공차로 지정되면서 더욱 유명해졌다. (　) 안에 들어갈 정답은 무엇인가?

■ 청나라

★★★
09

복재전(福來噴)이 저술한 운남통지(雲南通誌)와 단췌(檀萃)가 저술한 (　　　　)에 운남의 육대차산은 '유락, 혁등, 의방, 망지, 만전, 만사'라고 되어있다. (　) 안에 들어갈 정답은 무엇인가?

■ 전해우형지(鎭海虞衡誌)

★★
10

(　　　　) 지역의 보이차는 '황제의 차'로 유명하며, 돈이 있어도 구할 수 없는 귀한 차라고 한다. (　) 안에 들어갈 정답은 무엇인가?

■ 만송

★★
11

청나라 시대 당시 육대차산이 보이부 관할로 들어오면서 차산지가 확대되었고, 품질 좋은 보이차가 출시되면서 명성을 얻게 되었다. 이 중 일부 고급 보이차를 (　　　　)라고 부르며, 전통적인 제다방법을 알 수 있는 중요한 자료로 인정받고 있다. (　) 안에 들어갈 정답은 무엇인가?

■ 호급차(號級茶)

★★
12

맹해차창(勐海茶廠)을 설립한 사람은 누구인가?

■ 범화균(范和鈞)

★★
13

1956년 모택동에 의해 공산당이 중국을 장악하면서 사회주의 체제 속에 개인 차창은 강제적으로 환수되었고, 차창들은 모두 합작사에 편입되었으며, 모든 찻잎의 생산은 (   )로 들어갔다. (   ) 안에 들어갈 정답은 무엇인가?

■ 계획경제

★★
14

1973년 최초로 습창 발효방식에 의한 악퇴발효숙차, 즉 인공쾌속발효 보이차를 만드는 기술을 개발한 차창은?

■ 곤명차창(昆明茶廠)

★★
15

1995년 대만의 등시해(鄧時海)씨가 맹해 지역의 수령 300년 이상 된 고차수로 만든 최초의 교목 고수차를 무엇이라 부르는가?

■ 운해원차(雲海圓茶)

★★★
16

1990년 운남대학교 민속학자인 목제홍(木霽弘) 교수 일행이 2개월 동안 산길을 답사한 후 2년 뒤에 연구논문을 발표하였는데, 이때 답사한 산길을 (   )라고 명명하면서 보이차의 명성과 함께 알려지게 되었다. (   ) 안에 들어갈 정답은 무엇인가?

■ 차마고도(茶馬古道)

★★★
17

홍콩과 타이완에서는 인공쾌속발효공법으로 만든 숙차를 (   )라고 부르며, 중국 운남성 정부에 품질에 이의를 제기하기도 하였다. (   ) 안에 들어갈 말은 무엇인가?

■ 취폭차(臭曝茶)

★★★
18

2008년 12월 1일 중국정부는 보이차 지리표지산품 보호관리법 국가표준조례를 발표하고 2009년부터 시행하였다. 이때 운남성의 11개주, (　　　)개현, 1639개 향으로 확대되었다. (　) 안에 들어갈 숫자는 무엇인가?

■ 75

★★★
19

중국정부 보이차 지리표지산품 보호관리법 국가표준조례를 발표한 날짜는?

■ 2008년 12월 1일

★★★
20

중국의 대약진운동기간에 중국 정부는 야생차나무 밭을 개간하여 차나무를 심고, 찻잎을 채엽하기 쉽도록 해마다 가지치기를 시행하였다. 이때 심어 살아있는 차나무를 야방차(野放茶) 혹은 (　　　　　)라고 한다. (　) 안에 들어갈 정답은 무엇인가?

■ 황지차(荒地茶)

★★★
01

보이차의 시대 구분에 대하여 설명하시오.

보이차의 역사는 고대 보이차(청나라 이전의 긴압차), 근대 보이차(민국초기부터 1970년까지), 현대 보이차(1970년 이후)로 구분하기도 한다. 보이차 전문가 이문천은 보이차의 역사를 시대적으로 호급차(1949년까지), 인급차(1949~1972년까지), 칠자병차(1972~1993년까지), 유통개혁(1993~2003년까지), 민영화(2003년 이후)로 인한 현대화로 구분하고 있다.

★★ 02

인급차(印級茶)에 대한 유래를 설명하시오.

1952년 이후에 생산된 보이차 포장지에 팔중차(八中茶)의 차(茶) 글씨는 수작업으로 도장을 찍으며, 인(印)을 찍을 때 색깔에 따라 홍색, 황색, 녹색으로 표시한 것에서 유래하였다.

★★★ 03

1976년 해외수출을 위해 운남성차업공사(云南省茶業公司)는 보이차 상표를 표준화하여 번호를 사용하도록 하였다. 병자는 4자리 숫자를 사용했는데, 이 4자리 숫자의 의미에 대하여 자세히 설명하시오.

병자의 앞 두 자리는 제품이 만들어진 연도를 의미하고, 세 번째 자리는 모차의 등급, 네 번째 자리는 차창을 나타내는 번호를 의미한다. 1호는 곤명차창(昆明茶廠), 2호는 맹해차창(勐海茶廠), 3호는 하관차창(下關茶廠), 4호는 보이차창(普洱茶廠)으로 정했는데 이때부터 '숫자 보이차'라고 불려졌다.

★★ 04

명나라와 청나라시대의 보이(普洱)에는 5개의 중요한 차마고도(茶馬古道) 루트가 있었다. 이에 대해 설명하시오.

첫 번째 길은 관마대도(官馬大道)로써 차마고도에서 가장 길고 중요한 길이다. 보이에서 곤명(昆明)을 거쳐 북경까지, 즉 공차를 나르는 587km의 길이며, 약 17일 소요된다. 남으로 보이(普洱) – 사모(思茅) – 경홍(景洪)을 거쳐 불해(佛海 : 현재는 맹해) 지역, 그리고 미안마까지 가는 길로써 460km, 약 8일 정도 소요된다. 그리고 이 길은 태국 – 싱가폴 – 말레이시아로 확대되었다. 두 번째 길은 티베트의 차마대로(茶馬大道)로 주로 보이에서 네팔까지 가는 길을 말하며 일명 전서후로차마고도(滇西后路茶馬古道)라고 한다. 보이(普洱) – 하관(下关) – 여강(麗江) – 중전(中甸) – 서장(西藏) – 라싸(拉薩) – 네팔을 잇는 길이다. 가장 험한 길로써 TV에 자주 접하는 차마고도이며 서북로라고도 한다. 세 번째 길은 일명 동남로 400km이며 약 7일 정도 소요되었다. 강래(江莱)로 가는 차마도(茶馬道)로써 보이차는 강성(江城)을 거쳐 베트남 래주(萊州)에 들어갔으며, 후에 유럽까지 확장되었다. 네 번째 길은 건기에 가는 보이차의 운송도로로 보이(普洱) – 사모(思茅) – 란창(瀾滄) – 맹연(孟連)을 거쳐 미안마로 가는 길이다. 다섯 번째 길은 맹랍(猛臘) 차마도(茶馬道)로써 보이(普洱) – 맹랍(猛臘) – 라오스 북부를 거쳐 가는 길이다. 그리고 보이에서 출발하여 이무에서 보이차를 실어 각 지역으로 가는 길을 보이이무차마고도(普洱易武茶馬古道)라고 하며, 대부분 상등품으로 원차를 수송하였다.

★★★ 05

보이차의 학술적인 정의는 무엇인가?

보이차의 학술적 개념은 "운남성 지역에서 운남 대엽종 차나무 잎을 사용하여 햇볕에 말린 쇄청모차를 원료로 긴압하여 만든 생차 혹은 숙차의 정의를 벗어나면 보이차로 취급을 받을 수가 없다."라고 한다.

★★★
06

2008년 12월 1일 중국정부는 보이차지리표지산품 보호관리법 국가표준조례를 발표하고 2009년부터 시행하게 되었다. 제3조에 의하면 크게 4개의 항목으로 구분하고 있다. 이 4개의 항목에 대해 설명하시오.

첫째, 중국정부가 지정한 지리표시산품으로 운남성에서 생산되는 차이고, 둘째, 운남 대엽종 차나무 잎을 사용하여 만든 차이며, 셋째, 햇볕에 말린 초벌 모차, 즉 쇄청산차를 사용하며, 넷째, 보이차에는 생차와 숙차 2종류가 있다.

★★★
07

보이차의 진위여부를 판별하는 방법에 대해 설명하시오.

보이차의 진위여부를 판별하는 방법은 첫째, 중국정부가 제정한 보이차 정의를 벗어나면 가짜이고, 둘째, 지역명과 쇄청모차의 원료를 속이면 가짜이며, 셋째, 생차와 숙차의 발효방법을 속이면 가짜이며, 넷째, 저장년도, 즉 빈티지를 속이면 가짜이다.

★★★
08

야생차나무에 대해 설명하시오.

학문적으로 야생차나무는 원시형 차나무를 의미하지만 운남성에서는 교목형과 과도형 차나무 모두 수령이 오래되면 고차수(古茶樹), 노차수(老茶樹) 혹은 야생차나무로 부르고 있다. 전통적인 보이차의 재료로 사용되는 야생차나무는 해발 2,100~2,700m에서 자라고 있다.

★★★
09

보이차의 2종류 후발효방법을 설명하시오.

생차가 장기간 스스로 자연발효하면 '자연완만발효차', '자연발효차' 혹은 '노생차'라고 하고, 인위적인 악퇴(渥堆)과정을 거쳐 쾌속 발효시키면 '인공쾌속발효차', '인공발효차' 혹은 '숙차'라고 한다.

보이차 나무

01/ 운남의 차나무

07

01/운남의 차나무

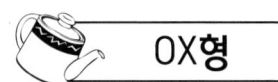 OX형

★ 01
중국 운남성을 제외한 다른 지역에서도 보이차를 생산한다.

운남성 외의 지역에서 보이차와 같은 과정을 거쳐 차를 생산하여도 보이차라고 명명할 수 없다. 하지만 흑차라고 명명할 수는 있다. 보이차의 정의에서 벗어나면 보이차가 될 수 없다.

■ X

★ 02
운남성의 차나무 중에서 폴리페놀, 아미노산, 카페인 등의 주요 화합물 함량이 많을수록 우수한 품질로 인정받고 있다.

■ ○

★ 03
대지차(臺地茶)의 대지(臺地)는 '계단이나 경사지'라는 뜻이다.

■ ○

★ 04
보이차가 생산되는 주요 차산은 북위 20°54′~26°23′, 동경 104°29′~112°03′ 사이에 분포되어 있다.

■ ○

05
일반적으로 위도가 높을수록 차의 향기, 맛이 강한 특징을 갖고 있다.

위도가 낮을수록 차의 향기, 맛이 강한 특징을 갖고 있다. 해발 2,000m를 넘는 차산의 경우에는 찻잎의 차향이 약하고 차맛 또한 강하지 않다. 세계적으로 품질을 인정받고 있는 보이차는 주로 북회귀선 이남인 북위 22°30′ 남쪽에 분포되어 있다.

■ X

06
세계적으로 품질을 인정받고 있는 보이차는 주로 북회귀선 이남인 북위 22°30′ 남쪽에 분포되어 있다.

■ ○

07
해발 2,000m를 넘는 차산의 경우에는 찻잎의 차향이 약하고 차맛 또한 강하지 않다.

■ ○

08
계절에 따른 편차보다는 일교차가 클수록 차나무의 찻잎에 좋은 영향을 준다.

■ ○

09
홍토(紅土)이 경우에는 보이차의 맛이 진한 대신에 떫은맛이 나며, 사토(沙土)의 경우에는 보이차의 맛이 연하고 단맛이 많이 난다.

■ ○

★★ 10

야생 운남대엽종은 교목형(喬木型)과 관목형(灌木)으로 구분하는데, 줄기는 비교적 곧게 자라고 어린 줄기에는 솜털이 없거나 있어도 매우 적다.

야생 운남대엽종은 교목형과 소교목형(小喬木型)으로 구분한다. 관목형은 주로 대지차(臺地茶)이다.

■ X

★★ 11

식물이 생장할 때 급격한 환경변화가 있으면 큐티쿨라층이 두꺼워지며, 기온이 따뜻하고 생장에 적합한 환경조건을 갖춘 지역에서는 식물의 큐티쿨라층이 얇아진다.

■ ○

★★★ 12

운남성 대엽종은 책상조직과 해면조직의 비율이 1:1이나 1:1.5 정도로 구성되어 있다.

대엽종은 책상조직과 해면조직의 비율이 1:2나 1:3 정도로 구성되었고, 소엽종은 1:1 혹은 1:1.5 정도로 작게 구성되어 있다. 책상조직과 해상조직의 비율이 높다는 것은 폴리페놀과 카페인 등의 성분을 생성하는 데 유리하기 때문에 보이차에 강한 맛이 생성된다는 것을 의미한다.

■ X

★★★ 13

보이차 대엽종에는 항암 효과와 다이어트 효과가 높은 카테킨 물질(L-EGCG, L-ECG)이 다른 차에 비해 월등히 많다.

■ ○

★★★ 14

운항(雲抗)10호와 운항14호는 국가급 유성번식 우량품종으로 선정되었다.

국가급 운항(雲抗)10호와 운항14호는 모두 무성계 우량품종이다. 대표적인 유성번식 우량품종은 맹해대엽종(勐海大葉種), 봉경대엽종(鳳慶大葉種), 맹고대엽종(勐庫大葉種)이다.

■ X

★★★
15

보이차 맹고대엽종(勐海大葉種)의 원산지는 운남성 임창(臨滄)시이며, 쌍강현(雙江縣), 맹고진(勐庫鎮), 빙도(冰島) 등에도 분포한다. 또한 대설산(大雪山)은 맹고대엽종의 보고(寶庫)로 알려져 있다.

■○

★★★
16

운항(雲抗)10호는 무성번식을 하는 교목형 조생종 품종이며, 특유한 화향(花香)이 있어 홍차를 만드는 데도 적합하다.

■○

선택형

★
01

다음 중 일반적으로 운남성 차나무의 수령이 100년 이상 된 찻잎을 채엽하여 만든 보이차는 무엇인가?
① 노수차(老樹茶) ② 고수차(古樹茶)
③ 대지차(臺地茶) ④ 소수차(小樹茶)

■②

★
02

다음 중 대지차(臺地茶)에 관한 설명이 아닌 것은?
① 계단식으로 빽빽하게 심은 교목형 차나무를 대지차라고 한다.
② 대지차의 대지는 '계단이나 경사지'라는 뜻이다.
③ 대지차는 가장 오래된 나무의 수령이 50년 정도이다.
④ 대지차는 대부분 가격이 저렴한 차를 생산한다.

① 대지차는 관목형이다.

■①

★★ 03

다음 중 운남성 보이차의 재배 환경에 관한 설명이 아닌 것은?

① 평균 기온은 15~30℃를 유지한다.
② 연평균 강우량은 1,150mm이상이다.
③ 연평균 차산의 일조량은 1,000시간 정도이다.
④ 일조율은 40~50%이다.

연평균 차산의 일조량은 2,000시간 정도이다.

■ ③

★★ 04

보이차의 재배 환경 중에서 고산지대 토양에 관한 설명이 아닌 것은?

① 점토질 함량이 높다.
② 토양의 풍화 정도가 높다.
③ 통기성이 좋다.
④ 미네랄 함량이 많다.

운남성의 토양은 화강암과 자색암, 사암 등으로 암석이 풍화작용을 거치면서 만들어졌으며, 점토질은 평지지대에 많이 있다.

■ ①

★★ 05

보이차의 재배 환경 중에서 고산지대의 지연환경이 아닌 것은?

① 일교차가 크다.
② 습도가 높다.
③ 직사광선이 많아 광합성 작용이 좋다.
④ 높은 해발에 짙은 안개와 비로 인해 아미노산 합성에 유리하다.

풍부한 열대우림 산속의 환경은 직사광선이 적다. 평지, 즉 대지차는 계단형 밭으로 인해 직사광선이 많아 광합성 작용이 좋고 폴리페놀과 카페인 합성에 유리하다.

■ ③

★★
06

다음 중 보이차의 대엽종과 중소엽종의 비교 내용으로 틀린 것은?
① 대엽종은 중소엽종에 비해 전체적으로 잎의 두께가 두껍다.
② 대엽종은 중소엽종에 비해 아미노산 함량이 높다.
③ 대엽종은 중소엽종에 비해 책상조직과 해면조직의 비율이 높다.
④ 대엽종은 중소엽종에 비해 폴리페놀 즉, 카테킨의 함량이 높다.

대엽종은 중소엽종에 비해 전체적으로 잎의 두께가 얇기 때문에 아미노산 함량이 높아진다. 따라서 신선하면서도 상쾌한 느낌을 주는 감칠맛이 생성되므로 마시는 사람들의 기분을 향상시킨다.

■ ①

★★
07

보이차의 대엽종에 관한 내용 중 틀린 것은?
① 찻잎에 융모가 많다.
② 엽록체(60~100편층)가 많다.
③ 울타리조직이 2~3층으로 추위와 가뭄에 강하다.
④ 폴리페놀 중 카테킨 함량이 높아 전체 폴리페놀의 약 70%를 차지한다.

대엽종의 울타리조직은 한 층으로 추위와 가뭄에 약하며, 소엽종은 2~3층으로 추위와 가뭄에 강하다.

■ ③

★★★
08

다음 중 국가급우량종(國家級優良種)이 아닌 것은?
① 운항(雲抗)14호
② 운항9호
③ 봉경대엽종(鳳慶大葉種)
④ 맹고대엽종(勐庫大葉種)

운항9호는 성급우량종(省級優良種)이다. 성급우량종으로는 장엽백호(長葉白毫), 운항43호, 운항27호, 운항37호, 운선(雲選)9호, 운매(雲梅), 운괴(雲瑰), 왜풍(矮豐), 불향(佛香)1호, 불향3호, 83~8호, 73~11호, 73~38호 등 총 14개 품종이 있다.

■ ②

09 ★★★

다음 중 성급우량종이 아닌 것은?

① 운항(雲抗)14호
② 운선(雲選)9호
③ 운항(雲抗)27호
④ 운항(雲抗)43호

① 운항14호는 국가급품종이다.

■①

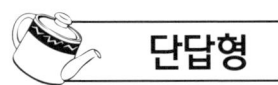

01 ★

(　　　　) 지역은 보이차를 만드는 중국 국가표준인 교목형 대엽종 차나무의 고향으로, 현재는 '보이차 나무의 유전자은행'으로 불리고 있다. (　　) 안에 들어갈 정답은 무엇인가?

■임창(臨滄)

02 ★

중국에서 공식적으로 인정하는 차수왕은 보이시 천가채(千家寨)에 위치한 수령 2,700년의 야생고차수와 살아있는 화석으로 불리는 임창 봉경 (　　　　)에 위치한 3,200년 묵은 과도기형 차수왕이다. (　　) 안에 들어갈 정답은 무엇인가?

■향죽정(香竹箐)

03 ★

일반적으로 차나무 수령이 100년 이상 된 찻잎을 채엽하여 만든 보이차를 (　　　　)라고 한다. (　　) 안에 들어갈 정답은 무엇인가?

■고수차(古樹茶)

★★
04

일반적으로 수령이 보통 300~500년 된 차나무의 찻잎을 채엽하여 만든 보이차를 (　　　　　)라고 한다. (　　) 안에 들어갈 정답은 무엇인가?

▪ 노수차(老樹茶)

★★
05

일반적으로 차나무의 수령이 100년 이하이면 (　　　　　)라고 한다. (　　) 안에 들어갈 정답은 무엇인가?

▪ 소수차(小樹茶)

★★
06

(　　　　　)은 다년생 목본식물로 줄기와 가지가 명확히 구분되고 대부분 굵고 높이 자라는 특성을 갖고 있다. (　　) 안에 들어갈 정답은 무엇인가?

▪ 교목(喬木)

★★★
07

(　　　　　)은 다년생 목본식물로 줄기와 가지의 구분이 명확치 않고, 나무의 크기가 2~3m 이하가 대부분이다. (　　) 안에 들어갈 정답은 무엇인가?

▪ 관목(灌木)

★★★
08

계단식으로 빽빽하게 심은 관목형 차나무를 (　　　　　)라고 부른다. (　　) 안에 들어갈 정답은 무엇인가?

▪ 대지차(臺地茶)

★★ 09

(　　　　)형 차나무는 사람이 심거나 재배하지 않는 차나무로 운남성의 높고 깊은 산속에 많이 자라고 있다. (　　) 안에 들어갈 정답은 무엇인가?

■ 야생(野生)

★★ 10

(　　　　)형 차나무는 야생차나무가 재배차나무로 변해가는 시기의 차나무를 말한다. (　　) 안에 들어갈 정답은 무엇인가?

■ 과도(過渡)

★★ 11

(　　　　)형 고차수는 교목형 차나무를 중국대약진운동(1958~1960) 이후인 1980년도부터 생산량을 높이고 찻잎을 채엽하기 편리하도록 가지치기를 한 차나무를 말한다. (　　) 안에 들어갈 정답은 무엇인가?

■ 왜화(矮化)

★★ 12

보이차의 경우 생장에 알맞은 가장 적정한 해발이 (　　　　)m이다. (　　) 안에 들어갈 정답은 무엇인가?

■ 1,400~1,800

★★ 13

운남성 대부분 지역의 평균기온은 차나무 생장에 적합한 온도인 (　　　　)℃를 유지하고 있다. (　　) 안에 들어갈 정답은 무엇인가?

■ 15~30

★★
14

( )은 차나무가 생장하는 기간, 찻잎을 채엽하는 기간, 찻잎의 생산량과 차의 품질 등 보이차의 생산에 매우 큰 영향을 미치는 요인이다. ( ) 안에 들어갈 정답은 무엇인가?

■ 기온

★★
15

찻잎의 수분 손실률이 ( )%가 넘으면 즉시 광합성 작용이 둔화되고 생장에 영향을 미친다. ( ) 안에 들어갈 정답은 무엇인가?

■ 10

★★
16

차나무가 생장하는 데 필요한 연평균 강수량은 1,000mm 이상이며, 공기 중의 습도는 ( )%가 적합하다. ( ) 안에 들어갈 정답은 무엇인가?

■ 80~90

★★★
17

( )은/는 찻잎조직 중의 아미노산 함량에 영향을 미치고, 찻잎의 색소, 엽록소, 안토시아닌에 영향을 준다. ( ) 안에 들어갈 정답은 무엇인가?

■ 일조량

★★★
18

차나무 생장에 가장 적합한 산성도는 pH( )이다. ( ) 안에 들어갈 정답은 무엇인가?

■ 4.5~5.5

★★★
19

식물의 표피세표 면을 덮고 있는 피막인 (　　　　)은/는 불필요한 수분의 발산을 막아주고, 외부 환경 변화로부터 식물을 보호하는 일종의 방어막을 형성한다. (　　) 안에 들어갈 정답은 무엇인가?

■ 큐티쿨라층, Cuticula

★★★
20

대엽종의 (　　　　)은/는 조직의 크기가 작아서 보이차를 우릴 때 내포성이 좋은 것으로 알려져 있다. (　　) 안에 들어갈 정답은 무엇인가?

■ 해면조직

★★★
21

(　　　　)은/는 차의 감칠맛을 내는 주요성분으로 폴리페놀의 강하고 진한 맛을 상쇄시키는 역할을 한다. (　　) 안에 들어갈 정답은 무엇인가?

아미노산 함량이 높아짐에 따라 신선하면서도 상쾌한 느낌을 주는 감칠맛이 생성되므로 마시는 사람들의 기분을 향상시킨다.

■ 아미노산

★★★
22

운남성 농업과학원 차엽연구소는 1985년에 맹해대엽종(勐海大葉種), 봉경대엽종(鳳慶大葉種), (　　　　)을 국가품종으로 선정하였다. (　　) 안에 들어갈 정답은 무엇인가?

■ 맹고대엽종(勐庫大葉種)

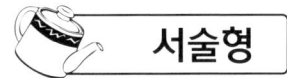 서술형

01
소수차(小樹茶), 고수차(古樹茶), 노수차(老樹茶)에 대해 설명하시오.

소수차(小樹茶)는 차나무의 수령이 100년 이하 된 찻잎을 채집하여 만든 보이차를 말하고, 고수차(古樹茶)는 차나무의 수령이 100년 이상 된 찻잎을 채집하여 만든 보이차를 말한다. 또한, 노수차(老樹茶)는 차나무의 수령이 300~500년 이상 된 찻잎을 채집하여 만든 보이차를 말한다. 그러나 차나무의 수령과 명칭은 지역에 따라 달라서 명확한 경계선이 없으며, 일반적으로 이 명칭들은 수령이 오래된 차나무의 통칭으로 사용되고 있다.

02
품질 좋은 보이차가 생산되기 위해 갖추어야 할 떼루아에 대해 서술하시오.

품질 좋은 보이차가 생산되기 위해 갖추어져야 할 중요한 자연조건은 위도, 해발, 기온, 강수량, 일조량, 토양 등이 있다. 첫째, 보이차가 생산되는 주요차산의 위도는 북위 20°54′~26°23′, 동경 104°29′~112°03′ 사이에 분포되어 있으며, 북회귀선 중앙에 걸쳐서 낮은 위도에 계절풍과 고산수직기후대의 특징을 갖고 있다. 둘째, 보이차의 경우 가장 적정한 해발은 1,400~1,800m이고 셋째, 운남성 대부분의 평균기온은 차나무 생장에 적합한 온도인 15~30℃를 유지하고 있으며 연교차보다는 일교차가 클수록 차나무 찻잎에 좋은 영향을 준다. 넷째, 차나무가 생장하는 데 필요한 연평균 강수량은 1,000mm 이상이며, 공기 중의 습도는 80~90%가 적합하다. 다섯째, 일조량은 차나무의 생장과 차맛 형성에 가장 큰 영향을 주는 요인 중 하나로, 운남성 차산의 일조량은 2,000시간 정도이며, 일조율은 40~50%이다. 다섯째, 차나무는 약산성 토양을 좋아하는 식물로 보통 pH4~6.5에서 생장하며, 운남성은 차나무 생장에 유리한 80cm 이상의 토층이 형성되어 있고 화산재가 쌓여 형성된 pH4~6 정도의 약산성 토양 화산대에 자리하고 있어 배수구조가 좋다.

03
대엽종과 중·소엽종 차나무의 차이에 따른 보이차의 특징에 대해 서술하시오.

첫째, 큐티쿨라(cuticula)의 차이가 현저히 다르게 나타난다. 기온이 따뜻한 환경에서 자라는 운남대엽종의 얇은 큐티큘라층은 차나무의 광합성에 도움을 줄 뿐 아니라 찻잎 속에 여러 가지 광물질을 생성시키고 축적한다. 둘째, 찻잎의 크기와 두께가 달라 차맛이 다르다. 대엽종은 찻잎이 커서 엽록체 수가 많아 광합성효과가 높아질 뿐 아니라 폴리페놀, 카페인 등이 빠르게 형성되고 축적되므로 보이차의 맛이 진하고 두텁다. 또한 잎의 두께가 얇아 아미노산 함량이 높아지므로 신선하고 상쾌한 느낌의 감칠맛이 생성된다. 셋째, 책상조직(柵狀組織)과 해면조직(海綿組織)의 차이가 있다. 책상조직과 해면조직의 비율이 높은 대엽종은 폴리페놀과 카페인 등의 성분을 생성하는 데 유리하여 보이차의 강한 맛이 생성되고, 해면조직의 크기가 작아서 내포성도 높다. 넷째, 차의 독특한 품질을 형성하는 차의 성분에 차이가 있다. 대엽종은 폴리페놀 성분이 많고 그 중 항암과 다이어트에 효과가 높은 카테킨(L-EGCG, L-ECG)의 함량이 전체 폴리페놀의 70%를 차지하여, 맛이 순수하고 두터우며 뒷맛이 달고 내포성이 좋다.

보이차 제조법과 건강효능

01/ 생차 만드는 법

08

01/ 생차 만드는 법

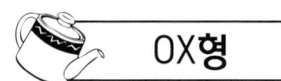 OX형

★
01
운남성 찻잎은 매년 3월 중순부터 11월 중순까지 채엽한다.

운남성 찻잎은 매년 2월 하순부터 11월 중순까지 채엽한다.

■ X

★
02
사모(思茅)지구는 대엽종 차나무의 찻잎을 1년에 5~6회 채엽하기도 한다.

■ O

★
03
일반적으로 고수차는 1창 2기의 생엽을 많이 사용하고, 대지차는 1창 3기의 생엽을 주로 사용한다.

■ O

★
04
차농(茶農)은 찻잎을 채엽할 때 새순과 새잎을 모두 채엽하는 것이 좋다.

찻잎을 채엽할 때 새순과 새잎을 모두 채엽하면, 다시 새순이 나올 때까지 시간이 오래 걸리므로, 맨 아래쪽의 잎은 남겨두고 채엽하는 것이 좋다.

■ X

★★
05
위조(萎凋)는 그늘에서 건조시키며, 수분이 약 20% 정도 날아가도록 한다.

위조(萎凋)는 그늘에서 건조시키며, 수분이 약 10% 정도 날아가도록 한다. 위조과정 정도가 너무 오래 지속되는 경우에는 찻잎이 눌려 황편(黃片)이 많아져 손실이 커진다.

■ X

★★
06

위조과정은 찻잎을 6~8cm 정도의 두께로 고르게 펼친 후에 3~6시간 정도 그늘에서 건조시킨다. 그리고 찻잎 상태를 살피면서 중간에 뒤집어 수분이 균일하게 날아가도록 한다.

■ ○

★★
07

살청(殺靑)은 커다란 가마솥에서 찻잎을 덖는 과정을 거치면서 짙은 초록색을 띠게 되며, 그 다음 과정인 유념을 거치면서 부드러운 찻잎이 된다.

■ ○

★★
08

유념과정에서 찻잎을 만질 때 느껴지는 끈적거림은 펙틴(pectin) 때문이다.

■ ○

★★
09

긴압(緊壓)과정에서 사용하는 압차석의 무게는 30kg로 지정되어 있다.

긴압과정에서 기술자가 압차석 위에서 힘이 골고루 분산되도록 360°로 빙글빙글 돌려주는데, 기술자의 몸무게에 따라 압차석의 무게를 선정한다. 일반적으로 20~40kg로 다양한 종류가 있다.

■ X

★★
10

보이차를 퇴압(退壓)하는 과정은 자루에서 바로 꺼내 선반위에 널어 건조한다.

보통 긴압과정을 거친 후 선반 위에 얹어 뜨거운 김이 빠질 수 있도록 약 5분간 둔다. 뜨거운 김이 모두 빠져 나가면 자루를 벗겨내고, 선반 위에 펼쳐서 건조시킨다. 전통적인 방법은 실내에서 자연스럽게 건조시키는 것으로 3~5일 정도 소요되며, 중·대형 차창에서는 홍방에서 70℃이하로 홍건(烘幹)을 하고 있다.

■ X

★★
11

긴압과정에서 보이차의 형태와 종류가 분류된다.

병차(餅茶)는 둥근 떡 모양처럼 생겼다고 해서 붙여진 이름으로 원차라고도 부르며, 전차(磚茶)는 벽돌모양처럼 생겼다고 해서 붙여진 이름으로 직사각형의 방형으로 모양을 만든다. 타차(沱茶)는 움푹 꺼진 사발 형태를 가지고 있다.

■ ○

★★
12

과거에는 보이차 포장을 하기에 종이 가격이 비쌌기 때문에, 내표(內票), 내비(內飛)에만 종이를 사용하였다.

종이 가격이 비쌌기 때문에, 전통적으로 보이차 포장은 죽순껍질을 사용하여 포장하였다.

■ ○

★★★
13

보이차의 칠자병차(七子餅茶)라는 글씨는 보이차 중량이 전통식이라는 것을 보여준다.

예전에 차마고도로 운반하던 보이차는 한 편에 357g이었고, 1통은 7편으로 2.5kg이었으며, 한 광주리에는 6통이 들어갔다. 말 한쪽에 12통, 양쪽에 모두 실으면 24통으로 총 60kg이 되었다. 그러나 최근에는 전통적 중량 아닌 200g, 400g, 500g, 1kg, 2kg, 3kg 등으로 다양하게 생산되고 있다.

■ ○

★★
14

숙차는 인공쾌속발효시킨 후발효차를 의미하며, 악퇴(渥堆)공법을 거치는데, 자연발효시에 5년 이상 걸리는 숙성과정을 단 1주일 정도로 단축하여 만들어진다.

악퇴공법을 거쳐 자연발효시에 5년 이상 걸리던 숙성과정을 40~60일로 단축한다.

■ X

★★★
15

숙차의 재료는 대지차의 찻잎을 사용하거나 고차수 중에 등급이 낮은 찻잎을 사용한다.

■ ○

★★
16
완성된 숙차는 찻잎의 크기, 색상, 윤기 등을 기준으로 10등급으로 나눈다. 기계를 사용하여 선별한 잎이 작고 연할수록 등급이 낮고, 크고 두터울수록 등급이 높다.

선별하는 데 걸러진 잎이 작고 연할수록 등급이 높고, 크고 두터울수록 등급이 낮다.

▪ X

★★
17
보이숙차 중 궁정보이차는 찻잎이 가장 작고 연하여 특급으로 인정받고 있다.

▪ ○

★★★
18
생차는 항암, 항방사능, 항바이러스, 신경안정, 혈압조정, 우울증, 기억력 증진은 물론 배뇨, 숙취해소, 치아건강 등에도 탁월한 효과가 있다.

▪ ○

★★
19
보이차에 있는 폴리페놀을 티 폴리페놀 혹은 티 타닌이라고도 부른다.

▪ ○

★★
20
폴리페놀은 다른 물질과 잘 결합하는 성질 때문에 해독작용에 뛰어난 효과가 있다.

우리 몸속에서는 나쁜 중금속과 결합한 후에 그것을 체외로 배출시키는 작용을 한다.

▪ ○

★★★
21
자아(紫芽)는 시간이 경과하면 녹색으로 돌아오고, 찻물색과 우린 찻잎은 황록색을 띤다.

▪ ○

★★★
22

자연(紫鵑) 찻잎은 찻물색과 우린 찻잎이 황록색을 띤다.

자아(紫芽)는 찻물색과 우린 찻잎이 황록색을 띠지만, 자연(紫鵑)은 찻물색과 우린 찻잎이 자주색을 띠는 것이 특징이다.

■ X

★★★
23

자연(紫鵑)은 항산화작용이 탁월한 폴리페놀로 인해 기능성 식품으로 인정받고 있으며 심혈관질환과 당뇨에 탁월한 효과가 있다.

■ ○

★★★
24

자아(紫芽)와 자연(紫鵑)은 학술적으로 보면 모두 보이차의 일종이다.

자아(紫芽)는 보이차의 일종이지만, 자연(紫鵑)은 자주색의 특징을 유지하기 위해 가공과정에서 건조기로 말려 엄격하게 구분하면 녹차 계열이다.

■ X

★★★
25

보이차(普洱茶)를 만들 때 유념한 차를 햇볕에 자연 건조시킨 찻잎을 쇄청모차(曬靑毛茶)라고 한다.

■ ○

★★★
26

인공 숙차(熟茶)의 미생물 발효과정으로 습도와 온도를 조절하여 빠르게 발효를 촉진시키는 과정을 악퇴(渥堆)라고 한다.

■ ○

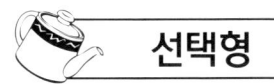 **선택형**

★ 01

다음 중 보이차의 찻잎을 채엽하는 방법이 아닌 것은?
① 아침 일출 후에 찻잎을 채엽하는 것이 최상이다.
② 당일 채엽한 찻잎은 당일 살청, 유념, 건조시키는 것이 좋다.
③ 달빛이 없는 그믐밤 전후 찻잎을 채엽한 것이 품질도 맛도 우수하다.
④ 비오는 날에 찻잎을 채엽해도 품질에 영향이 없다.

비오는 날에 채엽한 찻잎은 건조설비에 말리지 않으면 아주 쉽게 변질되어 버린다.

■ ④

★ 02

다음 중 보이차의 위조(萎凋)와 관련된 내용이 아닌 것은
① 그늘에서 건조시키면서 약 20% 정도의 수분이 날아가도록 한다.
② 위조는 비릿한 풀 냄새를 없애준다.
③ 위조는 쓴맛과 떫은맛을 감소시킨다.
④ 위조과정은 반드시 하는 것이 아니다.

위조(萎凋)는 그늘에서 건조시키면서 수분이 약 10% 정도 날아가도록 한다. 위조과정 정도가 너무 오래 계속되는 경우에는 찻잎이 눌러져 황편(黃片)이 많아져 손실이 커진다.

■ ①

★★ 03

보이차의 유념(揉捻)과 관련된 내용이 아닌 것은?
① 찻잎 내부의 세포를 자극하여 촉매작용을 높인다.
② 찻잎 표면의 보호막을 파괴하여, 공기 중에 떠 있는 미생물과 접촉해 발효과정을 촉진한다.
③ 찻잎 속에 미네랄을 바깥으로 끄집어낸다.
④ 유념은 골고루 여러 방향으로 비벼주어야 한다.

유념과정은 한쪽 방향으로 돌리면서 비벼주어야 찻잎의 손상이 적으면서 차를 우릴 때 차의 미네랄 성분이 잘 우러나오게 된다.

■ ④

04

보이차의 살청(殺靑)과 관련된 내용이 아닌 것은?
① 살청은 차에 미생물과 세균을 소멸한다.
② 전통적인 방법의 살청은 장작불을 피운 전용 가마솥에서 일정한 온도를 유지하도록 조절한다.
③ 살청과정을 통해 찻잎의 풀 비린내가 사라진다.
④ 살청과정은 밀폐된 공간에서 진행되어야 한다.

살청은 뜨거운 덮음솥에서 진행되기 때문에, 통기성이 좋은 장소가 적합하다.

■ ④

05

보이차 쇄청(曬靑)과 관련된 내용 중 틀린 것은?
① 쇄청 과정 후 찻잎의 수분함량은 10% 이하다.
② 쇄청 과정 중 햇볕의 온도가 60℃를 넘으면 보이차의 품질에 영향을 준다.
③ 쇄청모차를 초벌차라고도 한다.
④ 중국의 모든 차의 종류는 쇄청을 한다.

다른 차들과 차별화되는 보이차의 제다방법은 햇볕에 말리는 쇄청이며, 솥에서 말리는 것을 초청(炒靑), 건조실에서 말리면 홍청(烘靑)이라고 한다.

■ ④

06

다음 중 보이차 생차 제조 과정이 아닌 것은?
① 번퇴(翻堆)
② 쇄청(曬靑)
③ 위조(萎凋)
④ 유념(揉撚)

① 번퇴(翻堆)는 보이차 숙차를 만드는 과정이다.

■ ①

07 ★★

보이차(普洱茶)의 제다과정에 대한 설명 중 틀린 것은?
① 보이차는 쇄청모차(晒靑毛茶)를 원료로 한다.
② 찻잎을 시들게 하여 수분을 제거하는 공정을 위조(萎凋)라고 한다.
③ 숙차는 생차의 제다공정에 악퇴-살균-건조가 추가된다.
④ 악퇴(渥堆)의 퇴적임계온도는 45℃이하, 습도는 70% 전후로 조절한다.

④ 악퇴(渥堆)의 퇴적임계온도는 65℃이하, 습도는 85% 전후로 조절한다.

■ ④

08 ★★★

다음 중 보이차(普洱茶)의 제다과정에 대한 설명으로 올바른 것은?
① 살청(殺靑)을 거치면 찻잎의 풀 비린내는 없어지고 잎도 부드러워진다.
② 쇄청(晒靑)은 5cm 두께정도로 펼쳐 놓고 4시간마다 뒤집어준다.
③ 긴압(緊壓)은 200℃ 이상의 고온의 증기를 쐬면 소독·살균효과를 본다.
④ 악퇴(渥堆)의 퇴적임계온도는 55℃ 이하, 습도는 60% 전후로 조절한다.

② 쇄청은 2cm 두께가 넘지 않도록 펼쳐 놓고 4시간마다 한 번씩 뒤집어준다.
③ 긴압(緊壓)은 100℃ 이상의 고온의 증기를 쐬면 소독·살균효과를 본다.
④ 악퇴(渥堆)의 퇴적임계온도는 65℃ 이하, 습도는 85% 전후로 조절한다.

■ ①

09 ★★

다음 중 보이차(普洱茶)의 산지와 차 이름이 바르게 짝지어진 것은?
① 이무(易武) - 노반장   ② 맹해(孟海) - 망지
③ 란창(瀾滄) - 혁등   ④ 쌍강(雙江) - 빙도

① 노반장은 맹해(孟海) 지역이다.
② 망지, ③ 혁등은 이무(易武) 지역이다.

■ ④

★★ 10

다음 중 보이차의 제다과정인 긴압(緊壓)을 하지 않는 것은?

① 병차(餅茶) ② 산차(散茶)
③ 전차(磚茶) ④ 타차(沱茶)

② 산차(散茶)는 긴압하기 전의 보이차를 뜻한다.

■②

★★ 11

번퇴(翻堆)와 관련된 내용 중 틀린 것은?

① 번퇴 횟수는 4번 정도를 원칙으로 하고 있다.
② 퇴적 임계온도가 60~65℃ 넘을 때 1회 뒤집어야 한다.
③ 찻잎의 악퇴과정 중에 온도가 상승하게 되는데, 초기온도 30℃에서, 18시간 후 50℃ 이상으로 상승하게 된다.
④ 임계온도에서 번퇴 과정을 하지 않게 되면 보이차가 탄화된다.

찻잎의 악퇴과정 중 온도가 상승하게 되는데, 초기온도는 30℃에서 18시간 후 36~38℃, 24시간 후 48℃, 3일 후의 평균온도는 약 50℃ 이상이 된다.

■③

★★ 12

보이차 숙차에만 있는 과정은 무엇인가?

① 쇄청(曬青)
② 악퇴(渥堆)
③ 살청(殺青)
④ 긴압(緊壓)

■②

13

보이차 숙차 생산과정인 발수(發水)에 대한 내용 중 틀린 것은?

① 쌓아 둔 쇄청모차에 깨끗한 물을 뿌린다.
② 상대 습도는 85%정도 유지한다.
③ 찻잎의 수분 함유량이 25~35%가 되도록 유지한다.
④ 쇄청모차를 30~65cm 두께로 쌓아 놓는다.

발수(發水)는 직사광선이 들지 않는 공간에 쇄청모차를 30~65cm 두께로 쌓아 놓고, 실온은 25~35℃를 고정시키며, 상대습도는 85%정도를 유지하여 깨끗한 물을 뿌려 찻잎의 수분 함유량이 35~50%가 되도록 하는 것이다.

■ ③

14

보이차 숙차 생산과정인 악퇴(渥堆)에 대한 내용 중 틀린 것은?

① 수분함량은 30~50%로 유지한다.
② 젖은 헝겊을 쇄청모차에 덮는다.
③ 보통 3~18톤의 찻잎을 쌓아두고 찻잎더미가 90cm가 넘지 않도록 한다.
④ 악퇴는 발효과정이 잘 진행될 수 있도록 돕는 과정이다.

악퇴과정 중 수분함량은 60~65%가 유지되도록 해야 한다.

■ ①

15

기퇴(起堆)와 관련된 내용 중 틀린 것은?

① 기퇴는 보이차 숙차 만드는 과정 중 한 단계이다.
② 기퇴는 찻잎을 자연스럽게 건조시키면서 찻잎의 함수량이 10%이내로 만든다.
③ 보관할 때 상대습도는 50%이하가 되도록 해야 한다.
④ 기퇴는 발효를 마친 후 찻잎을 용기에 넣어 보관하는 것이다.

보관 방법이 중요하므로 상대습도는 75%이하가 되도록 해야 한다.

■ ③

★★★
16

자아(紫芽)와 관련된 내용 중 틀린 것은?
① 운남성의 고온 건조한 기후로 인해 자주색을 띠는 찻잎을 자아라고 한다.
② 자아는 시간이 경과하면 녹색으로 돌아간다.
③ 자아는 운남대엽종의 원료로 쇄청과정을 반드시 해야 한다.
④ 찻잎을 우리면 탕색과 우린 찻잎은 자주색을 띤다.

자아 찻잎을 우리면 탕색과 우린 찻잎은 황록색을 띤다. 우린 찻잎과 탕색이 자주색을 띠는 것은 자연(紫娟)이다.

■ ④

★★★
17

자연(紫娟)과 관련된 내용 중 틀린 것은?
① 자연을 우린 찻물색은 황록색을 띤다.
② 자연의 찻잎은 자주색이다.
③ 자연의 자주빛은 폴리페놀 중의 안토시아닌 성분으로 쓰고 떫은맛을 낸다.
④ 자연은 심혈관질환과 당뇨병에 탁월한 효과가 있다.

자연을 우린 찻물색은 자주색을 띤다.

■ ①

★★★
18

방해각(螃蟹脚)과 관련된 내용 중 틀린 것은?
① 일명 '기린초'라고도 부른다.
② 방해각은 한약재로 많이 사용된다.
③ 방해각은 저항력이 높은 고차수에 기생한다.
④ 방해각은 깨끗한 환경의 좋은 고차수 산지임을 증명해준다.

방해각(螃蟹脚)은 주로 저항력이 약한 고차수에 기생하는데, 고차수 정기를 빨아 양분을 축적하기 때문에 그 양이 많아지면 차나무 수명이 단축된다. 방해각은 동맥경화, 고혈압, 당뇨, 신장염, 위장병, 해독작용, 혈관벽 강화 등에 효과 있어 한약재로 많이 사용된다.

■ ③

★★★
19
다음 중 보이차 성분과 맛의 상관관계가 틀린 것은?
① 알루미늄 – 떫은맛
② 아연 – 쓴맛
③ 칼슘 – 떫은맛과 쓴맛
④ 마그네슘 – 맛이 연해지지만 과다하면 쓴맛

① 알루미늄은 쓴맛을 낸다.

▪①

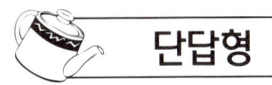 단답형

★
01
전통적인 찻잎의 채엽 시기는 청명(清明)과 곡우(穀雨) 사이이며, 이 시기에 찻잎을 채엽하면 (   )이라고 한다. (   ) 안에 들어갈 정답은 무엇인가?

▪춘첨(春尖)

★
02
망종(芒種)과 대서(大暑) 사이에 찻잎을 채엽하면 (   )라고 한다. (   ) 안에 들어갈 정답은 무엇인가?

▪이수(二水)

★★
03
백로(白露)와 상강(霜降) 사이에 찻잎을 채엽하면 (   )라고 하였다. (   ) 안에 들어갈 정답은 무엇인가?

▪곡화(穀花)

★★ 04

춘차(春茶)는 2~4월에 찻잎을 채엽하는데, 청명(淸明) 전에 찻잎을 채엽하는 것이 품질이 가장 우수하며, 이를 (　　　　)라고 부르기도 한다. (　) 안에 들어갈 정답은 무엇인가?

▪ 명전차(明前茶)

★★ 05

하차(夏茶)는 5~7월에 찻잎을 채엽하며, 이 시기에 채엽한 차를 (　　　　)라고 한다. (　) 안에 들어갈 정답은 무엇인가?

▪ 우수차(雨水茶)

★★ 06

추차(秋茶)는 8~10월에 찻잎을 채엽하며, 이 시기에 채엽한 차를 (　　　　)라고 한다. (　) 안에 들어갈 정답은 무엇인가?

▪ 곡화차(穀花茶)

★★ 07

채엽한 차엽(茶叶)의 수분량을 감소시키기 위해 서늘한 곳에서 건조시키는 방법을 (　　　　)라고 말한다. (　) 안에 들어갈 정답은 무엇인가?

▪ 위조(萎凋)

★★★ 08

(　　　　)은/는 고온을 통해 생엽의 표면에 온도를 올려 폴리페놀 옥시다이제(polyphenol oxidase : 폴리페놀 산화효소)의 활성화를 억제시키는 것이다. (　) 안에 들어갈 정답은 무엇인가?

▪ 살청(殺靑)

★★★ 09

보이차의 살청(殺靑) 온도는 (　　　　)℃ 이다. (　) 안에 들어갈 정답은 무엇인가?

▪ 180~200

★★
10

보이차를 제조할 때 생엽을 수매하여 차를 만든 후에 모차를 판매하거나 중·대기업형 차창의 위탁으로 모차를 만드는 곳을 (　　　　)라고 한다. (　　) 안에 들어갈 정답은 무엇인가?

■ 초제소(初制所)

★★
11

보이차 생산과정에서 손으로 찻잎을 비비는 공정으로 맛이나 향기와 밀접한 관계가 있는 과정은 무엇인가?

■ 유념(揉捻)

★★
12

유념을 마친 찻잎을 쌓아두는 것으로 8~12cm 두께로 6시간 정도 널어둠으로 인해 쓴맛이 줄어들고 풀 냄새가 사라지며, 맑은 황색을 띠게 하는 이 과정은 무엇인가?

■ 악황(渥黃)

★★
13

보이차 만드는 과정에서 서로 붙어있는 찻잎을 흐트러트리는 과정은 무엇인가?

■ 해고(解塊)

★★
14

보이차 만드는 과정에서 유념을 마친 찻잎을 햇볕에 건조시키는 자연적인 방법은 무엇인가?

■ 쇄청(曬青)

★★★
15

보이차 만드는 과정 중 (　　　　)을 마친 찻잎은 수분이 10% 이하로 남게 되면서 곰팡이는 활동할 수는 없고, 찻잎 내부의 효소 활동은 할 수 있는 수준이 된다. (　　) 안에 들어갈 정답은 무엇인가?

■ 쇄청(曬青)

★★ 16

보이차의 원료를 한 가지만 사용하면 순료(純料)라고 하며, 두 가지 이상을 혼합하면 (　　　)라고 한다. (　) 안에 들어갈 정답은 무엇인가?

■ 병배(拼配)

★★ 17

유념을 마친 찻잎의 색은 초록색을 띠지만, 쇄청을 마친 찻잎은 검은 색에 가까운 초록색을 띠게 되는데, 이는 햇빛에 (　　　)가 파괴되어 나타나는 현상이다. (　) 안에 들어갈 정답은 무엇인가?

■ 엽록소

★★★ 18

쇄청모차를 바로 긴압 할 수도 있지만 때에 따라서 긴압하기 전에 쇄청모차를 일정기간 놓아두기도 하는데, 이처럼 검푸른 비닐봉지에 모차를 보관하는 것을 (　　　　)이라고 한다. (　) 안에 들어갈 정답은 무엇인가?

■ 발한(發汗)

★★★ 19

보이차 산차는 운송과 저장이 불편할 뿐만 아니라 부피가 커서 한 번에 옮길 수 있는 양이 적어 효율성이 떨어진다. 이 문제를 해결하기 위해 생겨난 방법은 무엇인가?

■ 긴압(緊壓)

★★ 20

긴압차는 초벌차에 수증기를 쐬어 열과 습기로 찻잎을 부드럽게 한 다음 면으로 만든 자루에 넣고 모양을 잡는 도구로 눌러 단단하게 만드는데 이 도구를 무엇이라고 부르는가?

■ 압차석(壓茶石)

★★ 21

보이차를 자루에서 꺼내는 과정을 (　　　)이라고 한다. (　) 안에 들어갈 정답은 무엇인가?

■ 퇴압(退壓)

★★ 22

보이차 병차를 일곱 편으로 묶어서 포장한 것을 무엇이라고 부르는가?

■ 칠자병차(七子餠茶)/칠자차(七子茶)

★★ 23

수분과 습열로 번식한 미생물들이 촉매작용을 일으켜 찻잎 속의 화학물질들이 산화와 분해 등을 일으키는 것을 무엇이라고 부르는가?

■ 악퇴(渥堆)

★★ 24

보이차의 숙차는 쌓아 둔 쇄청모차에 깨끗한 물을 뿌려 주는 과정을 무엇이라고 부르는가?

■ 발수(發水)

★★ 25

보이차의 숙차를 만드는 과정 중 3~18톤의 찻잎을 쌓아두고 찻잎더미가 90cm를 넘지 않도록 하며, 수분함량을 60~65%가 유지하는 공정을 무엇이라고 부르는가?

■ 퇴적(堆積)

★★ 26

숙차를 만드는 과정에서 임계온도가 65℃ 넘으면 찻잎이 숯덩이처럼 탄화되어 상품의 가치가 없어지게 된다. 탄화를 막기 위해 찻잎더미를 흐트러뜨렸다가 다시 쌓는 과정을 무엇이라고 부르는가?

■ 번퇴(翻堆)

★★ 27

보이차 숙차 발효를 마친 찻잎을 통기성이 좋은 재질의 용기에 넣어 보관하는 것을 무엇이라고 부르는가?

■ 기퇴(起堆)

★★★
28

차 학계에서는 차의 성분 3총사로 (　　　　), 아미노산(amino acid), 카페인(caffeine)을 예로 든다. (　) 안에 들어갈 정답은 무엇인가?

■ 카테킨(catechin)

★★★
29

보이차의 생차에는 공통적으로 폴리페놀(polyphpenol), 카페인(caffeine), (　　　　)의 3가지 성분 함량이 가장 많이 들어 있다. (　) 안에 들어갈 정답은 무엇인가?

■ 데아닌(theanin)

★★★
30

운남성 야생 고차수의 찻잎 중에서 고온 건조한 계절에 많이 보이는 자주색 찻잎을 무엇이라고 부르는가?

■ 자아(紫芽)

★★★
31

미국의 학자인 (　　　　)은 '중국과학기술사에 대한 연구'에서 중국의 차를 세계 4대 발명품(나침반, 인쇄술, 화약, 종이)의 뒤를 잇는 5대 공헌물이라고 하였다.

■ 조셉(Dr. Joseph)

★★★
32

다양한 차 속에는 카테킨, 아미노산이 많이 함유되어 있는데, 소엽종으로 만드는 녹차보다 대엽종으로 만드는 보이차에 특히 (　　　　) 성분이 2배 이상 함유되어 있다. (　) 안에 들어갈 정답은 무엇인가?

■ 폴리페놀(polyphenol)

★★★
33

중국 당나라의 육우(陸羽)는 (　　　　)원칙을 내세워 "차를 우려낼 때 사용하는 물은 차나무를 재배하는 장소에서 나온 물을 사용하는 것이 가장 좋다"고 하였다.

■ 신토불이

서술형

01

보이생차를 만드는 기본 과정에 대해 서술하시오.

보이생차를 만드는 기본 과정은 찻잎 채집(採葉) → 위조(萎凋) → 살청(殺靑) → 유념(揉捻) → 쇄청모차(曬靑毛茶) → 긴압(緊壓) → 포장(包裝)의 순서이다. 운남성 대엽종 차나무는 매년 2월 하순부터 11월 중순까지 1년에 5~6회 찻잎을 채집하는데, 채집한 찻잎의 수분을 감소시키기 위해 서늘한 곳에 건조시키는 위조(萎凋)를 하면 찻잎의 맛 성분이 증가한다. 커다란 가마솥에 찻잎을 덖는 살청(殺靑)은 찻잎의 폴리페놀 옥시다아제(polyphenol oxidase) 활성을 둔화시키고 짙은 초록색을 띠며 부드러워지게 한다. 그 후 손으로 찻잎을 비비는 유념(揉捻)은 찻잎 표면의 보호막을 파괴하여 보이차의 맛과 향을 구성하는 성분들과 미네랄을 잘 우러나오도록 하고 발효과정을 촉진시킨다. 유념을 마친 후 햇빛에 건조시키는 쇄청(曬靑)은 찻잎에 곰팡이가 슬지 않도록 하고 분해속도를 늦춘다. 다음으로 쇄청모차(曬靑毛茶)에 수증기를 쐬어 면 자루에 넣고 압차석으로 눌러 긴압(緊壓)한 후 마지막으로 포장(包裝)한다.

02

긴압(緊壓)을 하기 위해서는 3단계를 거친다. 이 단계에 대해 간단하게 기술하시오.

긴압을 하기 위해서는 정확하게 칭차(稱茶 : 쇄청모차의 무게를 측정)를 하고, 증차(蒸茶 : 찻잎에 100℃이상의 온도로 뜨거운 증기를 쏘는 것)를 한 후 압차(壓茶 : 압차석을 사용하여 자루에 넣은 모차를 눌러 단단하게 만든다)를 해야 된다.

03

보이차 숙차를 만드는 기본 과정에 대해 서술하시오.

보이차 숙차를 만드는 기본 과정은 찻잎 채집(採葉) → 위조(萎凋) → 살청(殺靑) → 유념(揉捻) → 쇄청모차(曬靑毛茶) → 발수(發水) → 악퇴(渥堆) → 번퇴(翻堆) → 기퇴(起堆) → 멸균(滅菌) → 긴압(緊壓) → 포장(包裝)의 순서이다. 숙차는 생차를 만드는 방법에서 쇄청모차까지는 똑같지만 재료는 대지차나 낮은 등급의 고차수 찻잎을 사용한다. 쇄청모차는 발효과정을 거치는데, 쇄청모차에 깨끗한 물을 뿌려주는 발수(發水) 후 젖은 헝겊을 덮어 보온·보습효과를 통해 화학성분의 변화를 촉진하여 발효가 잘 진행될 수 있도록 악퇴(渥堆)한다. 악퇴과정 중 임계온도가 65℃가 넘으면 찻잎이 숯덩이처럼 탄화(炭化)되어 상품 가치가 없어지므로 찻잎더미를 흐트러뜨렸다가 다시 쌓는 번퇴(翻堆)를 4번 정도 한 후, 발효를 마친 찻잎을 통기성이 좋은 재질의 용기에 넣어 보관하는 기퇴(起堆)를 한다. 발효과정에서 세균 등에 오염되기 쉽기 때문에 멸균(滅菌)처리한 후 긴압, 포장한다.

04

인공숙차의 '악퇴(渥堆)'에 대하여 설명하시오(정의, 공정, 효과).

보이숙차의 인공적인 미생물발효과정을 '악퇴(渥堆)'라고 한다. '악(渥)'은 물을 적신다, '퇴(堆)'는 쌓아둔다는 뜻으로, 미생물이 각종 효소를 분비하여 찻잎 내의 페놀화합물이 산화·중합·가수분해 등의 반응을 일으킨 것이 미생물발효이다. 악퇴의 퇴적 단위는 10톤 이상이 넘어야만 유익한 미생물이 대량 번식되어 품질을 높여주고, 찻잎 더미 높이를 90cm가 넘지 않도록 쌓아 놓은 후 찻잎의 수분함량이 35~50%가 될 때까지 깨끗한 물을 뿌린다. 미생물발효 보이차의 품질은 핵심공법인 악퇴의 온도에 달려 있는데, 퇴적임계온도는 65℃ 이하를 유지하고, 습도는 85% 전후로 조절하여 발효를 속성시키는데, 약 40~45일 정도가 지나면 찻잎 색깔은 갈색이나 검은색으로 변하게 된다. 이때 퇴적 중심부위가 임계온도인 60~65℃가 넘게 되면 찻잎이 모두 시커먼 숯처럼 타는 이른바 '탄화(炭化)' 또는 '소심현상(燒心現象)'이 일어나 차맛이 밋밋해져서 상품가치가 떨어진다. 이는 자연스런 진화과정을 거쳐 생성된 생차의 풍미를 인공적인 발효과정을 통해 부드러운 맛과 약리적 효과를 보기위해 시간을 앞당기는 것이다.

★★★ 05

보이차 숙차를 만드는 발수(發水) 과정에 대해 상세히 서술하시오.

발수(發水)는 쌓아 둔 쇄청모차에 깨끗한 물을 뿌려주는 과정이다. 직사광선이 들지 않은 공간에 쇄청모차를 30~65cm 두께로 쌓아 놓고, 실온은 25~35℃를 고정시키며, 상대습도는 85%정도를 유지하여 깨끗한 물을 뿌려 찻잎의 수분 함유량이 35~50%가 되도록 한다.

★★★ 06

보이차 생차와 숙차의 발효에 따른 변화를 비교분석하시오.

구분	발효방법	발효도	발효기준	탕색	향	맛	저장에 따른 후발효/발효기간	저장환경 민감도
생차	자체효소 + 산화발효	10%	탕색	금황색	청향, 장향, 난향 등	쓰고, 단맛 그리고 회감	기간 없음 (90%) 30년 이상	매우 민감
숙차	미생물 발효	보통 75~95%	5~10년된 생차의 탕색	갈홍색	진향, 발효향, 지푸라기향	짚냄새, 스모크맛, 단맛	한정된 기간 (20%) 10년 이내	보통

★★★ 07

보이차를 우리는 물의 조건에 대해 서술하시오.

보이차를 우리기 좋은 물은 깨끗하고 오염되지 말아야 하고, 건강한 물로써 경도가 낮은 연수가 좋으며, 샘물보다는 산에서 흐르는 약수가 좋고, 청량감이 좋아야 한다.

보이차 품평법

01 / 품평의 기본과 환경
02 / 품평도구
03 / 보이차 품평법
04 / 보이차 품평용어
05 / 보이차 품평의 과제

09

01 품평의 기본과 환경/02 품평도구 /03 보이차 품평법/
04 보이차 품평용어/05 보이차 품평의 과제

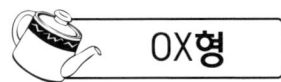 OX형

★★★
01
보이차의 정제차(精製茶)와 초제차(初製茶)를 품평할 때 사용하는 품평배(品評杯)의 크기는 다르며, 서로 다른 지역의 여러 종류 보이차를 품평할 때는 각 지역의 보이차에 맞는 품평배를 사용한다.

보이차의 평가에 영향을 미치지 않도록 각 품평배의 크기, 두께, 색상 등이 일정해야 하고, 품평배의 종류는 품평하고자하는 차의 종류에 따라 세 가지로 나뉜다. 정제차(精製茶)를 품평할 때는 손잡이가 달린 머그컵 형태, 초제차(初製茶)는 찻잎의 크기가 크기 때문에 더 큰 용량의 품평배, 우롱차는 향기를 보다 잘 맡을 수 있는 개완 형태의 품평배를 사용한다.

■ X

★
02
보이차를 품평할 때 1회 사용에 적합한 양은 8~10g이다.

보이차를 1회 품평할 때에 실제로 사용되는 양은 3~5g에 불과하지만, 보이차를 대표하는 샘플이므로 적게는 몇 킬로그램, 많게는 몇 백 킬로그램의 차를 품평하는 것과 같다.

■ X

★★★
03
국내에서는 상품화된 보이차를 품평하므로 압제차취양법(壓制茶取樣法)을 사용하여 보이차의 중간과 모서리 부분 등 5개 부위에서 채취하여 품평을 한다.

압제차취양법(壓制茶取樣法)은 각종 압제차를 품평하는 법을 의미한다.

■ ○

★★
04
찻물을 우리고 난 보이차 찻잎을 황편(黃片)이라고 한다.

찻물을 우리고 난 보이차 찻잎을 엽저(葉底)라고 한다.

■ X

★★
05

보이차 중 쇄청모차(曬青毛茶)의 외관을 평가하는 방법은 찻잎을 손으로 가볍게 상부와 중간층까지 한 줌 잡아서 들어 올린 다음, 품평반 안의 아래쪽에 남아있는 보이차를 먼저 평가하고 난후에 손바닥을 펼쳐 손 안에 있는 찻잎도 함께 평가한다.

■ ○

★
06

보이차의 우린 잎 감별은 다완 안에 있는 찻잎을 눈으로 관찰하고 손으로 만져보며 평가하는 것을 말한다.

보이차의 우린 잎 감별은 다완 안에 있는 찻잎을 전부 꺼내어 엽저반에 옮겨 담은 후 눈으로 관찰하고 손으로 만져보며 평가한다.

■ X

★
07

병배차(拼配茶)는 여러 지역에서 생산되는 차나무의 찻잎을 최소 3종류 이상 혼합하여 만든 보이차이다.

병배차(拼配茶)는 여러 지역에서 생산되는 차나무의 찻잎을 최소 2종류 이상 혼합하여 만든 보이차이다.

■ X

★
08

병배차의 장점은 여러 차산 지역의 개성을 한꺼번에 음미할 수 있다는 것이며, 단점은 찻잎의 원료가 얼마나 좋은지를 알 수 없다는 것이다.

■ ○

★
09

병배차를 만들 경우는 원가를 낮추고 많은 이윤을 남기고자 하는 상업적인 목적 때문에 거의 대지차를 사용하고 있는 것이 현실이다.

■ ○

★ 10
병배차 중에 특정지역의 고수차를 30% 미만 혼합할 경우는 전문가들도 감별하기가 어렵다.

병배차 중에 특정지역의 고수차를 10% 미만 혼합할 경우는 전문가들도 감별하기가 어렵다

■ X

★ 11
야생 고수차와 교목형 고수차는 외형이 크고 검으며, 솜털이 많아 흰색이 많이 보이는 특성을 갖고 있다.

■ ○

★ 12
병배차는 순수 고수차보다 외형이 작고 옅으며, 더 쓰고 떫다. 또한 찻물은 더 연하고 얇고, 단맛도 부족하며 회감도 짧고 약한 특성을 갖고 있다.

■ ○

★ 13
산야기운(山野氣韻)은 고수차에서 느낄 수 있을 뿐만 아니라 일반 대지차에서도 느낄 수 있다.

산야기운(山野氣韻)은 고수차에서만 나오는 독특한 개성으로 건차, 찻물, 찻잔에서 풍기는 향의 강약과 지속성이 두드러지고, 아주 매력적인 야생 열대우림의 나무와 야생풀에서 나오는 향과 맛을 느낄 수가 있으나, 대지차는 단순하고 개성을 보여줄 뚜렷한 향이 없다.

■ X

★ 14
농약을 뿌린 대치차를 마시면 미세한 농약의 냄새를 감지할 수 있으며, 수령 100년 이상의 야생 교목형 고수차는 잔류 농약이 없고, 고수차의 품질과 차기 그리고 독특한 맛을 갖고 있기 때문에 대지차와 쉽게 구별할 수 있다.

■ ○

★★
15
고수차의 개성 있는 맛과 향은 떼루아의 영향을 받는데 차나무의 품종, 수령, 생장환경, 주변의 다양한 나무, 풀, 야생꽃, 깊은 땅속에서 양분을 빨아 올려 축적한 미네랄 성분, 토양, 햇빛 등에 의해 산야의 기운을 갖게 된다.

■○

★★
16
대지차는 찻물을 4~5번 우리면 맛이 현저하게 연해지고, 고수차는 찻물을 10번 이상 우려도 맛과 향을 거의 그대로 유지할 수 있다.

■○

★★
17
고수차 순료(純療)의 경우에는 주로 야생이나 교목형 고수차를 채집하여 전통적인 수공방법으로 생산한다.

■○

★★
18
보이차 진년(陳年)은 '해가 묵었다'는 뜻으로 영어의 '빈티지(vintage)'에 해당하는 말이다.

■○

 **선택형**

★ 01

보이차의 품평은 사람의 시각, 후각, 미각과 촉각을 통하여 보이차의 외형, ( ), 향기, 맛, 찻잎 등의 특성과 개성을 찾아 평가한다. ( ) 안에 들어갈 정답은?

① 이물질의 유무　　　　　② 회감
③ 후운　　　　　　　　　④ 탕색

■ ④

★ 02

다음 중 보이차의 햇차에 대한 설명이 올바른 것은?

① 외형상 밝고 풋풋한 향이 남
② 찻잎이 크고 균일함
③ 곰팡이가 없음
④ 무거움

■ ①

★ 03

다음 중 보이차 품평실의 기본 조건에 부합하지 않은 것은?

① 직사광선을 피할 수 있는 북향
② 백열등 750-1000Lux
③ 습도는 50±5% 유지
④ 온도는 20±5℃

습도는 70±5%를 유지하는 것이 좋다.

■ ③

★★ 04

우린 찻잎을 평가할 때에 사용하는 도구는?

① 품평완(品評碗)
② 품평배(品評杯)
③ 엽저반(葉底盤)
④ 품평반(品評盤)

품평완(品評碗)은 보이차의 탕색과 맛을 보기 위해 사용되는 도구이고, 품평배(品評杯)는 차를 우리고 향기를 맡기 위한 도구이며, 품평반(品評盤)은 찻잎의 외형을 관찰하는 도구이다.

■ ③

★★ 05

보이차 품평에 사용하는 숟가락을 예열하기 위해 사용하는 도구는?

① 품평완(品評碗)
② 품평배(品評杯)
③ 품평대(品評臺)
④ 탕배(湯杯)

품평대(品評臺)는 차의 외형과 내질을 평가하는 탁자로 건평대와 습평대로 구분된다. 보조완은 탕배(湯杯)라고도 부르는 백자로 만든 보조 사발을 말하는데, 예열을 위해 품평용 수저를 뜨거운 물에 담가두는 용도로 사용하며, 품평용 수저를 미리 예열해 놓으면 품평 시 급격한 온도차로 인한 오차 범위를 줄일 수도 있다.

■ ④

★★ 06

다음 중 보이차 품평 방법에 대한 설명으로 틀린 것은?

① 250mm의 품평배 사용
② 100℃의 물을 사용
③ 뚜껑을 열고 5분 동안 우림
④ 5g의 샘플을 우림

보이차를 품평할 때는 보이차 5g을 250mm 품평배에 넣고, 100℃의 끓는 물을 잠시 식혔다가 품평배에 붓고, 뚜껑을 닫고 5분간 우려서 탕색과 향기, 맛을 평가한다.

■ ③

07 ★★★

다음 중 보이차의 내포도(耐泡度) 평가방법에 대한 설명으로 틀린 것은?

① 내포도는 향기와 탕색의 변화를 통해 평가한다.
② 3번을 우려서 각각 탕색, 향기와 맛의 변화를 평가한다.
③ 2번을 우려서 각각 탕색, 향기와 맛의 변화를 평가한다.
④ 보이차를 따라낼 때는 물기가 품평배 안에 남아있지 않도록 완전하게 따라낸다.

보이차의 향기나 맛의 내포성을 보기 위해 두 번 우릴 경우에는, 첫 번째로 2분 동안 우린 다음 따라내고 평가한 후, 다시 물을 부어 5분 동안 우려낸 후에 같은 방법으로 평가한다. 이럴 경우 탕색은 첫 번째로 우린 것을 기준으로 하고 향기와 맛은 두 번째 우린 것을 기준으로 해야 한다. 또한 보이차를 따라낼 때는 물기가 품평배 안에 남아있지 않도록 완전하게 따라낸다.

■ ②

08 ★

시각을 통해 보이차의 품질을 평가할 수 있는 항목은?

① 탕색, 투명도 및 탁도
② 탕색, 농도 및 투명도
③ 탕색, 탁도 및 밀도
④ 탕색, 밀도 및 농도

■ ①

09 ★

보이차의 탕색을 통해 판단할 수 없는 것은?

① 생산 지역
② 찻잎의 여린 정도
③ 살청의 품질
④ 유념의 품질

■ ①

10 ★

다음 중 후각을 통한 보이차 품평에 대한 설명이 바른 것은?

① 2~5초 동안에 여러 가지 향기를 감별
② 3~5초 동안에 여러 가지 향기를 감별
③ 3~8초 동안에 여러 가지 향기를 감별
④ 후각의 민감도를 고려하여 1분의 후식을 취한 후에 다시 평가할 수 있음

차의 향기를 맡는 데 있어 가장 중요한 것은 후각이 둔감해지기 전, 주어진 3~8초 동안 여러 가지 향기를 감별해내는 것이다. 후각의 민감도를 고려하여 2분간의 휴식을 취한 후에 다시 향을 맡아야 제 기능을 회복할 수 있다.

■ ③

11

보이차 향기 평가에 대한 설명 중 틀린 것은?
① 품평배의 뚜껑을 완전히 열고 진행함
② 품평배의 뚜껑을 반 정도만 열고 진행함
③ 향기의 종류를 평가함
④ 향기의 높고 낮음과 길고 짧음을 평가함

보이차의 향기를 맡을 때는 차탕을 따라낸 후에 품평배를 한 손으로 쥐고 다른 한 손으로는 뚜껑을 서서히 열면서 코에 가까이 대어야 한다. 이때 주의할 점은 뚜껑을 완전히 열어버리면 향기가 공중으로 쉽게 날아가 버리기 때문에, 뚜껑을 반 정도만 열고 코를 깊숙이 대고 향기를 맡는 것이 좋다. 향기의 종류는 과일향, 열매향, 꽃향, 식물향, 나무향, 금속향 등이 있으며, 향기의 높고 낮음, 길고 짧음을 정확하게 판별하는 것이 중요하다.

■ ①

12

보이차 차탕의 향기평가에 사용하는 열후(熱嗅), 온후(溫嗅), 냉후(冷嗅)에 대한 설명 중 틀린 것은?
① 열후는 품평배의 온도가 약 75℃일 때 처음으로 맡은 향이다.
② 온후는 품평배의 온도가 약 45℃일 때 처음으로 맡은 향이다.
③ 냉후는 품평배의 온도가 실내온도와 비슷한 온도일 때 처음으로 맡은 향이다.
④ 향기의 품평은 열후 – 탕색 – 맛 – 온후 – 냉후의 순서로 진행함.

일반적으로 품평은 열후 – 탕색 – 온후 – 맛 – 냉후의 순서로 진행하는 것이 무리가 없다.

■ ④

13

캐러멜, 초콜릿처럼 명확하게 느껴지는 달콤한 향에 해당하는 보이차 향기의 종류는?
① 첨향(甛香)
② 훈제향(煙香)
③ 나무향(木香)
④ 진향(陳香)

훈제향(煙香) : 장작불을 땠을 때 나는 듯한 연기 냄새 혹은 스모키한 향, ③ 목향(木香) : 마른 나무에서 나는 듯한 기분 좋은 향, ④ 진향(陳香) : 가볍고 은은하면서도 우아하고 낮게 깔리는 독특한 향

■ ①

★ 14
보이차가 기본적으로 가지고 있는 맛에 속하지 않은 것은?
① 단맛   ② 신맛
③ 쓴 맛   ④ 매운 맛

보이차를 평가할 때는 단맛, 신맛, 쓴맛, 떫은맛, 신선한 맛 등 보이차가 기본적으로 가지고 있는 맛 외에도 보이차의 구조감, 순수하고 부드러운 정도, 목 넘김의 매끄러운 정도, 차 맛의 깊이, 농도, 회감의 정도를 함께 평가해야 한다.

■ ④

★★ 15
보이차의 맛을 평가하는 방법에 대한 설명 중 틀린 것은?
① 맛 평가에 적합한 온도는 50~60℃이다.
② 한 번에 품평하는 양은 약 5mm정도이다.
③ 차탕을 입 안에 놓은 후 입에서 고르게 굴리면서 소리 나지 않게 조용하게 마신다.
④ 맛의 진한 정도, 강약 및 순수한 정도 등을 평가한다.

일반적으로 맛을 평하기에 가장 적합한 온도는 50~60℃이며, 자기로 만든 숟가락을 사용하여 품평완에서 한 숟가락(5mm) 정도를 떠서 입 안에 넣은 후 입 안에서 고르게 차탕을 굴리면서 공기를 입안으로 후루룩 들이켜 마신다. 보이차의 품평에서 맛을 볼 때는 맛의 진한 정도 강약, 순후한 정도 등을 종합적으로 고려한 후 평가한다.

■ ③

★ 16
엽저(葉底)에 대한 평가를 통해 얻기 힘든 정보는?
① 찻잎의 등급
② 찻잎의 혼합정도
③ 산지 정보
④ 가공방법 및 보관상태

■ ③

★★★ 17

다음 중 보이차의 외형 평가에 대한 용어와 설명이 올바른 것은?

① 갈윤(褐潤) - 황갈 보이차보다 등급이 아주 낮은 보이차에서 나타나는 갈색에 윤기가 나는 것을 말한다.
② 고암(枯暗) - 겉모습이 마르고 푸석한 느낌을 주는 차로 모차의 품질이 떨어지는 것으로 만든 보이차이다.
③ 건고(乾枯) - 시들고 푸석한 느낌의 어둑한 차로 등급이 매우 낮은 차를 표현할 때 쓴다.
④ 백호(白毫) - 진한 황금색을 띤 찻순으로 은회색의 순이 발효된 것이며, 잘 발효된 품질 높은 보이차에 많다.

고암(枯暗) - 시들고 푸석한 느낌의 어둑한 차로 등급이 매우 낮은 차를 표현할 때 쓴다. ③ 건고(乾枯) - 겉모습이 마르고 푸석한 느낌을 주는 차로 모차의 품질이 떨어지는 것으로 만든 보이차이다. ④ 금호(金毫) - 진한 황금색을 띤 찻순으로 은회색의 순이 발효된 것이며, 잘 발효된 품질 높은 보이차에 많다.

■ ①

★★★ 18

보이차의 내질(내형) 평가를 위한 준비가 바른 것은?

① 8g의 보이차를 250mm의 품평배에 넣고 100℃의 물을 사용하여 5분간 우린다.
② 10g의 보이차를 50mm의 품평배에 넣고 100℃의 물을 사용하여 3분간 우린다.
③ 10g의 보이차를 250mm의 품평배에 넣고 80℃의 물을 사용하여 10분간 우린다.
④ 5g의 보이차를 250mm의 품평배에 넣고 100℃의 물을 사용하여 5분간 우린다.

보이차의 내형을 품평할 때는 보이차 5g을 250mm의 품평배에 넣고 100℃의 끓는 물을 잠시 식혔다가 품평배에 부은 후 뚜껑을 닫고 5분간 우려서 탕색과 향기, 맛을 평가한다.

■ ④

★★★ 19

고수차 산야의 기운과 특징에 대한 설명이 틀린 것은?

① 보이차 맛이 복잡하여 흠잡을 데가 없다.
② 입안이 부드러우면서도 매끄럽게 느낀다.
③ 향은 은은하고 뚜렷하면서 상쾌한 기분을 북돋우어 준다.
④ 삼키고 나면 여운이 길고, 목과 코에 독특한 향기가 매우 상쾌하며 부드러운 기운이 지속적으로 올라오는 것을 느낄 수가 있다.

보이차 맛이 깔끔하여 흠잡을 데가 없다.

■ ①

 단답형

★ 01

티 테이스팅(tea tasting), 즉 차를 품평하는 이유는 가격대비 좋은 품질의 차를 선별하여 인체에 (   )하고 (   )한 차를 찾기 위해서이다. (   ) 안에 들어갈 정답을 순서대로 쓰시오.

■ 무해, 건강

★ 02

차를 품평하기에 앞서 보이차가 생산되는 지역의 (   )을/를 알고 잘 이해해야 한다. (   ) 안에 들어갈 정답은 무엇인가?

■ 떼루아(terroir)

★★★ 03

보이차의 품평은 다른 차와 마찬가지로 객관성을 갖고 전문지식으로 풀어내는 기술이며 중국어로는 (   )이라고 한다. (   ) 안에 들어갈 정답은 무엇인가?

■ 감관품평(感官品評) 또는 감관심평(感官審評)

★★ 04

살청이 제대로 되지 않은 차 혹은 등급이 낮은 관목차에서 나타난 풀냄새를 보이차 품평용어로 (   )라고 한다. (   ) 안에 들어갈 정답은 무엇인가?

■ 청기(青氣)

★★ 05

보이차의 맛에 대한 표현 중 단맛이 나고 시원하며 청량감이 있다는 품평용어를 (   )이라고 한다. (   ) 안에 들어갈 정답은 무엇인가?

■ 감상(甘爽)

06

보이차의 맛에 대한 표현 중 달고 부드럽다는 품평용어를 (　　　)이라고 한다. (　　) 안에 들어갈 정답은 무엇인가?

■ 감순(甘醇)

07

이차의 맛에 대한 표현 중 달고 매끄럽다는 품평용어를 (　　　)이라고 한다. (　　) 안에 들어갈 정답은 무엇인가?

■ 감활(甘滑)

08

보이차의 맛에 대한 표현 중 쓰고 떫다는 품평용어를 (　　　)이라고 한다. (　　) 안에 들어갈 정답은 무엇인가?

■ 고삽(苦澁)

09

보이차의 맛에 대한 표현 중 아주 상쾌하고 시원하다는 품평용어를 (　　　)이라고 한다. (　　) 안에 들어갈 정답은 무엇인가?

■ 고상(高爽)

10

보이차의 맛에 대한 표현 중 매우 진하고 부드럽다는 품평용어를 (　　　)이라고 한다. (　　) 안에 들어갈 정답은 무엇인가?

■ 농순(濃純)

★★
11

보이차의 맛에 대한 표현 중 진하고 깊이가 있고 구조감이 뛰어나다는 품평용어를 (   ) 라고 한다. (   ) 안에 들어갈 정답은 무엇인가?

■ 농후(濃厚)

★★
12

보이차의 맛에 대한 표현 중 연하고 깊이가 없으며, 농후의 반대개념이 되는 품평용어를 (   )이라고 한다. (   ) 안에 들어갈 정답은 무엇인가?

■ 담박(淡薄)

★★
13

보이차의 맛에 대한 표현 중 맛이 매우 순하고 부드럽다는 품평용어를 (   )라고 한다. (   ) 안에 들어갈 정답은 무엇인가?

■ 순화(醇和)

★★
14

발효가 잘못된 보이차에서 나는 신맛에 대한 표현의 품평용어를 (   )라고 한다. (   ) 안에 들어갈 정답은 무엇인가?

■ 산미(酸味)

★
15

보이차의 맛이 부드럽고 깊이가 있다는 표현의 품평용어를 (   )라고 한다. (   ) 안에 들어갈 정답은 무엇인가?

■ 순후(醇厚)

★★
16

보이차의 맛이 매우 부드럽고 맑다는 표현의 품평용어를 (   )이라고 한다. (   ) 안에 들어갈 정답은 무엇인가?

■ 순정(醇正)

★★
17

농약이나 오염을 의심케 하는 맛인 매운 듯 톡 쏘는 표현의 품평용어를 (   )이라고 한다. (   ) 안에 들어갈 정답은 무엇인가?

■ 신랄(辛辣)

★★
18

차 고유의 맛 이외에 다른 맛이 섞여 있다는 표현의 품평용어를 (   )라고 한다. (   ) 안에 들어갈 정답은 무엇인가?

■ 이미(異味)

★★
19

거칠고 싱거운 보이차의 맛에 대한 표현의 품평용어를 (   )이라고 한다. (   ) 안에 들어갈 정답은 무엇인가?

■ 조담(粗淡)

★★
20

보이차에서 풀냄새가 나고, 떫은맛이 난다는 표현의 품평용어를 (   )이라고 한다. (   ) 안에 들어갈 정답은 무엇인가?

■ 청삽(青澁)

21 ⭐⭐

보이차 엽저의 색깔이 약간 붉은색에 가까운 황색일 때 사용하는 품평용어를 (　　)이라고 한다. (　) 안에 들어갈 정답은 무엇인가?

■ 등황(橙黃)

22 ⭐⭐

부드럽고 연한 연노랑의 엽저(葉底)로 살청과 유념이 잘된 고급 등급의 찻잎으로 만들었다는 품평용어를 (　　)색이라고 한다. (　) 안에 들어갈 정답은 무엇인가?

■ 눈황(嫩黃)

23 ⭐⭐

보이차 엽저의 홍색이 주황색에 가까울 때 사용하는 품평용어를 (　　)색이라고 한다. (　) 안에 들어갈 정답은 무엇인가?

■ 등홍(橙紅)

24 ⭐⭐

연하면서 두툼하게 살진 엽저로, 발효 보이차에 이상적인 원료라는 품평용어를 (　　)이라고 한다. (　) 안에 들어갈 정답은 무엇인가?

■ 비눈(肥嫩)

25 ⭐⭐

원료 또는 저장 과정에 약간의 문제가 있을 경우 엽저가 어두운 갈색으로 보이는데, 이러한 엽저의 색깔을 품평용어로 (　　)색이라고 한다. (　) 안에 들어갈 정답은 무엇인가?

■ 암갈(暗褐)

★★
26

보이차의 엽저가 짙은 홍색으로 보일 때 품평용어로 (   )색이라고 한다. (   ) 안에 들어갈 정답은 무엇인가?

■ 암홍(暗紅)

★★
27

보이차의 엽저가 밝지 않고 비교적 짙은 홍색으로 보일 때 품평용어로 (   )색이라고 한다. (   ) 안에 들어갈 정답은 무엇인가?

■ 심홍(深紅)

★★
28

보이차의 엽저가 커피색과 비슷한 홍색으로 보일 때 품평용어로 (   )색이라고 한다. (   ) 안에 들어갈 정답은 무엇인가?

■ 종홍(棕紅)

★★
29

발효가 이상적으로 잘 진행된 고급 보이차의 엽저가 약간 미세한 묽은 색이 도는 갈색을 품평용어로 (   )색이라고 한다. (   ) 안에 들어갈 정답은 무엇인가?

■ 종갈(棕褐)

★★★
30

찻잎이 비교적 큰 저등급 보이차로 만드는 과정에서 발생할 수 있는 문제로 찻잎이 펴지지 않고 주름처럼 말리거나 꼬이고 오그라져 있는 것을 품평용어로 (   )이라고 한다. (   ) 안에 들어갈 정답은 무엇인가?

■ 추축(皺縮)

★★ 31

높은 등급의 보이차에서 나타나는 밝은 붉은 색을 품평용어로 (　　　)색이라고 한다. (　　) 안에 들어갈 정답은 무엇인가?

■ 홍량(紅亮)

★★★ 32

채엽 등급 - 기초 가공 - 발효 등의 과정에서 모두 나타날 수 있는 문제로 찻잎이 얼룩덜룩한 느낌을 주는 현상을 품평용어로 (　　　)이라고 한다. (　　) 안에 들어갈 정답은 무엇인가?

■ 화잡(花雜)

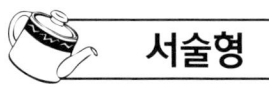 서술형

★★ 01

품질 좋은 보이차의 조건에 대해 서술하시오.

품질 좋은 보이차의 조건은 첫째, 인체에 유해한 물질이 없어야 한다. 둘째, 인체에 유익한 미네랄이 적당히 함유되어야 하며, 티 폴리페놀(아미노산 혹은 카테킨)의 함량이 높아야 한다. 셋째, 차를 우리면 수용성의 미네랄이 물속으로 잘 추출되어야 한다. 넷째, 차나무가 자란 자연환경(떼루아)을 잘 반영하여 고유한 개성을 갖고 있어야 한다. 다섯째, 찻잎의 크기가 균일하며 찻잎의 파손 정도가 없어야 한다. 여섯째, 마시고 나면 여운이 길고 회감이 있어야 한다. 마지막으로 음식과의 조화도 잘 이루어져야 한다.

★★★ 02

중국에서 보이차 품평을 위해 샘플을 채취하는 4가지 방법의 이름과 각각 적용되는 상황을 서술하시오.

품평할 보이차의 샘플을 채취하는 방법은 보이차의 종류와 상태에 따라 달라질 수 있지만 같은 조건하에서 품평이 수행되어야 편차를 줄일 수 있다. 중국에서는 균퇴취양법(均堆取樣法), 취건취양법(就件取樣法), 수기취양법(隨機取樣法), 압제차취양법(壓制茶取樣法) 등의 방법이 있다. 첫째, 균퇴취양법(均堆取樣法)은 포장하기 전 품평할 때 사용하고, 둘째, 취건취양법(就件取樣法)은 상품별로 포장한 후에 각 샘플을 품평할 때 사용하며, 수기취양법(隨機取樣法)은 무작위로 보이차를 추출하여 품평할 때 사용한다. 또한, 압제차취양법(壓制茶取樣法)은 각종 압제차의 품평에 사용한다.

★★★
03

보이차의 샘플과 품평도구 및 물이 준비된 후, 품평 절차를 순서대로 나열하고 기본적으로 확인해야 할 항목을 서술하시오.

보이차의 품평과정은 외형평가→ 내형평가→ 우린 잎 평가의 순으로 진행한다. 첫째, 외형평가는 보이차의 외형 상태, 찻잎의 여린 정도, 색상, 균일한 정도, 청결 정도, 광택 등을 평가한다. 둘째, 내형(혹은 내질)평가는 시각적인 탕색(색, 맑은 정도, 혼탁한 정도), 후각적인 향기(향기의 종류, 기분 좋은 향, 복합적인 향), 미각적인 맛(단맛, 쓴맛, 신맛, 떫은맛, 신선한 맛 외 구조감, 순수하고 부드러운 정도, 목 넘김의 매끄러운 정도, 차 맛의 깊이, 농도, 회감의 정도) 등을 평가한다. 셋째, 우린 잎(혹 엽저) 평가는 우린 잎의 상태, 여린 정도, 균일한 정도, 색깔, 광택 등을 평가한다.

★★★
04

보이차 쇄청모차(曬青毛茶)의 외형에 대한 평가방법을 서술하시오.

찻잎을 손으로 가볍게 상부와 중간층까지 한 줌 잡아서 들어 올린 다음, 품평반 안의 아래쪽에 남아있는 보이차를 먼저 평가하고 난 후에 손바닥을 펼쳐 손안에 있는 찻잎도 함께 평가한다. 찻잎은 가장자리로는 부스러진 잎들이 늘려 있고, 중앙에는 큰 찻잎이 자연스럽게 남아있게 되므로 찻잎의 크기 및 상, 중, 하층의 잎을 고르게 살펴보면서 평가해야 한다.

★★★
05

보이차 긴압차(緊壓茶)의 외형에 대한 평가방법을 서술하시오.

긴압차 외형에 대한 평가항목은 정제차(精製茶)와 달리 찻잎의 고른 정도, 긴압 정도, 곰팡이 유무, 찻잎의 표준화 등에 대해 평가한다. 첫째, 찻잎의 고른 정도에 대한 평가는 긴압차의 모양이 단단한지, 표면의 찻잎이 들뜨지 않는지, 가장자리의 정리가 되었는지, 겉 표면에 광택이 있는지, 두께와 크기가 균일한 지를 확인한다. 둘째, 긴압 정도에 대한 평가는 긴압의 강도를 보는 것으로 너무 강해도 너무 느슨해도 안 되는데, 이는 긴압 정도의 강도가 보이차의 후발효에 영향을 줄 수 있기 때문이다. 셋째, 곰팡이 유무에 대한 확인은 보관상의 잘못으로 곰팡이가 피었는지 혹은 안 피었는지를 확인하는 것이다. 마지막으로 찻잎의 표준화에 대한 평가는 같은 종류 찻잎의 크기, 모양, 색상 등에 대해 평가한다.

★★★
06

보이차의 향기에 대한 품평은 내질(내형)에 대한 평가의 전 과정에 거쳐 단계별로 진행하는데, 이에 대한 순서를 설명하고 각 단계별 품평배의 온도를 쓰시오.

보이차의 향을 맡을 때는 열후(熱嗅), 온후(溫嗅), 냉후(冷嗅)의 세 단계를 거친다. 첫째, 열후(熱嗅)는 품평배의 온도가 약 75℃일 때 처음으로 맡은 향을 말하고 둘째, 온후(溫嗅)는 품평배의 온도가 약 45℃일 때 두 번째로 맡은 향을 말하며 셋째, 냉후(冷嗅)는 실내 온도와 비슷한 온도일 때 세 번째로 맡은 향을 가리킨다. 일반적으로 품평은 열후(75℃) → 탕색 → 온후(45℃) → 맛 → 냉후(실온)의 순서로 진행한다.

★★★
07

보이차 고수차(古樹茶)와 대지차(臺地茶)의 감별법 5가지를 서술하시오.

고수차(古樹茶)와 대지차(臺地茶)의 감별법은 첫째, 고수차의 산지와 생산량은 물론 마을별로 보이차 생잎의 가격을 매년 알아야 한다. 둘째, 고수차 산지의 산야기운을 알아야 한다. 셋째, 산지별 고수차의 특징을 알아야 한다. 넷째, 보이차를 생산하는 차창의 정보를 알아야 한다. 다섯째, 종합적으로 마셔보고 찻물로 판단한다.

★★★
08

보이차를 품평할 때 품평실의 기본 조건에 대해 설명하시오.

품평실의 위치는 직사광선을 피할 수 있는 북향이 좋으며, 조명은 자연광이나 백열등 1000Lux가 이상적이다. 품평실의 크기는 15㎡ 정도, 실내온도는 20±5℃가 적당하며, 습도는 70±5%가 이상적이다. 주변 환경 중에서 소음은 50dB 이하가 되어야 한다. 특히 이취로 인해 품평에 방해가 되지 않도록 주방이나 화장실, 창고로부터 멀리 떨어져 있어야 한다. 비품기구로는 안전하게 사용할 수 있는 테이블이나 의자 클로스, 차용기, 차 우리는 다구 등이 필요하다.

보이차의 올바른 구매와 보관

01/ 전통 보이차와 현대 보이차의 구별법
02/ 보이차 4대 차창과 월진월향
03/ 좋은 품질의 보이차 저장법

01 전통 보이차와 현대 보이차의 구별법 /
02 보이차 4대 차창과 월진월향 / 03 좋은 품질의 보이차 저장법

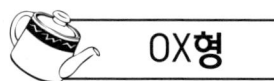 OX형

★
01
보이차를 일정기간 저장하여 보관하면 '진년보이차(陳年普洱茶)'라고 하며, '노차(老茶)'라고 하기도 한다.

■ ○

★★★
02
중국에서 말하는 '현대보이차(現代普洱茶)'는 최근에 개발된 기술로 만든 보이차를 말하며, '전통보이차(傳統普洱茶)'는 전통적인 방법으로 만든 보이차를 말한다.

1978년 중국의 개혁개방을 기준으로 하는 개념이며, '전통보이차(傳統普洱茶)'는 1978년 전에 생산된 보이차를 가리키며, '현대보이차(現代普洱茶)'는 1978년 후부터 생산된 보이차를 가리킨다.

■ X

★★
03
호자급보이차(號字級普洱茶)는 주로 청나라 이전에 생산된 보이차를 말하며, 모두 고수차를 원료로 사용하여 만든 전통보이차이다.

호자급보이차(號字級普洱茶)는 진년보이긴압차(陳年普洱緊壓茶) 중에서 1949년 중화인민공화국 건국 이전에 개인차창에서 만들어 60년 이상 된 보이차를 말하며, 원료는 모두 고수차를 사용한 전통보이차이다.

■ X

★★
04
인자급보이차(印字級普洱茶)는 중화인민공화국 건국 이후 1950년대에서 1970년대 초반에 중국 국영공장에서 만든 보이차를 말한다.

■ ○

★★
05
인자급보이차(印字級普洱茶)는 홍인(紅印), 녹인(綠印)과 황인(黃印)으로 분류될 수 있다.

▪ ○

★★
06
인자급보이차(印字級普洱茶) 중 홍인(紅印)은 제조시기에 따라 전기홍인과 후기홍인으로 나눌 수 있다.

▪ ○

★★★
07
인자급보이차(印字級普洱茶) 중 남인(藍印)은 인위적으로 만든 것이 아니라 녹인(綠印)의 색깔이 퇴색된 결과이다.

▪ ○

★★★
08
1949년에 조승후(趙承煦)가 팔중차(八中茶)의 로고(Logo)를 디자인하였다.

1952년 당시 모든 중국 보이차의 상표도안에는 1951년 조승후(趙承煦)가 디자인한 '팔중차(八中茶)'의 로고(Logo)가 새겨져 있다.

▪ X

★★★
09
팔중차(八中茶)의 내비(內飛)에는 로고(Logo)와 중차패원차(中茶牌圓茶)라는 한자가 적혀 있다.

팔중차(八中茶)의 내비(內飛)에는 로고(Logo)만 인쇄되어 있다.

▪ X

★★★
10

팔중차(八中茶)의 포장지에는 녹색과 적색 두 가지 색상만 있었는데 팔중차 로고의 '茶'자만 녹색이고 이외의 모든 글자는 적색을 사용하였다.

■ ○

★★
11

팔중차(八中茶) 포장지의 디자인 원안에 있는 '茶'자는 원래 녹색이었지만 전기에 생산된 보이차의 포장에 모두 적색으로 사용하였기에 '홍인(紅印)'이라고 하였다.

■ ○

★★
12

'녹인(綠印)' 보이차는 '茶'자의 색깔을 적색으로 잘못 사용하다가 녹색으로 바로잡은 후에 생산된 보이차를 말한다.

■ ○

★★
13

'무지홍인(無紙紅印)' 보이차는 포장지가 없는 홍인보이차의 별명이다.

'무지홍인(無紙紅印)' 보이차는 포장지가 없는 인자급보이차라는 뜻이다. 이는 포장이나 상표도 없는 보이차이지만 원료나 맛이 인자급과 동일한 품질을 인정받았기 때문이다.

■ X

★★
14

중화민국 초기에 만든 홍인(紅印) 보이차는 조기홍인(早期紅印)이고, 대약진시대 이후에 나온 홍인은 후기홍인(后期紅印)이라고 한다.

■ ○

★★
15
조기녹인(早期綠印) 보이차는 맹해 남나산(南糯山)의 고수차 찻잎을 사용하여 만들었다.

■ ○

★★★
16
후기녹인(後期綠印) 보이차는 1960년대 말 대약진운동으로 개간한 대지차나무 밭의 찻잎과 고수차잎을 섞어 만든 것이었다.

■ ○

★★
17
후기녹인(後期綠印) 보이차를 만드는 데에 사용한 찻잎의 품질이 조기녹인(早期綠印) 보이차보다 좋지 않아서 '녹인미(綠印尾)'라고 하여 가격도 상대적으로 낮게 거래되었다.

■ ○

★★
18
황인(黃印) 보이차는 대지차와 고수차 찻잎으로 병배하여 만든 것이 대부분으로 품질이 많이 떨어지는 편이다.

■ ○

★★★
19
중차패원차(中茶牌圓茶)는 주로 맹해차창(勐海茶廠)과 1949년에 설립된 곤명차창(昆明茶廠)에서 생산되었으며, 타차(沱茶)와 긴차(緊茶)를 위주로 생산하였다.

중차패원차(中茶牌圓茶)는 주로 맹해차창(勐海茶廠)과 1941년에 설립된 하관차창(下關茶廠)에서 생산되었으며, 타차(沱茶)와 긴차(緊茶)를 위주로 생산하였다.

■ X

★★
20

1950년 하관차창(下關茶廠)에서 생산된 보이차는 기계 금속으로 압제한 생병이었으며, 매우 단단해서 '철병(鐵餠)'이라고 하였다.

■○

★★★
21

중국 운남의 대기업형 차창은 자동화시스템을 구축하고 연구소를 운영하면서 보이차를 병배하여 일정한 맛과 향의 보이차 제품을 생산하고, 소규모의 개인 차창은 고수차 찻잎을 채집하여 전통적인 보이차를 수작업으로 만들고 있다.

■○

★★★
22

칠자병차(七子餠茶)라는 용어가 등장한 것은 1973년으로 당시 보이차를 생산한 하관차창(下關茶廠)이 개명과 함께 포장지 디자인도 바꿨다.

■○

★★★
23

맹해차창의 전신은 불해차창(佛海茶廠)으로 1959년 중화인민공화국 정부는 운남성 '불해(佛海)'에 중차공사(中茶公司) 불해차창을 설립하였다.

맹해차창의 전신은 불해차창(佛海茶廠)으로 1940년 중화민국공화국 정부는 운남성 '불해(佛海)'에서 중차공사(中茶公司) 불해차창을 설립하였다.

■ X

★★★
24

맹해차창은 현재의 대익차엽집단(大益茶葉集團)의 전신으로 2004년에 민영화하면서 개명하였고, 대익패(大益牌)라는 상표도 같은 연도부터 사용하기 시작하였다.

맹해차창은 현재의 대익차엽집단(大益茶葉集團)의 전신으로 2004년에 민영화하면서 개명하였고 대익패(大益牌)라는 상표는 1994년 중국경제개방정책과 함께 사용하였다.

■ X

★
25
보이차에 월진월향(越陳越香)이라는 단어의 사용은 1990년 『차의 고향-운남』이라는 책에서 처음으로 소개되었다.

■ ○

★★
26
보이차 향의 방출은 차나무의 수령, 차산의 생태환경, 차산의 해발, 위도, 강수량, 토양 등과 밀접한 관계가 있다.

■ ○

★★
27
보이차는 찻잎의 광합성작용을 통해 화학에너지를 만들고 뿌리를 통해 토양의 영양분과 광물질을 흡수하여 찻잎에 미네랄을 함유하게 한다.

■ ○

★★
28
대엽종보이차의 찻잎이 중소엽종보다 많은 미네랄을 함유하기 때문에 오랫동안 맛과 향을 유지할 수 있다.

■ ○

★★
29
녹차와 달리 보이차를 오랫동안 저장할 수 있고 오래 될수록 맛이 좋아지는 것은 효모라는 미생물 때문이다.

녹차와 달리 보이차가 오랫동안 저장할 수 있고 오래 될수록 맛이 좋아지는 것은 폴리페놀 산화효소라는 화학물질 때문이다.

■ X

★★★
30
보이차는 녹차와 달리 쇄청(曬青)을 통해 오래 보관할 수 있게 되는 것이고, 쇄청의 온도는 40℃ 이하여서 효소의 생존과 활동에 적합하다.

효소는 단백질이어서 고온에서 파괴되는데, 보이차는 쇄청 온도뿐 아니라 살청온도도 녹차보다 크게 낮기 때문에 남아있는 효소들이 천천히 작용하여 생차에서 노생차로 변화하게 되어 보이차를 오래 보관할 수 있다.

■ X

★
31
보이차는 찻잎의 품질과 저장환경에 따라 100년 이상 장기 보관할 수 있다.

■○

★★★
32
중국 운남성에서 100년 이상 된 차나무에서 딴 찻잎으로 만든 고수차는 품질과 희소성이 있으며, 교목형 고수차는 총생산량의 5%를 차지한다.

중국 운남성에서 100년 이상된 차나무에서 딴 찻잎으로 만든 고수차는 품질과 희소성이 있으며, 교목형 고수차는 총생산량의 0.5%를 차지한다.

■ X

★
33
보이차는 투자가치가 있지만 교목형 고수차의 100% 순료로 만든 보이차에 국한된다.

■○

★★
34
시장에서 많이 유통되고 있는 숙차는 악퇴(渥堆)를 통해 만들어졌기 때문에 오래 동안 저장해도 변화를 줄 수 있는 성분이 별로 없어서, 오랫동안 저장할 보이차를 선택할 때는 숙차보다 생차가 좋다.

■○

★
35
전문가 및 학자들에 따르면 보이차를 음료로 만들어 마신 역사가 현재까지 2000여년 이상 되었다고 한다.

■○

선택형

★★ 01

아래 항목 중 골동보이차(古董普洱茶)에 속하는 차는?

① 인자급보이차(印字級普洱茶)
② 호자급보이차(號字級普洱茶)
③ 전통보이차(傳統普洱茶)
④ 현대보이차(現代普洱茶)

■ ②

★★ 02

호자급보이차(號字級普洱茶) 중 3대 골동보이차에 속하지 않는 것은?

① 동경호보이차(同慶號普洱茶)
② 동흥호보이차(同興號普洱茶)
③ 송빙호보이차(宋聘號普洱茶)
④ 차순호보이차(車順號普洱茶)

동경호(同慶號) · 동흥호(同興號) · 송빙호(宋聘號)의 3개 차창에서 나온 보이차를 '3대 골동보이차'라고 한다.

■ ④

★ 03

보이차 중의 '차왕(茶王)'이라고 말하는 보이차는?

① 정흥호(鼎興號) 보이차
② 동흥호(同興號) 보이차
③ 복원창(福元昌) 보이차
④ 차순호(車順號) 보이차

■ ③

★★
04

보이차 중에 '차후(茶后)'라는 애칭을 갖고 있는 것은?

① 정흥호(鼎興號) 보이차　　② 동흥호(同興號) 보이차
③ 복원창(福元昌) 보이차　　④ 동경호(同慶號) 보이차

■④

★★
05

초기에 모두 고차수로 만들고, 후기에 일부 대지차를 사용한 보이차는?

① 홍인(紅印) 보아차　　② 황인(黃印) 보이차
③ 녹인(綠印) 보이차　　④ 남인(藍印) 보이차

■②

★★
06

중화인민공화국이 운남성차엽공사(云南省茶葉公司)를 인수하고, 회사 이름을 중국차엽공사운남성공사(中國茶葉公司云南省公司)로 개명한 시기는?

① 1949년　　② 1950년
③ 1955년　　④ 1978년

■②

★★
07

다음 사진에서 '팔중차(八中茶)'의 로고(Logo)에 대한 설명이 틀린 것은?

① '中'자는 중국이란 뜻이다.
② '中'자는 8개 있다.
③ 디자인 원안에서 '茶'자의 색깔은 녹색이다.
④ 디자인 원안에서 '茶'자의 색깔은 붉은색이다.

■④

★★ 08

구 육대차산 중 이무지역의 고차수 찻잎만 사용하여 호자급의 맛을 그대로 느낄 수 있는 보이차는?
① 과도기시대의 홍인(紅印) 보이차
② 조기황인(黃印) 보이차
③ 후기녹인(綠印) 보이차
④ 남인(藍印) 보이차

■ ①

★★ 09

맹해 지역 차산의 고차수 찻잎을 사용하여 만든 보이차는?
① 홍인(紅印) 보이차
② 황인(黃印) 보이차
③ 녹인(綠印) 보이차
④ 황인(黃印) 보이차와 녹인(綠印) 보이차

■ ④

★★ 10

다음 사진 속의 보이차 생산공장으로 가능성이 높은 것은?

① 맹해차창　　　　　　　　　② 반장차창
③ 곤명차창　　　　　　　　　④ 이무차창

중차패원차(中茶牌圓茶)는 맹해차창(孟海茶廠)과 1941년 설립된 하관차창(下關茶廠)에서 주로 타차(沱茶)·긴차(緊茶)로 생산하였다.

■ ①

★★★
11

다음 그림 속의 보이차의 생산공장으로 가능성이 높은 것은?

① 맹해차창
② 개인차창
③ 곤명차창
④ 하관차창

곤명차창의 병차는 모든 글씨를 좌측에서 우측으로 인쇄했고, 병차 크기로 그린 적색 원의 가장자리를 따라 상단에는 적색으로 '운남칠자병차(雲南七子餠茶)' 6자, 중앙에는 '팔중차(八中茶)' 로고, 그 아래에 적색으로 '중차패(中茶牌)' 3자를 인쇄하고, 하단 가장자리를 따라 회사의 상호인 '중국토산축산진출구공사운남성차엽공사(中國土産畜産進出口公司云南省茶葉公司)' 18자를 인쇄한다.

■③

★★★
12

1973년 이후 운남 4대 차창인 보이차창 – 맹해차창 – 곤명차창 – 하관차창의 고유번호에 대한 서술이 맞는 것은?

① 1-2-3-4
② 4-3-2-1
③ 4-2-1-3
④ 3-2-4-1

■③

★★★
13

과거의 운남 4대 차창에서 녹차, 홍차와 보이차를 같이 생산하였는데 4대 차창 중 보이차를 주로 생산한 공장은?

① 맹해차창과 보이차창
② 하관차창과 보이차창
③ 곤명차창과 맹해차창
④ 맹해차창와 하관차창

■④

14 ★★★

과거의 운남 4대 차창에서 칠자병차(七子餅茶)를 가장 많이 생산한 차창은?

① 맹해차창 ② 하관차창
③ 곤명차창 ④ 보이차창

■ ①

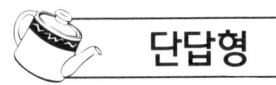

01 ★★

해가 묵었다는 의미로, 보이차를 일정기간 동안 저장하여 보관한 것을 무엇이라 부르는가?

■ 진년보이차(陳年普洱茶)

02 ★★★

1978년 중화인민공화국 등소평의 지도 체제 아래 대외개방정책 이후 국영차창을 일반 개인 기업으로 전환하여 생산한 다양한 보이차를 무엇이라 하는가?

■ 현대보이차(現代普洱茶) 또는 신생보이차(新生普洱茶)

03 ★★

호자급보이차(號字級普洱茶) 중 '3대 골동보이차'의 브랜드명은 무엇인가?

■ 동경호(同慶號), 동흥호(同興號), 송빙호(宋聘號)

★★★
04

1973년 이후 운남성의 보이차생산은 정부의 경제계획정책에 따라 운남성 내의 4대 차장에 각자 고유번호를 부여했는데, 주로 보이차를 생산한 차창의 브랜드명과 번호를 쓰시오.

■ 2번 맹해차창(孟海茶廠)과 3번 하관차창(下關茶廠)

★★★
05

1990년대 이후 보이차는 중국뿐 아니라 홍콩, 대만, 한국 등에서 인기를 끌게 되었는데, '보이차는 세월이 흐를수록 향이 깊어진다.'는 의미의 유행어처럼 번진 단어는 무엇인가?

■ 월진월향(越陳越香)

★★★
06

보이차 맛을 4가지 측면으로 요약하여 품질 좋은 보이차를 판단할 수 있는 단어는 무엇인가?

■ 청(淸), 순(純), 정(正), 기(氣)

★
07

보이차의 품질과 상관관계가 있는 올바른 저장환경의 4대 요인은 무엇인가?

■ 공기, 온도, 햇볕, 습도

서술형

01
좋은 보이차인지 판단할 수 있는 보이차 맛을 4가지 측면에서 요약하고 설명하시오.

좋은 보이차는 청(淸), 순(純), 정(正), 기(氣)의 4가지 측면으로 요약할 수 있다. 첫째, 청(淸)은 맛이나 냄새 모두 맑아야 한다는 뜻이고 둘째, 순(純)은 찻물의 탕색이 순수한 것을 말하며 붉은 대추색이나 선홍빛의 붉은 색이어야 한다는 것이다. 셋째, 정(正)은 보이차가 올바르게 저장되어야 한다는 뜻이고 넷째, 기(氣)는 좋은 보이차를 마시면 몸이 맑고 시원해지고 심지어 어떤 기운이 몸에 도는 듯한 느낌을 받아야 한다는 의미이다.

02
보이차의 올바른 저장 환경은 보이차의 품질과 상관관계가 있는데, 보이차 저장환경의 4대 요인을 서술하시오.

보이차의 올바른 저장 환경 4대 요인은 공기, 온도, 햇볕, 습도이다. 첫째, 공기는 주변 환경에서 잡내가 없고 쾌적해야 하고 둘째, 보관창고의 온도를 20℃~25℃로 유지해야 한다. 셋째, 햇볕은 직사광선을 피하고 서늘하고 산소가 풍부한 곳이 좋으며 넷째, 습도는 품질형성에 중요하여 65~75%를 유지해야 한다.

03
보이차의 7가지 저장방법에 대해 자세히 설명하시오.

첫째, 보이차를 구입할 때 죽순껍질로 포장한 칠자병차를 통째로 구입하여 벗겨내지 말고 그대로 보관하는 것이 좋다. 둘째, 보관하는 주변의 공기를 맑게 해야 한다. 셋째, 직사광선을 피하고 서늘하면서 산소가 풍부한 곳이 좋다. 넷째, 보이차의 저장 온도는 20~25℃, 습도는 65~75% 정도로 유지해야 한다. 다섯째, 저장용기를 사용할 경우에는 자연유약으로 구운 통기성이 좋은 옹기가 좋다. 여섯째, 같은 종류의 보이차는 같은 용기에 저장하는 것이 좋다. 일곱째, 숙성과정에서 곰팡이가 핀 변질된 보이차를 골라내어 폐기하거나 따로 저장한다.

보이차 유명산지와 품평

01/ 보이차 유명산지

02/ 서쌍판납 육대차산의 고수차

03/ 보이차 대형 차창 소개

11

01 보이차 유명산지 / 02 서쌍판납 육대차산의 고수차 / 03 보이차 대형 차창 소개

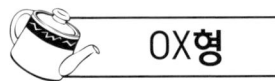 OX형

★★ 01
청나라 선통(宣統) 3년에 상인들이 보이차 7병(餠)을 1통으로 판매하였으므로 '칠자병차' 또는 '칠자보차'라고 하였다.

청나라 옹정(雍正) 13년(1735)에 상인들이 보이차 7병(餠)을 1통으로 판매하였으므로 '칠자병차' 또는 '칠자보차'라고 하였다.

■ X

★ 02
청나라 선통(宣統) 3년까지 보이차는 공차(貢茶)로 중국 황실에 167년 동안 납품하였다.

■ ○

★★★ 03
1894년에 청나라의 광서(光緒)황제가 이무지역의 공차에 감동을 받아서 차순호(茶順號)차창의 소유자 차순래(車順來)에게 '서공천조(瑞貢天朝)'라는 편액을 하사하였다.

■ ○

★★★ 04
보이차는 노강(怒江)을 중심으로 발전해왔는데, 구육대차산(古六大茶山)은 강북에 위치하고 있으며 강북(江北) 혹은 강내차구(江內茶區)라고 하고, 신육대차산(新六大茶山)은 강남에 위치하고 있어서 강남(江南)이나 강외차구(江外茶區)라고 한다.

보이차는 란창강(瀾滄江)을 중심으로 발전해왔는데, 구육대차산(古六大茶山)은 강북에 위치하고 있으며 강북(江北) 혹은 강내차구(江內茶區)라고 하고 신육대차산(新六大茶山)은 강남에 위치하고 있어서 강남(江南)이나 강외차구(江外茶區)라고 한다.

■ X

★★★
05

강북 육대차산인 구육대차산(古六大茶山)의 중심은 이무(易武) 지역이고, 강남 육대차산인 신육대차산(新六大茶山)의 중심은 맹해(勐海) 지역이다.

★
06

중국정부는 2006년 10월 1일 운남성 지방표준 DB53/103~2006을 통해 보이차에 대한 정의를 처음으로 발표하였다.

★★
07

구육대차산 중 이무(易武)와 만전(蠻磚)의 고차수는 대부분 대엽종이지만, 나머지는 중소엽종이나 부분 대엽종, 부분소엽종에 속한다.

★
08

구육대차산 중 의방(倚邦)과 망지(莽枝)의 고수차나무는 소엽종에 속한다.

선택형

★★ 01
촉한의 건흥 3년(서기 225년) 제갈량(諸葛亮, 181~234)이 남중(南中)을 평정하고 차업(茶業)을 번창하게 하였다고 기록한 문헌은?
① 보이부지(普洱府志)   ② 만서(蠻書)
③ 전략(滇略)   ④ 전해우형지(滇海虞衡志)

▪ ①

★★ 02
보이차가 은생성(銀生城) 경내의 여러 산악지대에서 생산된다고 문헌상 최초로 기록된 서적은?
① 보이부지(普洱府志)   ② 만서(蠻書)
③ 전략(滇略)   ④ 전해우형지(滇海虞衡志)

▪ ②

★★ 03
운남 지역의 일반백성들이 모두 보차(普茶)를 마신다고 기록한 문헌은?
① 전해우형지(滇海虞衡志)   ② 전략(滇略)
③ 만서(蠻書)   ④ 보이부지(普洱府志)

▪ ②

★★ 04
티베트 지역의 주민들이 마시는 보차(普茶)는 당나라로부터 전해왔다고 기록한 문헌은?
① 보이부지(普洱府志)   ② 만서(蠻書)
③ 전략(滇略)   ④ 전해우형지(滇海虞衡志)

▪ ④

05

보이차는 증기로 쪄서 경단 모양으로 만들어 티베트로 보내진다고 기록한 문헌은?

① 보이부지(普洱府志) ② 만서(蠻書)
③ 전략(滇略) ④ 물리소식(物理小識)

 ④

06

구육대차산에서 만살(曼撒)을 빼고 이무(易武)를 넣은 문헌은?

① 보이부지(普洱府志) ② 만서(蠻書)
③ 전략(滇略) ④ 전해우형지(滇海虞衡志)

 ①

07

운남의 소수민족인 태족(傣族)의 언어로 '미녀 뱀이 사는 곳'을 가리키는 지역은?

① 만살(曼撒) ② 보이(普洱)
③ 맹해(勐海) ④ 이무(易武)

 ④

08

운남의 소수민족인 태족(傣族)의 언어로 '용감한 자들이 사는 곳'을 가리키는 지역은?

① 만살(曼撒) ② 보이(普洱)
③ 맹해(勐海) ④ 이무(易武)

 ③

09

다음 마을 중 이무(易武) 지역에 위치하지 않은 것은?

① 마흑채(麻黑寨) ② 괄풍채(刮風寨)
③ 만궁(彎弓) ④ 낙수동(落水洞)

③

★ 10

아래 마을 중 만살(曼撒) 지역에 속하는 것은?

① 마흑(麻黑)

② 괄풍채(刮風寨)

③ 낙수동(落水洞)

④ 만궁(彎弓)

■ ④

★★ 11

다음 중 만송(曼松) 마을이 속해있는 차산은?

① 망지(莽枝)

② 의방(倚邦)

③ 혁등(革登)

④ 만전(曼磚)

■ ②

★ 12

다음 중 반파채(半坡寨) 마을이 속해있는 차산은?

① 망지(莽枝)

② 남나(南糯)

③ 혁등(革登)

④ 만전(曼磚)

■ ②

★★ 13

다음 중 포랑산(布朗山)에 속해있지 않은 마을은?

① 노반장(老班章)

② 노만아(老曼峨)

③ 신반장(新班章)

④ 석두채(石頭寨)

■ ④

★★ 14

다음 중 임창(臨滄) 지역에 속해있는 차산이나 마을이 아닌 것은?

① 빙도(冰島)
② 맹고(勐庫)대설산
③ 영덕(永德)대설산
④ 천가채(千家寨)

■ ④

★★ 15

다음 사진 속의 차창 이름은?

① 정흥호(鼎興號)
② 동흥호(同興號)
③ 복원창(福元昌)
④ 차순호(車順號)

■ ④

16
다음 그림을 통해 알 수 있는 지역의 이름은?

① 맹해(勐海)　　　　　② 노반장(老班章)
③ 이무(易武)　　　　　④ 노만아(老曼峨)

■③

17
이무차구의 유명 차산 중에서 '숨겨진 진주'라는 별칭과 함께 새로 떠오르는 마을은 어디인가?
① 낙수동(落水洞)　　　② 마흑(麻黑)
③ 정가채(丁家寨)　　　④ 박하당(博荷糖)

■④

18
혁등차산과 관계가 없는 것은?
① 두문수　　　　　　　② 조당제
③ 조학민　　　　　　　④ 유락족

■②

★★ 19

의방차산에 대한 설명 중에서 맞지 않는 것은?
① 조당제는 토천종으로 책봉되어 유락, 의방, 만전, 망지, 혁등, 5대 차산을 관할하였다.
② 의방 거리에는 관제묘, 석병회관, 초웅회관이 세워졌다.
③ 유명 차창은 경풍화, 경풍익, 원장 등이다.
④ 1942년 하니족이 국민당의 세금에 반발하여 의방을 공격하면서 마을 전체가 소실되었다.

■④

★ 20

남노산의 차산에 대한 설명 중에서 틀린 것은?
① 남노는 태족어로 '절인 죽순'이란 뜻이다.
② 합니족이 거주하면서 차산을 관리하고 있다.
③ 구6대차산에 속하는 반파채, 석두채 마을이 있다.
④ 제갈공명이 차나무를 심었다는 전설이 있다.

■③

★★★ 21

운현의 석귀(昔歸) 차산에 대한 설명 중에서 틀린 것은?
① 임창의 '노반장'이라는 별칭을 갖고 있다.
② 방동흑대엽차종이 석귀의 교목형 차나무이다.
③ 주민은 주로 한족이며 태족이 일부 살고 있다.
④ 마을 주변의 고차수에 고유번호를 지정하여 번호표가 달려있다.

■④

★★ 22

2014년에 보이차 전문가들이 4대차창을 지정하였다. 다음 중 4대차창에 속하지 않는 것은?
① 진승호차창　　　　　　　　② 곤명차창
③ 하관차창　　　　　　　　　④ 봉경차창

■①

 단답형

★★ 01

보이차의 구육대차산 중 유일하게 경홍시(景洪市)에 위치하는 차산의 이름은 (　　　)차산이다. (　) 안에 들어갈 정답은 무엇인가?

■ 유락(攸樂)

★★★ 02

보이차의 구육대차산 중의 한 개 차산은 경홍시(景洪市)에 나머지 5개 차산은 (　　　)에 위치하고 있다. (　) 안에 들어갈 정답은 무엇인가?

■ 맹랍현(勐臘縣)

★★★ 03

청나라의 옹정(雍正) 13년(1765)에 '(　　　)제도'를 만들어서 차상이 관청으로부터 영업 허가증을 발급받아 차업을 할 수 있도록 한 제도를 구체화시켰다. (　) 안에 들어갈 정답은 무엇인가?

■ 차인(茶引)

★★ 04

구육대차산 중 면적이 가장 넓고 고차수가 가장 많은 곳은 (　　　)차산이다. (　) 안에 들어갈 정답은 무엇인가?

■ 이무(易武)

 서술형

01 ★

청나라 시대부터 알려진 운남의 보이지역에 속한 육대차산(六大茶山)을 나열하시오.

보이지역에 속한 육대차산(六大茶山)은 유락(攸樂), 의방(倚邦), 망지(莽枝), 만살(曼撒), 혁등(革登), 만전(蠻磚)이다.

02 ★★★

이무(易武)지역 보이차의 특징을 서술하시오.

이무(易武) 보이차는 고삽미(苦澁味 : 쓰고 떫은맛)가 약해 부드럽고 향기가 높으며, 매실향과 밀향이 섞인 난초향이 그윽하게 나는 것이 특징이다. 곡우 전에 채집한 찻잎은 맛이 약하나 회감이 좋아 보이차를 만드는 데 선호되는 원료이다.

03 ★★★

보이차 4대 명품에 대해 쓰시오.

보이차 4대 명품은 이무의 만송, 맹해의 노반장, 임창 쌍강의 빙도, 운현의 석귀이다. 만송은 청나라시대 황제들이 마시던 공차로 지정되었고, 맹해 진승호차창에서 개발한 노반장은 생태환경이 뛰어난 차산에서 자란 고차수로, 품질이 우수하여 '보이차 중의 차왕'이라는 별명을 갖고 있다. 빙도는 맹고대엽종을 육성한 고차수로 만든 보이차로 맹고 지역의 태족 토사가 처음 차나무를 심었다는 역사적인 배경을 가지고 있다. 석귀는 란찬강 유역의 적홍토양과 망록산 광천수가 차나무에 영향을 주어 최적의 차산 떼루아로 유명하다. 청나라 말기 『면전현지』에는 임창 지역 최고의 보이차는 '석귀보이차'라는 기록이 나와 있다.

스페셜 사진문제

12

01

다음 그림의 찻잎 위치에 따른 영국 홍차의 등급을 쓰시오.

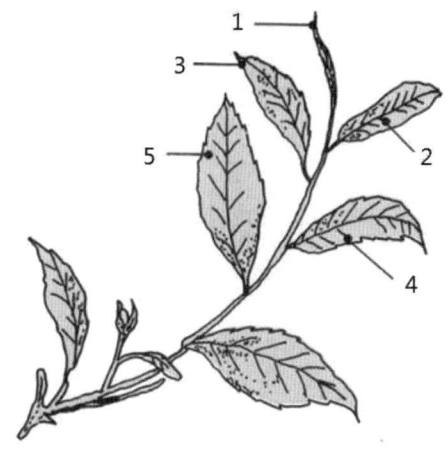

플라워리 오렌지 페코(Flowey Orange Pekoe : FOP)는 차나무 맨 위쪽 이른 시기에 갓 돋아난 새싹을 채집한 것이고, 오렌지 페코(Orange Pekoe : OP)는 FOP 아래 길고 얇으며 털이 보송하게 솟은 두 번째 잎을 채집한 것이며, 페코(Pekoe : P)는 OP 아래 세 번째 잎으로 털도 달려있고 우려낸 수색이 더 엷다. 페코 소총(Pekoe Souchong : PS)은 네 번째 잎으로 소총과 페코 사이의 찻잎이고, 소총(Souchong : S)은 PS 아래 넓고 단단한 잎이며 가장 굵고 더 엷은 수색을 나타낸다.

■ 1. 플라워리 오렌지 페코(Flowey Orange Pekoe : FOP) 2. 오렌지 페코(Orange Pekoe : OP) 3. 페코(Pekoe : P) 4. 페코 소총(Pekoe Souchong : PS) 5. 소총(Souchong : S)

02

다음 사진은 녹차(綠茶)의 제다과정 중 어떠한 공정인가?

위조는 찻잎을 시들게 하는 것으로 전통적인 방법은 채취한 잎을 채반에 얇게 펴서 기계로 말리지만, 쇄청녹차(曬靑綠茶)의 경우는 태양열에 말린다. 그리고 자연 바람에 1~2시간 노출시키면 15~20%의 수분이 감소된다.

■ 위조(萎凋) 공정

03

삼황(三皇)시대 '농업과 의약의 신'으로 알려졌으며 물을 끓이는 과정에서 차의 효능을 우연히 발견한 중국 고대 설화 속 인물은 누구인가?

기원전 2,737년 염제(炎帝) 신농은 항상 물을 끓여 마셨는데, 나무 밑에서 물을 끓이고 있을 때 바람이 불어 주전자에 들어간 나뭇잎을 그냥 두고 끓인 결과 향기가 나고 쓴맛이 돌며 단맛이 나면서 활력을 북돋아준다는 사실을 발견하였다. 주전자에 떨어진 나뭇잎이 야생 차나무 잎이었으며, 그 찻잎을 처음 마신 사람이 신농황제였다고 한다.

■ 신농(神農)황제

04

중국 차문화에서 중요한 다구 중 하나로서, 산차(散茶)를 우리기 위한 목적으로 사용되는 '다구 가운데 왕(茶具之王)'으로 여기는 것은 무엇인가?

자사차호(紫砂茶壺)는 강소성(江蘇省) 이싱(宜興), 의흥 지역에서 생산되는 자사(紫砂 : 자주빛 나는 모래 흙)로 만든 차호를 말하며, 숨을 쉬는 통기성이 뛰어나고 특유의 보온성으로 최적의 차 맛과 향을 내는 다구이다.

■ 자사차호(紫砂茶壺)

05

다음 사진에 나와 있는 방법으로 청차를 마시는 것을 무엇이라고 하는가?

청차는 다른 차에 비해 우려내는 방법이 엄격하고 복잡하기 때문에 '공력을 필요로 한다.'고 하여 붙여진 이름이 공부(工夫)이다.

■ 공부차(工夫茶)

06

다음 사진에 나오는 차나무를 무엇이라 부르는가?

대홍포의 모수(母樹)는 약 350년 동안 천심암(天心岩) 구룡과(九龍窠)의 절벽 위에서 자라고 있으며 총 6그루가 3개의 품종으로 이루어져 있다. 왼쪽 돌벽에는 붉은 글씨로 '大紅袍' 3글자가 쓰여 있다. 중화인민공화국이 설립된 후 중국 정부는 이 6그루의 모수를 가져다 무이산 전역에 무성번식을 성공시켜 현재의 무이산 차밭을 형성하게 된다. 2005년 모수로 만든 대홍포 20g의 가격은 3,500만원에 육박할 정도였지만, 중국 정부는 모수를 보호하기 위해서 2007년 20g의 차를 만들어 중국국가박물관에 기증한 것을 끝으로 모수로는 더 이상 차를 만들지 않는다.

■ 대홍포 모수(大紅袍 母樹)

07
최초의 홍차인 정산소종(正山小種)을 만든 동목관(桐木關)의 대표적인 차창은 무엇인가?

홍차의 기원이라고 하는 복건성 동목관의 정산당(正山堂)은 정산소종 홍차의 발효를 기반으로 유명한 금준미라는 홍차를 시장에 소개하였다.

■ 정산당(正山堂)

08
다음 사진의 중국을 대표하는 녹차는 무엇인가?

■ 용정차(龍井茶)

09
다음 사진의 7편 보이차를 무엇이라 부르는가?

■ 칠자병차(七子餠茶)

10
다음 사진은 보이차 제조과정 중 어떠한 공정인가?

■ 악퇴(渥堆)

11

다음 사진 속의 차나무 찻잎으로 만든 차를 무엇이라고 부르는가?

계단식으로 심은 관목형 차나무를 대지차(臺地茶)라고 하며, 대지(臺地)란 '계단이나 경사지'라는 뜻이다.

■ 대지차(臺地茶)

12

운남성 지역 주민들이 '차의 시조'라고 부르는 사람은 누구인가?

■ 제갈량(諸葛亮)/제갈공명(諸葛孔明)

13
다음 사진 속의 차는 무엇인가?

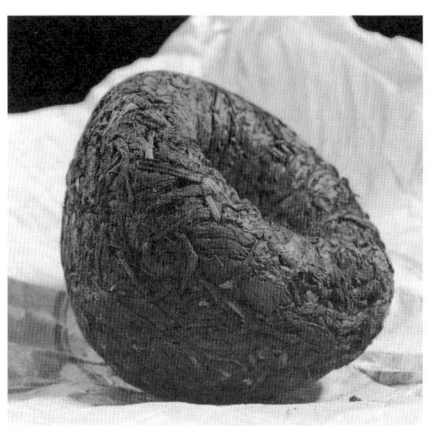

■ 타차(沱茶)

14
다음 사진의 보이차 제조과정은 무엇인가?

■ 쇄청(曬靑)

15
다음 사진의 인물이 속해 있는 보이차 산지와 인물명을 쓰시오.

■ 노반장의 동네 의사이면서 보이차 전문가 고건충 사장

16
사진 속의 인물이 속해있는 차창과 인물명을 쓰시오.

■ 이무 포박헌 차창의 고의평 사장

17
사진 속의 차창 지역과 이름을 쓰시오.

■ 맹해의 대익차창(大益茶廠)

18
다음사진의 고차수 지역은 어디인가?

■ 임창시 맹고 대설산(大雪山)의 제1호 야생 고차수

19
다음 사진의 고차수의 산지는 어디인가?

■ 보이시 진원현 천가채(千家寨)의 천년고차수(千年古茶樹)

20
봉황단총을 학문적인 체계로 구축하여 인간문화재로 추앙받고 있는 인물은?

■ 진향백 교수

21

'보이차 중의 차왕'이라는 별칭을 가졌으며, 수령 800년 된 차왕수가 있는 맹해지역의 마을이름은?

■ 노반장

22

맹해지역의 남나산에는 수령 800년 된 차왕수가 있는데, 누가 심었다고 전해지는가?

■ 제갈공명

13

기출문제

(사)한국국제소믈리에협회(KISA) 시행
2018년 1월 6일(토) 티 소믈리에 자격검정 정기 필기시험

※ 다음 문제를 읽고 O 또는 X로 답하시오. (OX유형: 배점 2점 / 총 30점)

01 천년을 이어온 차의 고향, 보성은 우리나라의 차나무 재배지로 유명하다.

02 인도의 3대 홍차생산지 Darjeeling, Nilgiri, Assam지역 중에 닐기리가 최대 홍차 산지이다.

03 녹차의 품질을 결정하는 살청은 300℃로 가열하며, 효소를 불활성화하고, 찻잎의 독소를 제거하는데 있다.

04 청차는 살청과 유념 없이 그냥 햇볕에 말리는 홍건(烘乾 혹은 烘配)기술을 사용한다.

05 황차는 민황 과정을 거치는 것으로 고온의 살청을 통해 효소를 활성화하고 여러 가지 페놀의 산화과정을 이용한다.

06 송나라시대에는 점다법 즉 말차가 성행했고, 명나라시대에는 포다법이 성행하였다.

07 녹차 중 용정차는 절강성 서호지역의 차로 혁살인향다(嚇煞人香茶)라고 불렸으며, 차향으로 유명하였다.

08 청차 중 대홍포는 광동성 조주시에서 생산되며, 봉황단총은 복건성 무이암산에서 생산되는 것이 유명하다.

09 보이차 중에서 서쌍판납의 구(古)육대차산 이무지역의 유명한 차산은 유락, 의방, 망지, 파사, 혁등, 만전이다.

10 보이차의 소수차는 수령 100년 이하 차나무에서 찻잎을 채집 후 만든 차를 말하며, 일반적으로 수령 40년 이상 된 차나무에서 채집한 것을 말한다.

11 보이차는 운남성 대엽종으로 쇄청모차로 만든 차를 말한다.

12 운남성의 4대 보이차는 만송, 노반장, 빙도, 석귀를 말한다.

13 철관음은 녹차에 속한다.

14 청차의 발효도는 15~70%이며, 우려낸 찻물이 청록색을 띠기 때문에 청차라는 이름이 붙여졌다.

15 영국의 차 문화 중 High Tea는 귀족 계급이 즐겼던 Afternoon Tea문화이다.

※ 다음 문제를 읽고 정답을 선택하시오. (선택형: 배점 2점/총 40점)

01 중국 서호의 용정차를 평가할 때 '4절(四絶)'이라 호평하는 것에 해당하지 않은 것은?
① 짙은 향　　　　　　　　　② 부드러운 맛
③ 비단 같은 녹색　　　　　　④ 아름다운 잎새

02 중국 최초의 홍차를 설명한 것에 해당하지 않은 것은?
① 소종홍차　　　　　　　　② 복건성
③ 기문홍차　　　　　　　　④ 1781-1795년

03 홍차는 완전 발효차로 발효 정도가 70-95%이며, 중국의 3대 홍차가 아닌 것은?
① 진홍(혹은 전홍)　　　　　② 정산소종
③ 안삼 홍차　　　　　　　　④ 기문홍차

04 중국의 아편 전쟁과 관계가 없는 것은?
① 프랑스　　　　　　　　　② 은
③ 난징조약　　　　　　　　④ 면직물

05 당나라 문인이었던 육우에 대한 설명 중 잘못 설명한 것은?
① 다경(茶經)을 집필하였는데 모두 3권으로 구성되어 있다.
② 차를 번차, 산차, 말차, 단차 4종류로 구분하였다.
③ 조선시대 초의선사의 다신전에 영향을 주었다.
④ 다경에는 차의 역사적 배경, 유명한 차 재배지, 차 만들기에 대해 설명하였지만 차의 다구에 대해서는 설명이 없는 것이 문제점이라고 한다.

06 중국의 차(茶)가 전 세계적으로 끼친 영향이 아닌 것은?
① 유럽의 범선이 항로개발, 배의 기술 발전을 가져 왔다.
② 유럽에 홍차문화를 가져오게 되었다.
③ 미국은 영국의 식민지로부터 독립하게 된 것이 Boston Tea Party이다.
④ 영국의 Afternoon Tea는 하류층의 문화로 자리를 잡았다.

07 차나무의 종류가 아닌 것은?
① 소수목
② 교목
③ 소교목
④ 관목

08 중국 운남성의 맹해 지역 보이차에 속하지 않은 것은?
① 노반장
② 맹송
③ 노만아
④ 낙수동

09 중국 보이차 중에서 1972년 운남칠자병을 사용하였는데 과거 1편의 표준 무게는?
① 200g
② 300g
③ 357g
④ 375g

10 차나무 생장에 적당한 토양에 대해 잘못 설명한 것은?
① 수소 이온 농도(pH)가 약산성인 4.5~6.5가 좋다.
② 토층 깊고 두터우며, 유효 토층이 80~120cm
③ 물의 배수가 좋고 통기성이 없어야 하며, 미네랄이 풍부해야 한다.
④ 중금속 등 유해물질에 오염이 안 된 토양이 좋다.

11 제주 녹차의 설명과 관계없는 것은?
① 1998년 최초 차나무 재배
② 야마노이브기, 야기부다 차나무
③ 은곡다원
④ 송낭다원

12 보성녹차의 설명과 관계가 없는 것은?
① 국내 최다 녹차 재배지역
② 대한 다원
③ 도심다원
④ 전국 차생산량의 40%

13 유기농법에 따른 차 재배 시 통제되지 않아도 되는 것은?
① 비료　　　　　　　　　② 제초제
③ 살충제　　　　　　　　④ 퇴비

14 차를 처음 발견했다고 전해지는 인물은?
① 신농황제　　　　　　　② 육우
③ 유비　　　　　　　　　④ 왕포

15 고려시대 때 유행한 차로 '이른 봄의 어린 찻잎을 채집하여 찧어 덩어리로 만든 차'는 무엇인가?
① 대차　　　　　　　　　② 뇌원차
③ 와비차　　　　　　　　④ 말차

16 차와 생산지역의 연결이 일치하는 것은?
① 대홍포-절강성　　　　　② 몽정황차-사천성
③ 육안과편-대만　　　　　④ 다즐링-스리랑카

17 중국 운남성의 4대 차창이 아닌 것은?
① 곤명차창　　　　　　　② 맹해차창
③ 보이차창　　　　　　　④ 경곡차창

18 우리나라 최초의 차나무 재배 지역은?
① 하동　　　　　　　　　② 보성
③ 제주　　　　　　　　　④ 밀양

19 벽돌모양처럼 생겨서 붙여진 운남성 보이차 이름은?
① 전차　　　　　　　　　② 병차
③ 타차　　　　　　　　　④ 산차

20 차가 건강에 미치는 영향으로 틀린 것은?
① 노화방지　　　　　　　② 다이어트
③ 숙면효과　　　　　　　④ 항암효과

※ 다음 문제를 읽고 괄호 안에 정답을 서술하시오. (단답형: 배점 3점, 총 12점)

01 홍차 제조방법 중 (   )제조방법은 모든 공정이 하나의 기계로 이루어져 작업 효율성을 향상시킨 대량생산방법이다.

02 보이차에 대한 용어 중 (   )은 '오래 묵히면 묵힐수록 향이 뛰어나다.'라는 의미를 가진다.

03 해가 묵었다는 의미로, 보이차를 일정기간 저장하여 보관한 것을 무엇이라 하는가?

04 제주도의 '(   )다원'은 우리나라 최남단에 위치하고 있는 다원으로 해마다 가장 먼저 첫물 찻잎을 채집하고 있다.

※ 다음 문제를 읽고 정답을 서술하시오. (서술형: 총 18점)

01 악퇴에 대해 설명하시오. (8점)

02 진품 보이차의 식별하는 방법에서 '좋은 보이차의 향과 맛'에 대해 설명하시오. (10점)

(사)한국국제소믈리에협회(KISA) 시행
2018년 1월 6일(토) 티 소믈리에 자격검정 정기 필기시험 모범답안

Ⅰ. OX문제(배점 2점 / 총 30점)

01 ×   06 ○   11 ○
02 ×   07 ×   12 ○
03 ×   08 ×   13 ×
04 ×   09 ×   14 ○
05 ○   10 ×   15 ×

Ⅱ. 선택형문제(배점 2점 / 총 40점)

01 ③   06 ④   11 ③   16 ②
02 ③   07 ①   12 ③   17 ④
03 ③   08 ④   13 ④   18 ①
04 ①   09 ③   14 ①   19 ①
05 ④   10 ③   15 ②   20 ③

Ⅲ. 단답형문제 (각3점/총12점)

01 CTC
02 월진월향
03 진년보이차(陳年普洱茶)
04 서귀

Ⅳ. 서술형문제 (1번 8점, 2번 10점 / 총18점)

01 ① 보이차의 숙차를 제조하는 과정에서 인공적으로 발효시키는 방법
　② 황차의 민황과 거의 유사함
　③ 찻잎더미는 높이 90cm, 수분 함유량 35-50%가 될 때 까지 깨끗한 물을 뿌리며, 퇴적 임계온도는 65℃ 이하, 수분 85% 전후로 조절하여 발효 숙성을 약 40-45일 정도가 걸리며, 보이차는 5년정도 숙성한 것처럼 보임

02 ① 탕색은 붉은 색이지 묽은 색이 아님
　② 마른 구수한 깊은 향이 나야 하며, 습한 향, 곰팡이 향, 지푸라기 썩은 향, 특이한 향은 없음
　③ 차 맛은 달콤해야지 아무 맛이 없거나 다른 맛은 아님
　④ 마시면 입안에 포만감이 있고, 매끄럽고 시원한 느낌이며, 입안이 건조하거나 쓰고 느끼하지 않음
　⑤ 색깔이 일정하고 탄력이 있는 찻잎을 유지

티·보이차 소믈리에 자격검정 예상문제집

초 판 | 2018년 4월 20일 발행
지은이 | 고재윤·이수백·이지희·김진평·이청천
펴낸이 | 이은경
펴낸곳 | (주)세경북스
주 소 | 서울특별시 서초구 신반포로3길 8, 606호(반포동 반포프라자)
전 화 | 02-596-3596
팩 스 | 02-596-3597
신 고 | 제2013-000189호
정가 : 15,000원

저자와의
협의 하에
인자를
생략함

본 출판사의 동의 없이 내용을 복제하거나 전산장치에 저장·전파할 수 없습니다.
Printed in Korea
ISBN : 979-11-5973-114-3 13590